S. FISCHER

Helena Steinhaus
Claudia Cornelsen

ES BRAUCHT NICHT VIEL

Wie wir unseren Sozialstaat demokratisch, fair & armutsfest machen

S. FISCHER

Aus Verantwortung für die Umwelt hat sich der S. Fischer Verlag zu einer nachhaltigen Buchproduktion verpflichtet. Der bewusste Umgang mit unseren Ressourcen, der Schutz unseres Klimas und der Natur gehören zu unseren obersten Unternehmenszielen.

Gemeinsam mit unseren Partnern und Lieferanten setzen wir uns für eine klimaneutrale Buchproduktion ein, die den Erwerb von Klimazertifikaten zur Kompensation des CO_2-Ausstoßes einschließt.

Weitere Informationen finden Sie unter: www.klimaneutralerverlag.de

FSC www.fsc.org
MIX
Papier | Fördert gute Waldnutzung
FSC® C014496

Erschienen bei S. FISCHER

Satz: Katja von Ruville, Frankfurt
Druck und Bindung: GGP Media GmbH, Pößneck
Printed in Germany
ISBN 978-3-10-397557-4

INHALT

DER ANFANG

Weg von der Moral rüber in die Wirklichkeit!

Stellen Sie sich vor: Sie sind auf dem Weg zur Arbeit oder ins Theater und gehen an einem Bach entlang. Da hören Sie ein komisches Geräusch. Sie bleiben stehen und sehen, dass im Bach ein kleines Kind liegt, das nicht die Kraft hat, dauerhaft den Kopf oben zu halten. Immer wieder sackt es unter Wasser. Das Kind schafft es auch nicht, allein wieder aufzustehen. Es droht zu ertrinken. Weit und breit ist kein anderer Erwachsener zu sehen, der sich um das Kind kümmern könnte. Spontan müssen Sie entscheiden, was Sie tun.

Springen Sie in den Bach, um das Kind zu retten? Oder zögern Sie? Sie haben teure Schuhe an, Ihre Kleidung würde sicher dreckig werden, vielleicht sogar kaputt gehen. Und Ihre Arbeit oder das Theater könnten Sie vergessen. Was tun Sie: Gehen Sie weiter – oder retten Sie das Kind?

Dieses Beispiel führt uns ziemlich deutlich vor Augen, wie wir im tiefsten Innern ticken. Kaum jemand antwortet: Ich ginge vergnügt zur Arbeit oder ins Theater. Es weiß ja niemand, dass ich hier war. Ich hätte das Geräusch ja auch gar nicht hören können. Ich war in Eile. Die Eltern sind selbst schuld, wenn sie nicht auf ihr Kind aufpassen.

Die allermeisten antworten: Natürlich rette ich das Kind!

Es gibt philosophische Debatten, in denen aus solchen fiktiven Alltagssituationen allgemeine Moralvorstellungen abgeleitet werden. Plötzlich ist quasi jede Entscheidung unseres Lebens eine Entscheidung über Leben und Tod. Kaufe ich mir ein Tuttifrutti-Eis oder spende ich die drei Euro lieber an *Seawatch*? Von drei Euro könnte man vier Rettungsdecken bezahlen. Mit solchen Decken werden unterkühlte Menschen nach der Rettung auf See gewärmt, was ihr Leben rettet. Für die Kosten von einem Eis rettet man also möglicherweise das Leben von vier Menschen, die vor Krieg, Verfolgung oder Hungersnot fliehen mussten.

Selbst wenn uns das in der Theorie vielleicht sogar überzeugt; in der Praxis kaufen wir uns sehr oft ein Eis, ohne solche dramatischen Abwägungen zu treffen. Das ist okay so. Wir kaufen sogar manchmal Dinge, die wir anderen schenken, obwohl sie eigentlich schon alles zum Leben haben und gar nichts bräuchten. Währenddessen denken wir selten darüber nach, wie es den Menschen in anderen Teilen der Welt geht; es sei denn, es ist kurz vor Weihnachten und unser Briefkasten quillt über vor Spendenbriefen. In denen wird uns vorgerechnet, wie wenig es kostet, ein kleines Stückchen Welt zu retten.

Es braucht nicht viel. Schon 2, 5 oder 10 Euro helfen. Zugleich werden uns Bilder von Kindern präsentiert, von Mädchen und Jungen mit großen Kulleraugen, die nicht mal von Tuttifrutti-Eis zu träumen wagen, aber ungeheuer dankbar wären, wenn sie wenigstens eine warme Decke für den Winter hätten.

Solche Spendenkampagnen wirken. Und zwar gerade, weil sie uns in einem Moment des Überflusses erreichen. Gerade weil uns im Dezember bewusst wird, wie reich wir sind – mit warmen Wohnungen, mit schön geschmückten und opulent ausgeleuchteten Ladenstraßen und wohlig nach Glühwein und Lebkuchen duftenden Christmärkten. Wenn uns in dieser Zeit jemand unvermittelt vor Augen führt, dass es andernorts Hunger und Not gibt, dann öffnen sich unsere Herzen – und unsere Portemonnaies. Wir sind ja keine gefühllosen Maschinen.

Nicht noch ein Spendenaufruf!

»Es braucht nicht viel« ist auch der Titel dieses Buches. Aber keine Sorge. Es ist kein Spendenaufruf. Wir wollen Ihnen nicht mit der moralischen Keule ein paar Scheine aus der Tasche ziehen. Wir wollen bloß gemeinsam mit Ihnen darüber nachdenken, in was für einer Gesellschaft wir eigentlich leben wollen. Und ob wir mit unserem aktuellen Gesellschaftssystem zufrieden sind oder was wir gegebenenfalls gern verändern würden.

Dazu möchten wir Sie in eine Welt mitnehmen, die Sie bislang wahrscheinlich häufig gar nicht wahrnehmen. Es braucht nicht viel, um sich auf unsere Einladung einzulassen. Nur etwas Mut und ein bisschen Überwindung. Die Welt, die wir Ihnen näherbringen wollen, ist kein himmlisches Versprechen, in dem am Ende alles gut wird. Sie ist kein Postkartenidyll, in dem Sie nur die Sonnenseite des Lebens präsentiert bekommen, mit Meerblick versteht sich. Nein, diese Welt ist keine Wohlfühl- und Komfortzone. Sie ist kompliziert, anstrengend und traurig.

Deswegen schauen wir, also wir alle, oft lieber nicht hin, bleiben nicht stehen, verschwenden keine Zeit, sondern gehen schnell weiter zur Arbeit oder ins Theater. Es weiß ja niemand, dass wir hier waren. Wir hätten ja auch gar nichts merken müssen. Wir sind in Eile. Und, ja, wir gehen sogar weiter, *wenn* wir etwas bemerkt haben. Gerade *weil* wir etwas bemerkt haben, gehen wir weiter. Wir ignorieren die Not bewusst.

Das geht uns nicht anders; uns, also Helena und Claudia. Auch wir halten es manchmal kaum aus, hinzugucken. Obwohl wir durch unsere Vereinsarbeit bei *Sanktionsfrei* tagtäglich in Kontakt mit Not und Sorgen sind, wenden wir uns auch gerne anderen Dingen zu. Schöneren, leichteren, fröhlicheren. Aber diese andere Welt ist trotzdem da. Selbst wenn wir uns die Augen und die Ohren zuhalten. Zum Beispiel wenn wir obdachlosen

Menschen auf der Straße und in U-Bahnen begegnen. Schlafend, musizierend, bettelnd oder beim Verkauf von Straßenmagazinen. Manchmal geben wir Geld, oft aber auch nicht. Wenn wir zulassen, dass die Begegnung uns berührt, hinterlässt sie Trauer, Ohnmacht und Wut. Warum müssen manche Menschen so leben? Was können wir tun? Ist Geld zu geben wirklich eine Hilfe? Ein bisschen fühlt es sich sogar heuchlerisch an. Wir kaufen uns damit vom schlechten Gewissen frei. Und schon geht der Alltag weiter.

Klar, Obdachlosigkeit, das ist so ein Randthema, extreme Fälle, Super-Arme eben. Da kommt halt einiges zusammen. So ungefähr lauten die gängigen Abwehrreaktionen. Deswegen gelingt es traurigerweise auch, Obdachlose irgendwie als normal in unser Stadtbild zu integrieren. Obdachlosigkeit ist fern von unserer Lebensrealität, zumindest für die meisten von uns. Aber Armut findet auch mitten in unserer Gesellschaft statt, wir nehmen sie nur nicht wahr – warum auch immer.

Von Armut betroffen sind Menschen, die vielleicht ein »ganz normales« Leben führen und deren Alltag dennoch aus einem täglichen Überlebenskampf besteht. Armut ist, wenn man jeden Cent umdrehen muss, nur Sonderangebote kaufen kann, niemals ins Restaurant, Konzert, Theater oder ins Kino geht, dem Kind keinen Urlaub, keinen Ausflug, kein Geburtstagsgeschenk, keine gesunde Ernährung bieten kann und sich die neuen Turnschuhe vom Mund absparen muss. Armut ist, wenn die kleinteiligen Überlebensberechnungen beim Einschlafen das Hirn zermartern. Wenn die Jahresendabrechnung des Stromversorgers Überschuldung und Stromsperren bedeutet. Armut heißt: sich Sorgen machen, krank werden, traurig sein. Armut ist Frust, ist einsam, ist nicht gesellschaftsfähig, ist nicht sexy. Armut ist kein Partygespräch. Armut ist schambehaftet und stigmatisiert. Arm sind Menschen, die regelmäßig zur Essensausgabe der Tafeln gehen, weil das Geld nicht mehr für die nötigsten Lebensmittel reicht. Zwei Millionen Menschen stellen sich regelmäßig in die langen Schlangen der Tafeln – 2022 meldet jede zweite Tafel doppelt so viele Kunden wie im Jahr zuvor.[1] Unter ihnen unzählige Kinder.

Das sind »nur« zwei Millionen. Arm sind aber tatsächlich 17,3 Millionen Menschen in Deutschland.[2] Das ist jede fünfte Person. Das ist jedes fünfte Kind. 20,9 % der Bevölkerung. Im viertreichsten Land der Welt. Die Armut tobt sich hier richtig aus.

Armut ist eine Katastrophe, aber nichts, was einfach so passiert. Kein Erdbeben oder Vulkanausbruch. Armut ist kein Naturgesetz, aber sie ist auch kein individuelles Verschulden. Das ist zwar eine Erzählung, die sich hartnäckig hält.[3] So, wie angeblich auch Vermögen selbst verdient ist: Dafür haben schließlich Menschen hart gearbeitet, sind früh aufgestanden, haben Steuern gezahlt.

Aber nein, Armut ist vor allem das Ergebnis von politischen Entscheidungen, eine Folge von Umverteilung, die sich seit Jahren verstetigt, und zwar von unten nach oben, von vielen Armen zu wenigen Reichen.

Das ist nicht selbstverschuldet oder selbstverdient. Das hat System.

Einladung zum Abenteuertrip der extra Art

Was tun mit einem Thema, das so anstrengend wie trostlos ist? Das will man doch nicht auch noch als Einschlaflektüre auf dem Nachttisch liegen haben.

Deswegen versprechen wir Ihnen: Wir werden nicht Fallbeispiele aneinanderreihen, um ein Panorama des gesammelten Schreckens unseres kriselnden Sozialstaates zu malen. Wir werden auch nicht, wie private Fernsehsender das gerne tun, von Armut gezeichnete Menschen mit ihren multiplen Problemen zum Gespött von Leuten machen. Und wir werden uns auch nicht in die Details der – immerhin zwölf – Sozialgesetzbücher vertiefen, um kleinkarierte Vorschläge für konkrete Verbesserungen von dieser oder jener komplizierten Regelung zu formulieren.

Stattdessen werden wir deutlich machen, was Armut in einer reichen Gesellschaft eigentlich ausmacht und versuchen, unsichtbare Armut sichtbar zu machen. Wir werden fragen, warum es wichtig ist, einen funktionierenden Sozialstaat zu haben – und zwar nicht nur für die von Armut Betroffenen selbst, sondern auch und gerade für alle anderen. Und wir werden offen benennen, welche Mythen kursieren und wie sie von interessengeleiteter Seite immer wieder aufs Neue befeuert werden.

Mit anderen Worten: Wir heißen Sie willkommen zu diesem Abenteuertrip durch ein weitgehend unbekanntes Deutschland. Begleitet von einem professionellen Team gelangen Sie an ungewöhnliche Orte mit unvergesslichen Momenten.

Wir entführen Sie ins Kampagnenbüro einer großen Partei, ins TV-Studio und ins Zentrum einer *#HappyHartz*-Reality-Show. Sie machen Bekanntschaft mit zwei sympathischen, gescheiterten Jungunternehmern und erleben eine erfolgreiche Start-up-River-Rafting-Tour mit weiblicher Topbesetzung. Sie besteigen die Gipfel des höchsten deutschen Gerichts und tauchen ein in die tiefsten Tiefen der Wissenschaft.

Schließen Sie sich uns an und balancieren Sie an der atemberaubenden Abbruchkante der Armutsgrenze. Diese Reise ist alles andere als gewöhnlich. Es wird tragisch und traurig, aber mitunter auch lustig und absurd. Es gibt Spannung, Action und am Ende sogar ein Spiel. Überwinden Sie Ihre Ängste – jede Episode dieser Reise wird Ihr Herz höher schlagen lassen!

»Ich hätte etwas beitragen können zu dieser Gesellschaft. Aber ich habe das Gefühl, das ist gar nicht gewollt.«
G. aus Bad Wimpfen

»Mit Hartz IV kann ich mir nur Grundnahrungsmittel wie Brot, Wasser, Käse etc. leisten. Auch Süßigkeiten sind drin. Obst und Gemüse spare ich mir zur Zeit, da es einfach zu teuer ist! Stattdessen nehme ich Vitamintabletten zu mir, um den täglichen Bedarf zu decken.«
M. aus Schweinfurt

»Die 3 Euro Hartz-IV-Erhöhung sind wirklich lächerlich, traurig und bitter. Ich muss monatlich 61 Euro Abschlag für Strom zahlen, schaffe es aber nicht immer, den Gesamtbetrag zu überweisen, manchmal sind es nur 31 oder 41 Euro. So bin ich meistens im Rückstand. Bis jetzt akzeptieren es die Stadtwerke, aber es ist ein schmaler Grat. Und mich plagt ständig mein schlechtes Gewissen.«
C. aus Bremen

BÜRGERGELD
Die Revolution findet nicht statt

Freitag, 25. November 2022. Es soll Menschen geben, die dieses Datum in ihrem Kalender rot eingekringelt haben. Bundeskanzler Olaf Scholz zum Beispiel könnte dazugehören. Finanzminister Christian Lindner auch. Überhaupt hat vermutlich das gesamte 16-köpfige Ministerkabinett der Ampel an jenem Tag »Halleluja!« gerufen. Selbst große Teile der Opposition dürften applaudiert haben. Nur die Linke hatte was zu meckern. Und die Medien. Und wir.

»Ups«, werden Sie jetzt vielleicht denken: »25. November 2022 – was war denn da? Ich kann mich gar nicht erinnern.«

Nicht schlimm! Eigentlich ist nichts Besonderes passiert. Beschlossen wurde nur »eine der größten Sozialreformen der letzten Jahrzehnte« (Britta Haßelmann, Die Grünen)[4] – oder zumindest »der letzten 20 Jahre« (Hubertus Heil, SPD)[5] oder wenn schon nicht die größte, dann ganz sicher die »wichtigste Sozialreform seit der Agenda 2010« (FDP Pressemitteilung)[6]. Und auf wirklich jeden Fall eine »ganz große Sozialreform« (Olaf Scholz, SPD)[7].

Genau: Der 25. November 2022 war der Tag, an dem nicht nur der Deutsche Bundestag, sondern auch der Bundesrat nach den Verhandlungen im Vermittlungsausschuss endgültig mehrheitlich zustimmte, ein neues »Bürgergeld« einzuführen. Das haben sicher auch Sie mitbekommen. Selbst dann, wenn das Thema für Sie eigentlich gar nicht relevant ist.

Betroffen hat es Millionen von Menschen.

»Für mehr als fünf Millionen Erwachsene und Kinder in der bisherigen Hartz-IV-Grundsicherung«, so fasste die *Tagesschau* das Ergebnis der wochenlangen Debatte zusammen, »werden unter anderem die monatlichen Zahlungen ab Jahresanfang deutlich erhöht. Ein alleinstehender Erwachsener bekommt dann monatlich 502 Euro und damit 53 Euro mehr als bisher. Auch Paare und Kinder erhalten mehr Geld.«[8]

53 Euro mehr im Monat, einfach so. Das klingt super, und die meisten Menschen denken deshalb vermutlich, dass das Bürgergeld eine echte Verbesserung ist. Stimmt aber nicht.

Millionensummen in der Corona-Zeit

Wie wenig Verbesserung das neue »Bürgergeld« mit sich brachte, wissen all die Menschen, die davon betroffen sind. Die spüren nämlich, dass sich für sie ganz konkret in ihrem Alltag so gut wie gar nichts geändert hat. Im Gegenteil: Manches ist sogar schlechter geworden.

Viele Verbesserungen, die im Zuge der »Soforthilfeprogramme Corona« in der Pandemie passiert waren, liefen nämlich mit Jahresende 2022 einfach aus. Man hatte sie eingeführt, um vor allem Selbstständigen zu helfen. Davon profitiert hatten aber *alle* Menschen in Hartz IV. Und damit war jetzt wieder Schluss. Dabei hatte die Ampel tatsächlich in ihrem ersten Gesetzesentwurf die eine oder andere Änderung genau aus dieser Zeit einfach verlängern wollen.

Schließlich hatten weder das zeitweise erhöhte »Schonvermögen« noch die vorübergehende »Aussetzung der Sanktionen bei Regelverstößen« dramatische Auswirkungen gehabt. Nichts deutete auf verstärkten Missbrauch von Sozialleistungen hin.

Niemand hatte die Staatskasse geplündert. Es gab nicht mal skandalöse »Einzelfälle!«, die in den Boulevardmedien ausgeschlachtet wurden. Es war einfach genauso ruhig und ordentlich zugegangen, wie es auch sonst in deutschen Behörden zugeht.

Das haben uns sogar die Beschäftigten in den Jobcentern bestätigt. Ja, mehr noch: Verschiedene Mitarbeitende erzählten uns, es wäre endlich ein ruhigeres und konfliktfreieres Arbeiten in den Jobcentern möglich gewesen. Es ging also nicht nur den Menschen in Hartz IV, sondern auch den Beschäftigten in den Jobcentern zeitweise besser. Und das, obwohl die Pandemie selbst eine erhebliche Belastung darstellte.

Na ja, wird in diesem Zusammenhang sicher gleich dazwischengerufen: In der Pandemie habe unser Sozialstaat das Geld mit beiden Händen unters Volk geworfen, während die Menschen zu Hause entspannt Netflix-Serien geguckt hätten!

Das ist nicht ganz falsch. Denn in der Corona-Zeit gab die Politik tatsächlich Millionensummen aus, um Unternehmen und Arbeitsplätze zu retten.

Aber wer wurde vergessen? Familien, Kinder – und Menschen in Hartz IV. Deshalb haben wir verschiedene Aktionen gestartet, die zum einen auf die Missstände hinweisen, zum anderen aber auch konkret Verbesserung bringen sollten. Jedenfalls mit den bescheidenen Mitteln, die wir als kleiner Verein haben.

Sanktionsfrei ist komplett zivilgesellschaftlich organisiert und finanziert. Im Kern sind wir zu zweit. Helena als Sprecherin und Geschäftsführerin und Robert als Campaigner. Und dann gibt es noch Claudia, die bei der Pressearbeit unterstützt, Gesine, die bei der Beantwortung der vielen E-Mails hilft, Max, der sich um unsere IT kümmert und noch einen Max, der alle Jahre wieder unseren Finanzabschluss macht. Außerdem Jörg und Kristina, die mit ihren eigenen Anwaltskanzleien all die Jobcenter-Rechtsfälle übernehmen, die bei uns landen.

Um unsere Arbeit effizient zu gestalten, haben wir sie auf zwei Säulen gestellt. Die eine ist Öffentlichkeitsarbeit. Sie wirkt weit über jede individuelle Hilfe hinaus und ist ein wesentlicher Bestandteil unserer Arbeit. Wir wollen das politische System verändern. Also müssen wir ein gesellschaftliches Bewusstsein für die Probleme schaffen und Lösungen aufzeigen. Deswegen schreiben wir auch dieses Buch.

Die andere Säule ist die konkrete Einzelfallhilfe. Dafür sammeln wir Spenden für unseren Solidartopf, aus dem wir Menschen unbürokratisch und schnell finanziell unterstützen.

Als wir 2015 *Sanktionsfrei* gründeten, wollten wir eigentlich ausschließlich Sanktionen ausgleichen. Das war unsere Gründungsidee gewesen und darauf hatten wir uns spezialisiert. So klein wie wir waren, schien uns damals das finanzielle Volumen der Sanktionen schon völlig überdimensioniert.

Doch dann wurden überraschend in der Pandemie die Sanktionen vorläufig ausgesetzt. Ein Grund zur Freude, könnte man meinen, aber andere Probleme lagen allzu offensichtlich vor uns.

Hilferufe aus ganz Deutschland

Zwar hatten viele Leute in der Pandemie plötzlich mehr Geld auf dem Konto, einfach weil sie gar kein Geld mehr ausgeben konnten. Kino, Konzerte, Theater, Club- und Kneipenbesuche, der Latte macchiato auf der Shoppingtour – alles fiel durch den Lockdown weg. Es boomte der Onlinehandel, aber so viele Hoodies und Jogginghosen fürs Sofa konnte man nun auch wieder nicht kaufen. Selbst das Urlaubsgeld blieb ungenutzt auf dem Konto. Manche stellten fest: Eigentlich braucht man gar nicht viel zum Leben.

Ganz anders ging es denen, die tatsächlich nicht viel zum Leben hatten. Sie spürten noch deutlicher, wie hart das Überleben in unserem vermeintlichen Wohlfahrtsstaat ist, wenn man noch nicht mal mehr das kriegt, was andere im Überfluss achtlos liegen lassen.

Rund 1,65 Millionen Menschen, die sich sonst regelmäßig über die 940 Tafeln in Deutschland versorgt hatten, standen im Sommer 2020 plötzlich ohne diese überlebensnotwendige Unterstützung da.[9] Gaststätten und Restaurants, die sonst ihre Reste an die Tafeln weitergegeben hatten, blieben geschlossen. Viele Tafeln selbst öffneten nicht mehr. Zwar bestellten sich manche Menschen, die wegen Corona nicht zur Arbeit gehen konnten, nun das Restaurantessen nach Hause, oft auch aus Gründen der Solidarität. Sie wollten, dass die Gaststätten nicht alle pleitegehen. Aber von den kleinen Mengen für den To-Go-Service gab es zu wenig Reste für die Tafeln.

Außerdem stiegen in Folge der Corona-Krise auch die Preise in den Supermärkten. Wegen der geschlossenen Grenzen kamen keine Lkws mehr nach Deutschland. Schon im März 2020 waren wegen Hamsterkäufen die Regale leer. So blieb auch hier leider keine Ware als Spende für die Tafeln übrig. Zugleich explodierten auch noch die Obst- und Gemüsepreise. Zucchini etwa kosteten plötzlich fast doppelt so viel, Blumenkohl, Brokkoli und Paprika über die Hälfte mehr als im Jahr davor.

Wer genug Geld hatte, bezahlte eben die horrenden Preise oder griff in die Tiefkühltruhe. Wer jeden Cent umdrehen musste und Obst und Gemüse eh nur gelegentlich kaufen konnte, verzichtete in dieser Zeit ganz darauf. Vitamine muss man sich eben leisten können.

Der Hartz-IV-Regelsatz sah im Jahr 2020 für einen alleinstehenden Erwachsenen für Nahrungsmittel und Getränke monatlich 150,60 Euro vor, also nur rund 5 Euro pro Tag. Das ist denkbar knapp. Ganz ehrlich: Wie weit kämen Sie mit einem Wocheneinkauf von 35 Euro? Für Kinder gab es, je nach Alter, zwischen 3 und 3,80 Euro pro Tag.

Wir bekamen in dieser Zeit Hilferufe aus ganz Deutschland.

Sanktionsfrei versus Staatsversagen

Für Familien in Hartz IV wurden nicht nur die Einkäufe im Supermarkt unbezahlbar. Auch das tägliche kostenlose Schul- und Kitaessen fiel weg. Zudem kostete nicht nur das Essen zusätzlich. Auch das Homeschooling erforderte teure technische Geräte wie Laptops, Tablets oder Smartphones. Selbst wenn die Geräte von der Schule gestellt oder sogar gespendet wurden, verursachten sie Kosten, die im Regelsatz bis heute nicht vorgesehen sind.

Was viele nämlich nicht wissen: Auch die Stromkosten müssen aus dem viel zu niedrigen Hartz-IV-Regelsatz bezahlt werden. Das war immer schon so und ist auch weiterhin so. Und gerade Computer und Handys sind ziemlich große Stromfresser.

Wir entschieden uns kurzerhand, das Geld aus dem *Sanktionsfrei*-Solidartopf zu nutzen, um so vielen Familien wie möglich schnell und unbürokratisch einmalig 100 Euro zu schenken. Als Corona-Mehrbedarf.

Spätestens in dieser Krise war nicht mehr zu übersehen: Staat, Städte und Kommunen waren nicht in der Lage, ihren Fürsorgepflichten nachzukommen. Wir erlebten ein krasses Staatsversagen. Aber auch ein Medienversagen. Denn bis auf wenige Ausnahmen wurden zwar auf allen Kanälen Beiträge mit Tipps zur Bewältigung von Langeweile und Krisen im Homeoffice gesendet. Im Fernsehen gaben Sterneköche Hilfestellungen und Anregungen für das tägliche Bekochen der Familie zu Hause.

Aber es gab kaum Berichte darüber, wie Menschen in Armut von der Krise doppelt und dreifach getroffen waren. Nicht nur, weil alles teurer wurde, sondern auch, weil die Pandemie sie immer wieder zu besonderen Ausgaben zwang.

Womit wir beim nächsten Beispiel sind: Masken!

Plötzlich war das Tragen von FFP2-Masken in Geschäften und öffentlichen Verkehrsmitteln vorgeschrieben. Und wieder dachte niemand darüber nach, was diese neue Regelung für die Allerärmsten bedeutete. Im Hartz-IV-Regelsatz waren monatlich 16,42 Euro für »Gesundheitspflege« vorgesehen.[10] Darunter gefasst wurde alles, was zur Körperpflege gebraucht wird: von Zahnpasta, Shampoo und Bodylotion über Rasierwasser, Tampon und Lippenstift bis zu Schmerztablette, Pflaster und Hustensaft. Auch die Zuzahlungen bei Medikamenten müssen daraus geleistet werden.

Die Beschäftigten in Betrieben und öffentlichen Einrichtungen bekamen die Masken kistenweise und meist kostenlos zur Verfügung gestellt. So konnten sie Familie, Freunde und Verwandtschaft oft gleich mit versorgen. Wer aber keine solche Quelle hatte, musste Geld auf den Apothekentisch legen. Preis pro Maske im Januar 2021: 3 Euro. Im Hartz-IV-Regelsatz dafür vorgesehen: 2,50 Euro. Einmalig!

Das hieß in bitterer Wahrheit also: Menschen in Hartz IV blieb ein adäquater Schutz vor Covid-19 verwehrt. Denn medizinische Masken müssen regelmäßig gewechselt werden, um optimalen Schutz zu gewährleisten. Empfohlen wurde damals dringend, sie nicht länger als eine Woche zu tragen. Aber wer sich das nicht leisten konnte, der benutzte seine Maske so oft und lange, bis sie auseinanderfiel.

Sanktionsfrei sprang ein und verteilte im Losverfahren nun 30 Euro als »Maskenbonus«. Das war natürlich nur ein Tropfen auf den heißen Stein. Und klar, wir haben nicht kontrolliert, wer sich von dem Geld was gekauft hat. Aber wir wollten den Menschen wenigstens die Möglichkeit geben, sich wie alle anderen vor der Pandemie zu schützen.

Eine Mücke und die Herde von Elefanten

So sehr sich die einzelnen Menschen über ihre Auslosung und die 100 Euro Corona-Bonus oder 30 Euro Masken-Bonus von *Sanktionsfrei* freuten, so wenig half das in der breiten Fläche. Das war und ist uns bei all unserer Arbeit natürlich schmerzlich bewusst.

Doch wir wissen, dass solche Aktionen gern von Medien aufgegriffen werden. Unter anderem deswegen behielten wir die »Mehrbedarfs-Kampagnen« bei. Denn durch die Medienpräsenz wird eine breitere Öffentlichkeit auf die Missstände in unserer Gesellschaft aufmerksam. Und wenn nicht nur wir uns darüber empören, sondern auch möglichst viele andere, dann können wir vielleicht etwas bewegen. Je mehr sich empören, desto besser.

Menschen in Hartz IV haben keine Lobby. Das liegt zuallererst am Geld. Denn Presse- und Medienarbeit, systematische Kommunikation in Sozialen Medien und professionelle Lobby-Aktivitäten wie Kongresse, Konferenzen oder Parlamentsfrühstücke kosten richtig viel Geld. Konzerne wie BASF, Eon oder die Deutsche Bank geben Millionen für die Lobbyarbeit aus. Nach Schätzungen der gemeinnützigen Organisation *Finanzwende* investiert allein die Finanzbranche rund 200 Millionen Euro pro Jahr in Lobbyarbeit.[11]

Selbst wenn sich die 17,3 Millionen armen Menschen – also wirklich alle – ein paar Euro im Monat vom Mund absparen würden, kämen sie nur auf einen Bruchteil des Geldes, den die Wirtschaft als Ganzes in die Waagschale der öffentlichen Aufmerksamkeit wirft.

Deswegen versucht *Sanktionsfrei* das Interesse der Medien zu wecken. Wenn der *Spiegel*, die *Süddeutsche Zeitung* und andere Medien über unsere Kampagnen große Geschichten bringen, wächst der Druck auf die Politik zumindest ein bisschen, vielleicht doch endlich etwas zu unternehmen, um auch Menschen in Armut zu unterstützen. Das ist unser Ziel.

Als kleiner Verein mit einem vergleichsweise winzigen Jahresbudget ist *Sanktionsfrei* eine Mücke, die einer ganzen Herde von Elefanten gegenübersteht. Trotzdem geben wir den Kampf um Aufmerksamkeit nicht verloren. Denn die Tatsache, dass milliardenschwere Unternehmen solch einen Aufwand betreiben, um in der Gesellschaft bestimmte Legenden über Reichtum und Armut zu verbreiten, zeigt, dass diese Ideen dort nicht unbedingt natürlicherweise tief verankert sind.

Ohne permanente Werbung würde niemand all den überteuerten Quatsch kaufen, der uns täglich als größte Verlockung der Welt angepriesen wird. Und selbst dann bleiben viele Menschen skeptisch. Genau auf diese kritische Öffentlichkeit setzen wir. Menschen, die sich nicht ein X für ein U vormachen lassen. Menschen, die wissen wollen, wie die Dinge wirklich sind.

Und siehe da, auch beim »Bürgergeld«, dieser angeblichen Sozialreform mit Paradigmenwechsel, gab es ziemlichen Etikettenschwindel.

»Bürgergeld« – schöner Name, nix dahinter

Das Lieblingsbaby von SPD-Kanzler Gerhard Schröder, »Hartz IV«, war noch nicht mal aus dem Krabbelalter raus, da war schon klar, dass so ziemlich alle Parteien jenseits der SPD aus dem Hartz-System wieder aussteigen wollten. Die Reform galt als gescheitert.

Die Bürger:innen murrten. Ausgerechnet jene, die aktiv fürs Alter vorgesorgt hatten, standen nun ohne alles da, wenn sie arbeitslos wurden. Egal, wie lang sie in die Arbeitslosenversicherung eingezahlt hatten, nach einem Jahr gab's keine Leistungen mehr. Aber Hartz IV bekam man erst, wenn man so gut wie all seine Ersparnisse aufgezehrt hatte. Lediglich ein kleines »Schonvermögen« von 150 Euro pro vollendetem Lebensjahr durfte man noch auf dem Konto haben. Und wer versuchte, etwas dazuzuverdienen, der durfte nur die ersten 100 Euro behalten; alles darüber wurde bis zu 90 Prozent wieder abgeknöpft.

Parteipolitisch gab es gewaltige Umbrüche. Die SPD spaltete sich auf. Die Linkspartei wurde gegründet. Die Gewerkschaften nahmen den Sozialdemokraten die Reform extrem übel und ließen sich in den Folgejahren von Merkels CDU umgarnen. Vor allem in der Finanz- und Wirtschaftskrise 2008/2009 kam es hier zu engen Bündnissen. Die SPD, »große alte Tante« der deutschen Politik, erholte sich nie von der Hartz-Kritik und erlebte einen dauerhaften Sinkflug in der Wählergunst.

Selbst aus der Wirtschaft kam Kritik. Drogerie-Gründer Götz Werner schimpfte in einem *Stern*-Interview: »Hartz IV ist offener Strafvollzug. Es ist die Beraubung von Freiheitsrechten. Hartz IV quält die Menschen, zerstört ihre Kreativität.«[12]

Aber obgleich 2004 Hunderttausende Menschen auf die Straße gegangen waren, um gegen die Hartz-Reform zu demonstrieren, waren über die Jahre nicht nur die massiven Proteste vergessen. Man vergaß auch die eigentlich ungeheuerliche Verletzung eherner Prinzipien der deutschen Sozialgeschichte und den brutalen Abbau von Transferleistungen. Es setzte eine zunehmende Gewöhnung ein und mit der Zeit waren die einst verhassten Zustände einfach völlig normal.

Es fand sogar eine Umkehr statt: Plötzlich war Hartz IV angeblich der Grund für den Wiederaufstieg Deutschlands vom »kranken Mann Europas« zum Wirtschaftsmotor der Europäischen Union. Hurra! Da mochten noch so viele Ökonom:innen darauf hinweisen, dass sich zwischen den Hartz-Gesetzen und der Wirtschaftsblüte zwar ein zeitlicher, aber kein Kausalzusammenhang beweisen lässt – egal! Wir sind wieder wer! Und wer nichts leistet, darf sich auch nicht beklagen. Dieses Narrativ prägt die Einstellung vieler Deutscher bis heute.

Puderzucker über einer brutalen Wirklichkeit

Fast 20 Jahre hat es gedauert, bis diese von allen Parteien wechselnd mal gehasste, mal gelobte Reform tatsächlich endlich »überwunden« werden sollte. Das Thema war sogar eines der Wahlkampfthemen 2021 und die Hoffnung auf Veränderung ließ die Herzen höherschlagen.

Die frisch gewählte Ampelregierung präsentierte im Dezember 2021 ihren Koalitionsvertrag mit dem vielversprechenden Titel »Mehr Fortschritt wagen«. Der wohlklingende Name »Bürgergeld« sollte zum Ausdruck bringen, dass an die Stelle von Hartz IV nun etwas ganz Neues treten würde. Verstärkend sendete die Regierung eine Fülle von Signalworten in den medialen Äther: »Würde des und der Einzelnen«, »gesellschaftliche Teilhabe«, »Beratung auf Augenhöhe«, »Vertrauenszeit« und »individuelle, ganzheitliche Unterstützung«. Das klang vielversprechend.

Schon wenige Monate später legte das Bundesministerium für Arbeit und Soziales unter Federführung von SPD-Minister Hubertus Heil den ersten Gesetzesentwurf vor.

Es gab Verbesserungen. Ja.

Der Entwurf sah zum Beispiel eine zweijährige »Karenzzeit« vor, in der ein wesentlich höheres Schonvermögen behalten werden durfte.

Das war eine gute Idee. Vor allem für Menschen, die im Laufe der Jahre ein bisschen Geld gespart hatten und plötzlich ihren Job verloren. Sie würden so nicht mehr, um Hilfe zu bekommen, erst ihre Rücklagen fürs Alter aufbrauchen müssen, sondern könnten sich in Ruhe einen neuen Job suchen. Dafür sind zwei Jahre ein guter Zeitraum, das zeigen die Statistiken. Denn in diesem Zeitraum gelingt es den meisten, einen neuen Arbeitsplatz zu finden.

Dieselbe Karenzzeit sollte auch für die Wohnungskosten gelten. Auch das war sinnvoll. So müsste niemand wertvolle Zeit mit der Wohnungs- statt Jobsuche verschwenden. Die zweijährige Karenzzeit hätte sowohl Bürokratie wie auch Existenzkampf erspart. Eine sanktionsfreie »Vertrauenszeit« von sechs Monaten gehörte ebenfalls zu einem kleinen, wenn auch zeitlich sehr begrenzten Fortschritt.

Der Gesetzesentwurf sah außerdem vor, die Zuverdienstmöglichkeiten zu verbessern. Jugendliche sollten anrechnungsfrei arbeiten gehen können. Für Ausbildungen sollte es bis zu 150 Euro monatlich Zuschuss geben.

Aber das war es im Grunde auch schon an Verbesserungen. Leider hatte man nur schöne Vokabeln aus der Sozialkitsch-Kiste gegriffen und als Puderzucker über die weiterhin brutale Wirklichkeit gestreut.

Bei genauerem Lesen fanden sich nämlich alle bekannten Grundsätze aus der Hartz-Mottenkiste: Man hielt an »Bedarfsgemeinschaften« fest und an »Teilhabevereinbarungen«. Details, die ein Laie kaum versteht, die aber folgenschwere Bedeutung haben. Im Zentrum des »Zielsteuerungssystems« stand weiterhin die Integration in den Arbeitsmarkt, auch wenn es jetzt um mehr »Nachhaltigkeit« gehen sollte, ohne dass ausbuchstabiert wurde, was darunter eigentlich zu verstehen war.

Aber was menschlich, politisch und juristisch am stärksten

umstritten blieb, war der Satz: »An Mitwirkungspflichten halten wir fest.« Übersetzt heißt das: »Sanktionen werden beibehalten.«

Da war es also, das Maximum an Fortschritt, den das »Bürgergeld« zu bieten hatte. Eine vertane Chance!

Ein »Bürgergeld«, das seinen Namen verdient hätte, so sind sich Sozialverbände und Aktivist:innen einig, müsste wesentlich mehr bieten. Zuallererst einen angemessenen Regelsatz. Sanktionen gehören vollständig abgeschafft. Die Wohn- und Energiekosten müssen komplett gedeckt werden. Nichts davon war im Gesetzesentwurf enthalten. Das war unfassbar ignorant.

Respekt und Augenhöhe versprach das »Bürgergeld«. Aber sorry: Respekt und Augenhöhe haben sehr viel mit einer ausreichenden materiellen Grundlage zu tun – und damit, dass diese unantastbar bleibt. Eine solche Grundlage hatten all die Menschen in Hartz IV nie und haben die Menschen in »Bürgergeld« jetzt immer noch nicht.

Arbeitsmarktpolitische Borniertheit

Die größte Verbesserung, die das »Bürgergeld« tatsächlich mit sich gebracht hat, ist die Abschaffung vom sogenannten »Vermittlungsvorrang«. Was sperrig klingt, bedeutet, dass die Menschen jetzt nicht mehr per Gesetz in jeden noch so schlechten Job gepresst werden müssen. Stattdessen kann der Fokus auf Weiterbildung und Qualifikation liegen. Schließlich haben wir einen Fachkräftemangel in Deutschland. Für Einzelne wird das tatsächlich eine hilfreiche Änderung sein.

Der Vermittlungsvorrang aber ist sowieso kein Thema für die meisten Menschen in *Bürgerhartz* – so nennen wir die größte Sozialreform, um sie als das zu entlarven, was sie ist: eine unwesentliche Reform des Altbekannten.

Fast 1 Million, nämlich 860 000 Menschen haben schon einen Job. Sie sind Aufstocker:innen. Sie verdienen leider nur so wenig, dass sie zusätzlich staatliche Hilfen in Anspruch nehmen müssen. Außerdem gibt es 1,9 Millionen Kinder und Jugendliche in *Bürgerhartz.* Auch die brauchen keinen Job. Obendrein sind 1,6 Millionen Menschen ohnehin gar »nicht erwerbsfähig«. Sie bekamen bis Ende 2022 »Sozialgeld«. Das wurde aus verwaltungstechnischen Gründen mit *Bürgergeld* zusammengelegt. Unzählige Andere leisten unverzichtbare Pflege- und Care-Arbeit, für die sie im Grunde genommen fürstlich entlohnt werden müssten. Jede:r dritte Alleinerziehende, etwa 900 000 Frauen und Männer, leben in *Bürgerhartz,* weil sich Familie und Arbeit eben nur in bestimmten Berufsgruppen vereinbaren lassen.[13]

Für sie alle gilt weiterhin das klägliche Existenzminimum und die geizigen Regelungen für Wohnkosten. Die kleinkarierten »Bürgergeld«-Reformen bringen für sie so viel Verbesserung wie ein Tropfen Saft in eine Flasche Wasser.

Von den insgesamt 5,4 Millionen »Leistungsbeziehenden« bleiben unterm Strich nur knapp 1,1 Millionen »erwerbsfähige Leistungsberechtigte«. Und natürlich wäre es schön, wenn all diese Menschen durch Qualifizierung zeitnah aus dem ungnädigen Sozialsystem herauskommen könnten.

Aber die übrigen 4,3 Millionen – Menschen mit Niedriglohn, Erwerbsunfähige, Care-Arbeitende, Jugendliche, Kinder – leben in *Bürgerhartz,* unverschuldet und ohne die Möglichkeit, durch eigenes Zutun ihre Situation zu verbessern.

Vor lauter arbeitsmarktpolitischer Borniertheit wird ihre Lebenswirklichkeit nicht wahrgenommen. Sie werden mit einem *Bürgerhartz* abgespeist, das zum Sterben zu viel ist, aber zum Leben in der viertreichsten Wirtschaftsnation der Welt verdammt nochmal nicht reicht.

Puh. Das musste jetzt mal raus.

Als zivilgesellschaftliche Organisation befanden wir uns im Laufe des »Bürgergeld«-Gesetzgebungsprozesses in einer zwiespältigen Position. Einerseits kritisierten wir den Gesetzentwurf scharf, der in dieser Form sofort vom Bundestag verabschiedet wurde. Aus unserer Sicht blieb er von Anfang an weit hinter den Möglichkeiten und Notwendigkeiten zurück.

Andererseits mussten wir genau diesen »Bürgergeld«-Entwurf mit seinen kleinen Verbesserungen kurz darauf mit aller Kraft gegen eine beispiellose Schmutzkampagne verteidigen, die von der Opposition gestartet wurde.

»So richtig normal essen, worauf wir vielleicht Lust hätten oder was uns schmecken würde, das können wir uns mit Hartz IV nicht leisten, da die anderen Kosten wie Schulmaterial, Taschengeld und Turnkleidung das Geld zum großen Teil aufbrauchen. Für Essen bleibt dann nicht mehr viel übrig.«
N. aus Königs Wusterhausen

»Erst war ich alleinerziehend, dann alleinerziehend und überqualifiziert und jetzt bin ich zu alt und überqualifiziert.«
V. aus Offenbach am Main

»Ich kann kaum meine laufenden Kosten decken, geschweige denn meine Rechnungen bezahlen. Heute habe ich ein Schreiben von meiner Bank erhalten, dass mein völlig ausgeschöpfter Dispo gelöscht werden soll. Das heißt, dass ich dann weder meinen Regelsatz, noch Miete, noch sonst irgendetwas bezahlen kann. Auch ist der Strom von 26 Euro bisher ab nächsten Monat auf 50 Euro in die Höhe geschossen. Ich achte wirklich streng auf meinen Verbrauch & habe wirklich nur das Nötigste an Geräten eingeschaltet. Der Fernseher bleibt seit Monaten aus und kochen tue ich eh selten, da ich mir kaum Lebensmittel leisten kann.«
S. aus Parchim

REGELSATZ & MINDESTLOHN
Fake-Kampagne in vier Akten

Wer glaubt, dass ein Gesetz in unserer Demokratie entsteht, indem das Thema im Bundestag diskutiert und dann darüber abgestimmt und mehrheitlich entschieden wird, kennt den politischen Alltag nur aus größter Entfernung. In der Praxis können Gesetzgebungsverfahren aufwändig und langwierig sein.

Zum Beispiel die sogenannten »zustimmungsbedürftigen Gesetze«. Denen muss zusätzlich zum Bundestag auch der Bundesrat, in dem die Ländervertretungen sitzen, zustimmen. Zustimmungsbedürftig sind solche Gesetze, die auch die Finanzen der Länder betreffen. Ein solches Gesetz ist das »Bürgergeld« und deswegen konnte die Union als Oppositionspartei auch ordentlich mitmischen, bis es endlich verabschiedet werden konnte.

Wer mit solchen Gesetzgebungsverfahren vertraut ist, wusste schon Ende 2021, dass es ungefähr im November 2022 zum Showdown im Bundesrat kommen würde. Egal, wie die Zwischenschritte verlaufen würden. Denn spätestens dann würde der Bundeskanzler den vom Bundestag beschlossenen Gesetzesentwurf dem Bundesrat zur Abstimmung zuleiten müssen, um das Gesetz zum 1. Januar 2023 in Kraft treten zu lassen.

Einige kritische Beobachter:innen der Koalitionsverhandlungen hatten schon vor Regierungsantritt festgestellt, dass selbst die von der Ampelregierung geplante Umwandlung von Hartz IV in »Bürgergeld« keine wesentlichen Änderungen mit sich bringen würde und es am Ende vor allem ein neuer Name für Hartz IV werden würde. Trotzdem war klar, dass diese Gesetzesänderung schon allein aus Imagegründen ein besonderes Anliegen war und die finale Debatte mit entsprechender medialer Aufmerksamkeit begleitet werden würde.

Da die wichtigsten Eckpfeiler des »Bürgergelds« bereits im Koalitionsvertrag vereinbart wurden, konnte die Union sich in aller Ruhe eine Strategie überlegen, wie sie das Gesetz, wenn schon nicht verhindern, dann wenigstens zum eigenen Vorteil beeinflussen konnte. Die erforderliche Zustimmung, das wusste die Union natürlich auch, würde sie kinderleicht durch ihre Beteiligung an acht Länderregierungen verhindern können. Jetzt musste sie nur noch eine ausgebuffte Kampagne vorbereiten, um sich Akzeptanz und Applaus dafür zu sichern. Und das tat sie.

Wie trennt man Regelsatz und Mindestlohn?

Die Kampagne der Unionsparteien verfolgte – auch vor dem Hintergrund, dass in Bayern 2023 Landtagswahlen anstanden – zwei Ziele:

Erstens sollte der besser verdienenden, älteren und auf die soziale Marktwirtschaft vertrauenden Kernwählerschaft der Union vermittelt werden, dass der Sozialstaat in Deutschland bestens für Menschen sorgt, die von Armut betroffen sind. Die Kampagne musste also die Botschaft vermitteln, das »Bürgergeld« ermögliche eine absolut angenehme Lebensweise, die das Leben am Limit des Niedriglohns übertreffe. Was aus ihrer Sicht krass ungerecht wäre!

Zweitens sollte Unternehmen – vorrangig denen, die ideell wie finanziell die Unionsparteien unterstützen – signalisiert werden, dass die Personalkosten vor allem im Niedriglohnsektor nicht weiter steigen würden als unbedingt nötig. Das war sicher ein Herzensanliegen für den CDU-Vorsitzenden Friedrich Merz, dem guten Freund einflussreicher Fondsgesellschaften.

Die Kampagne musste also gleichzeitig die Botschaft vermitteln, das »Bürgergeld« entspräche dem Einkommen eines »hart« arbeitenden Durchschnittsverdienenden, zum Beispiel eines soliden traditionellen Handwerkers. Dabei musste ein Lohn, der nur knapp über dem Mindestlohn lag, als normales und völlig akzeptables Einkommen erscheinen, ohne dass der Mindestlohn selbst zum Thema wurde. Eine knifflige Aufgabe.

Die Höhe des Mindestlohns wirkt wie ein unscheinbares Detail in allgemein komplizierten Gehaltsverhandlungen. Sie hatte in Wahrheit aber das Potenzial für gewaltigen Sprengstoff. Die Zündschnur trägt den Schriftzug »Aufstocker«. Im Zuge der Hartz-IV-/»Bürgergeld«-Reform bestand nämlich für die Union die Gefahr, dass zu viel öffentliche Aufmerksamkeit auf ein brisantes Faktum gelenkt würde: Nämlich, dass unter den Menschen im Hartz-IV-Bezug rund 860 000 Menschen eigentlich einer Erwerbsarbeit nachgingen.[14] 860 000 Menschen – das entspricht der Bevölkerung von Frankfurt am Main. Oder der von Hannover und Wuppertal zusammen. Oder fast viermal ganz Chemnitz.

Wenn darüber hinaus allzu deutlich würde, dass sich unter diesen Aufstocker:innen überdurchschnittlich viele Alleinerziehende, also meist Mütter mit einem oder mehreren Kindern befinden, dann drohte eine Welle der Empörung. Erst recht wenn dazu noch publik würde, dass Kinder das größte Armutsrisiko schlechthin darstellen. Als konservative Partei, die stets das Mantra der heiligen Familie beschwor, wären solche skandalösen »Enthüllungen« eine Katastrophe.

Wie sollte man der breiten Bevölkerung erklären, dass die Profite der Unternehmen wichtiger waren als die angemessene Versorgung von Müttern, die einen annehmbar bezahlten Beruf und eine angemessene Kinderbetreuung nicht zusammen unter einen Hut bekamen? Wie sollte man Wähler:innen mit konservativem Weltbild vermitteln, warum auch Hunderttausende hart arbeitende Menschen nicht genug Einkommen hatten, um ihre Familien zu ernähren?

Und es war noch Schlimmeres zu befürchten …

Nicht das Einkommen wächst, sondern der Niedriglohnsektor

Wenn die Büchse der Sozialdebatten-Pandora erst geöffnet wäre, würde man in Deutschland womöglich darüber diskutieren, dass der deutsche Niedriglohnsektor in den letzten 17 Jahren so gewachsen ist, dass er heute einer der größten aller Industrieländer ist.[15] Und zwar in Folge der Einführung der Hartz-Gesetze und der damit einhergehenden drastischen Deregulierung des Arbeitsmarkts. Wobei die Grundidee von Minijob und niedrigen Löhnen doch angeblich gewesen war, den »Einstieg« in angemessen bezahlte Erwerbsarbeit zu ermöglichen. Doch nicht das Einkommen der Beschäftigten wuchs, sondern nur der Niedriglohnsektor. Stau auf der Lohnspur.

Im Jahr 2022 wurde fast jeder fünfte Beschäftigte mit weniger als 12,50 Euro pro Stunde entlohnt.[16] Zählen Sie mal durch, wenn Sie morgens mit der Straßenbahn zur Arbeit fahren: 1, 2, 3, 4, Niedriglohn, 6, 7, 8, 9, Niedriglohn, und so weiter!

Wobei zu befürchten ist, dass Sie die Menschen in Niedriglohn dort gar nicht antreffen. Die arbeiten nämlich im Schichtdienst als Hilfskräfte in der Metallindustrie, nachts als Wachpersonal auf Gewerbehöfen. Sie arbeiten im Akkord auf der Großbaustelle oder vor Sonnenaufgang als Putzkräfte in Schulen, Behörden und Büros.

Dabei spielt Geschlecht eine Rolle: Jeder sechste Mann arbeitet in gering bezahlten Berufen und Branchen und jede vierte Frau. Und auch Alter spielt eine Rolle: Vier von zehn abhängig Erwerbstätigen unter 25 Jahren werden niedrig entlohnt. Aber auch vier von zehn abhängig Erwerbstätigen über 65 Jahren.[17] Bei den einen ist es »Lehrgeld«, bei den anderen »Zubrot« für die zu niedrige Rente. So kann man es vielleicht teilweise erklären, aber ist es deshalb richtig, geschweige denn fair?

Fakt ist, dass 17,3 Millionen Menschen in Deutschland mit einem Einkommen unterhalb der offiziellen Armutsgrenze über die Runden kommen müssen. 17,3 Millionen, das ist fast fünfmal die Bevölkerung von Berlin, neunmal die Bevölkerung von Hamburg oder 16-mal die Bevölkerung von Köln.

Fakt ist auch, dass selbst eine alleinstehende Person mit einem Vollzeitjob und einem Stundenlohn von 14,54 Euro, also immerhin 2,54 Euro pro Stunde mehr als Mindestlohn, nicht ausreichend Geld verdient, um den eigenen Lebensbedarf zu decken oder um eine Familie zu versorgen.

Aber, huch, was ist denn das für eine seltsame Zahl: 14,54 Euro? Wer zahlt denn solch einen krummen Stundenlohn?

Tja. Fragen Sie das mal die Parteichefs von CDU und CSU. Oder falls die nicht antworten, könnten Sie auch mal bei der AfD anklopfen. Diese drei Parteien haben nämlich im Oktober 2022 – zufällig passend zum Auftakt der »Bürgergeld«-Verhandlungen im Bundesrat – eine ausgeklügelte Rechnung präsentiert, in der die Zahl 14,54 Euro eine weitestgehend unsichtbare, aber wesentliche Rolle spielte.

Die Rechnung war der Kern einer Kampagne, die sich wahrscheinlich die kreativen Beschäftigten einer PR-Agentur für die Unions-Kommunikation in der »Bürgergeld«-Debatte ausgedacht haben. Die Entwicklung einer politischen Kampagne läuft nicht sehr viel anders, als wenn man einen neuen Joghurt auf den Markt bringen möchte. Es braucht knackige Slogans, eingängige

Bilder und vielfältige Botschafter:innen, die immer das Gleiche sagen.

Die »Bürgergeld«-Kampagne der Union bestand aus vier Teilen: einer Webseite, einer wissenschaftlichen Studie, der personifizierten »Stimme des Volkes« und der Kommunikation der Kernbotschaften durch prominente Personen der Partei.

1.Akt: Die Webseite

Am 25. Oktober 2022, also genau einen Monat, bevor der Bundesrat final zum »Bürgergeld« tagte, präsentiert die CSU eine Webseite unter der Überschrift »Leistung muss sich lohnen«[18]. Im Stil einer Petition lädt hier gleich die Startseite dazu ein, einen Satz zu unterschreiben, der da lautet: »Ich unterstütze die Forderung nach ›Leistung muss sich lohnen‹, damit auch künftig derjenige, der arbeiten geht, mehr hat als der, der dies nicht tut.«

Der vermeintlich fachliche Kern bestand aus einer simplen Kalkulation: Sie rechnete quasi auf dem Bierdeckel vor, dass ein Arbeitnehmer mit einem Monatsbruttolohn von 2520 Euro unterm Strich nur *einen einzigen* Euro mehr hätte als ein »Bürgergeld«-Empfänger, wenn man Steuern und Sozialabgaben sowie Kosten für Miete, Energie, Essen und Verkehr abzöge.

Wow – das war ein Hammer! Wer Vollzeit arbeiten geht, hat am Ende nur einen Euro mehr als der Faulpelz in der sozialen Hängematte. Das ist krass ungerecht! Oder gibt es etwa irgendjemanden, der die oben formulierte Forderung nicht unterstützt, also dass auch in Zukunft alle, die arbeiten gehen, mehr haben sollten als die, die dies nicht tun?

Jede einzelne Zahl war effektvoll ausgesucht. Selbst der plausible und scheinbar zufällige, weil krumme Monatslohn von 2520 Euro (übrigens auf Basis eines Stundenlohns von 14,54 Euro und einer 40 Stundenwoche) war eine ausgeklügelte Zahl. Klar! Denn hätte man in irgendeine Richtung gerundet, wäre am Ende nicht die Differenz von *einem einzigen* Euro herausgekommen.

Unterm Strich jedoch geht es im politischen Wahlkampf genau wie in der Werbung nicht um Fakten, sondern um Gefühle, also auch um gefühlte Zahlen. Die Zahl 2520, das farblich unterlegte Bruttogehalt des fiktiven Arbeitnehmers, trifft direkt ins mitfühlende Herz der Durchschnittsdeutschen, da es das durchschnittsdeutsche Nettogehalt ist. Brutto, netto? Egal! Erst recht, wenn davon dann 745 Euro »deutsche Durchschnittsmiete« und 100 Euro »erwartbare Energiekosten für 2023« abgezogen werden.

Alles gefühlte Zahlen. Auch die 745 Euro Miete. Wer zwei Sekunden über das Kleingedruckte nachdenkt, erkennt, dass sich dahinter der Mittelwert *aller* Haushalte in *allen* Städten verbirgt,[19] dass also der Wert die Spanne von der Einzimmerbude bis zur 350-qm-Penthouse-Wohnung einfach nur mittelt. Auch egal.

Dass die gesamte Rechnung falsch war, dürfte auch die CSU gewusst haben. Spätestens seit ein pfiffiger Blogger schon direkt am Tag nach der Veröffentlichung sämtliche Fehler aufgedeckt hatte. Er nennt sich Sozi Simon. Er sei »Sozialarbeiter aus Leidenschaft, Kämpfer für mehr soziale Gerechtigkeit und gegen das Verschweigen/Verweigern von staatlicher Unterstützung« heißt es in seiner Selbstbeschreibung. Auf Twitter erklärt er das deutsche Sozialsystem, Rechtslagen und Möglichkeiten – und zwar sehr praxisnah und konkret. Das wäre eigentlich Aufgabe des Staates, sollte man meinen. Aber da der Staat an dieser Stelle hochgradig versagt, übernimmt eben Sozi Simon den Kommunikationsjob.[20]

Am 26. Oktober um 6:55 Uhr am Morgen übernimmt er auch den Job der »Vierten Gewalt«, vulgo Medien. Er hinterfragt und überprüft die Aussagen einer mächtigen Partei. In 17 Schritten nimmt er die falsche Kalkulation der CSU auseinander.[21]

Wir ersparen Ihnen die Details. Echte sozialrechtliche Leistungskalkulationen passen bekanntlich nicht auf einen Bierdeckel. Aber was unterm Strich dabei herauskommt, ist simpel: »Der alleinstehende Arbeitnehmer hat trotz Vollzeitarbeit Anspruch auf Bürgergeld.« Denn weil er als Stundenlohn nur 14,54 Euro bekommt, reicht sein Einkommen auch in Vollzeit nicht aus, um seinen Bedarf zu decken. »Das wirft ein düsteres Licht auf den gerade erhöhten Mindestlohn«, fasst Sozi Simon seine Auswertung lakonisch zusammen.

Wenn der CSU-Muster-Arbeitnehmer jeden Monat sein Recht auf 247 Euro aufstockendes »Bürgergeld« in Anspruch nähme, hätte er am Ende insgesamt 348 Euro mehr in der Hand als die faule »Bürgergeld«-Konkurrenz. Plus Rentenansprüche.

Ein Tweet, der alle Fehler aufdeckt? Egal!

Man kann diese Arbeit, die Sozi Simon hier geleistet hat, nicht hoch genug schätzen. Er müsste eigentlich stündlich Anfragen aus der Bundesagentur für Arbeit bekommen, ob er dort nicht anheuern möchte, um die miserable Kommunikation zu professionalisieren. Aber besonders dankbar sollten wir ihm sein, dass er im selben Atemzug, nämlich in Tweet 16/17 aufgedeckt hat, »dass die Grafik der CSU auffällige Gemeinsamkeiten mit der Grafik der *Jungen Freiheit,* dem Hofmagazin der AfD hat«. Und das war noch zurückhaltend formuliert; die Zahlen und Berechnungen waren nämlich identisch.

Der schnelle Tweet hatte Folgen. Zahlreiche Zeitungen, auch das ZDF, griffen das Thema auf, ließen die korrigierte Berechnung von renommierten Expert:innen überprüfen und alle stellten fest: Sozi Simon hatte recht. Die CSU-Kampagne verschwieg, dass Arbeitnehmenden im Niedriglohnsektor diverse staatliche

Leistungen zustehen, etwa Wohngeld, Kinderzuschläge, Unterhaltsleistungen oder Freibeträge. Und dieses zusätzliche Geld können nur Erwerbstätige beantragen.

Nicht ein vermeintlich zu hohes »Bürgergeld« ist also das Problem, sondern ein Mindestlohn, der selbst in Vollzeit nicht zum Leben reicht!

Doch das alles hinderte die Union nicht, die Kampagne unbeirrt fortzusetzen. Die verzerrende Bierdeckelrechnung steht unverändert bis heute auf der Webseite und auch auf der CSU-Instagram-Seite. Die Grafik wurde über sämtliche Social-Media-Kanäle tausendfach geteilt und geliked. Wider jede Wahrheit.

Die Webseite steht weiterhin im Netz. Immer noch können dort Menschen ihre Daten angeben, um der Hohlforderung »Leistung muss sich lohnen« zuzustimmen. Geändert hat sich nur die Datenschutzerklärung – allerdings erst zwei Monate nach Inkrafttreten des Gesetzes. Offenkundig ging es hier nie um Informationen oder eine Petition, sondern schlicht um Datenklau und Stimmenfang. Mit aufgepeitschten Emotionen saugt man persönliche Daten ab, um gezielt mit weiteren »Informationen« zu manipulieren. Nach exakt dem gleichen Schema wurde im Frühling 2023 die »fair-heizen«-Kampagne gefahren, um gegen das Heizungsgesetz der Ampelregierung zu mobilisieren.

So funktionieren Fake-Kampagnen. Ist die Desinformation erst mal in der Welt, ist sie nicht mehr zu stoppen. Man beharrt einfach stur auf dem Unsinn, den man behauptet. Egal, was andere sagen oder belegen oder berechnen.

Aber halt! Gab es nicht auch eine wissenschaftliche Studie?

2. Akt: Eine wissenschaftliche Studie

Da es zum Berufsethos von Journalist:innen gehört, unabhängig und neutral zu bleiben und sich nicht mit einer Partei gemein zu machen, kann es hilfreich sein, im Rahmen einer Kampagne unabhängige Institute zu finden, die eine Botschaft wissenschaftlich untermauern. So war es vermutlich kein Zufall, dass kurz nach Start der Bierdeckel-Internet-Publikation das *Kieler Institut für Weltwirtschaft* Berechnungen zum Lohnabstand präsentierte.[22]

Das ist nicht irgendein Institut. Es zählt, weiß Wikipedia, »zu den sechs führenden deutschen Wirtschaftsforschungsinstituten, die als Mitglieder der Leibniz-Gemeinschaft zu gleichen Teilen vom Bund und der Gemeinschaft der Bundesländer finanziert werden«. Und auf der eigenen Webseite verspricht das Institut: »Das IfW Kiel widmet sich angewandter und Evidenz basierter wirtschaftswissenschaftlicher Forschung, die sich an international anerkannten Exzellenzstandards orientiert und neue Methoden erkundet.«

Einer der Wissenschaftler an diesem herausragenden Institut ist Prof. Dr. Dr. Ulrich Schmidt, Direktor der Abteilung *Globale Kooperation und gesellschaftlicher Zusammenhalt*. Er forscht zu zehn Themen, von Verhaltensökonomie und Klima über Finanzmärkte und Globalisierung bis zu Steuerpolitik und Wohlfahrtsstaat. Puh, da wird einem ganz schwindelig, wenn man nur die Schlagworte liest. Professor Schmidt ist also jemand, der sich mit richtig vielen komplizierten Themen beschäftigt und dabei die ganze Welt im Blick hat. Und dieser Mann, der auch mal vorrechnet, dass es viel zu teuer wäre, ein Tempolimit einzuführen, dieser Mann also hat nun zufällig im Herbst 2022 die Idee, die Praxis des »Lohnabstandsgebots« zu überprüfen.

Eine Studie, ein Journalist und fertig ist die Bombe

Anhand verschiedener Fallkonstellationen wird in der Studie ermittelt, wie künftige Empfänger:innen der Sozialleistung und ihre Familien im Vergleich zu Haushalten mit einem Alleinverdiener dastehen, der in seinem 40-Stunden-Job den Mindestlohn von zwölf Euro erhält.

Die Studie wird am 3. November veröffentlicht. Lustig, genau zehn Tage, nachdem die CSU ihre Pseudo-Petitions-Webseite freigeschaltet hat. Und das renommierte *Handelsblatt* serviert – exklusiv und vorab – die Kieler Studie gleich morgens um neun mit der Schlagzeile: »Wenn sich Arbeiten nicht mehr lohnt – Wie das Bürgergeld das Lohnabstandsgebot verletzt«.[23]

Damit alle die Bedeutung der Studie verstehen, ordnet der Journalist Frank Specht sie gleich sauber ein: »Die Union wirft der Ampel-Koalition vor, dass das neue Bürgergeld Anreize für Leistungsbezieher, eine Arbeit aufzunehmen, weiter senkt. Eine Studie des Instituts für Weltwirtschaft liefert in dem Streit neue Munition.«

Munition? Stimmt. Die Studie ist Bombe!

Denn: »Die Forscher zeigen, dass selbst ein Paarhaushalt ohne Kinder, in dem ein Partner zum Mindestlohn beschäftigt ist, im Monat knapp 230 Euro weniger zur Verfügung hat als ein vergleichbarer Haushalt von Bürgergeld-Beziehern.« Und der Knaller: »So hätte eine fünfköpfige Familie – je nach Alter der Kinder – mit dem Bürgergeld rund 578 bis 884 Euro im Monat mehr zur Verfügung.«

Zuckerschlecken im Kampagnenbüro der Union! Wenn Papi *nicht* arbeiten geht, bringt er 800 Euro mehr nach Hause. Wie krass ist das denn?!

Genau, es ist krass. Und es ist falsch. Als aufmerksame Buchleser:in brauchen Sie jetzt keinen Sozi Simon mehr, der Ihnen den

Fehler erklärt. Sie wissen es selbst. Richtig ist: Wenn Papi einen beschissen bezahlten Job hat, bekommt er zu wenig, um davon eine Familie zu ernähren. Deswegen bekäme er »aufstockendes« »Bürgergeld«.

Keine 24 Stunden nach Veröffentlichung der Studie erklärt Sozi Simon zuverlässig, was Sache ist: »Das IfW Kiel hat eine Studie zum Bürgergeld veröffentlicht, die durch scheinbare Unkenntnis von ergänzenden Sozialleistungen zu völlig falschen Ergebnissen kommt.« Es folgen 30 Tweets, die Stück für Stück die Studie auseinandernehmen.[24]

Aufgrund des *Handelsblatt*-Artikels werden auch andere Medien auf die Studie aufmerksam. Die Nachrichtenagentur dpa erstellt einen Faktencheck, den viele Medien publizieren, auch das *Handelsblatt*.[25] Doch der fehlerhafte Artikel steht weiterhin auf der Webseite. Und weil die irreführenden Berechnungen, die verzerrende Kampagne und eben auch die Studie des IfW am Ende weiterlaufen, als hätte es keinen Grund für Kritik und Korrekturen gegeben, macht die Legende vom fehlenden Lohnabstand durch zu hohes »Bürgergeld« weiter ihre Runde.

3. Akt: Die personifizierte Stimme des Volkes

Wenn jemand einen Gastbeitrag in der Wochenzeitung *Die Zeit* veröffentlichen darf, dann ist das etwas sehr Besonderes. Selbst bei den Leserbriefen wird sehr genau ausgewählt und eventuell auch drastisch gekürzt. Einen Gastbeitrag in der *Zeit*, das muss man erst mal hinkriegen! Da muss einiges zusammenkommen. Ein aktuelles Thema, eine gewisse Dramatik und eine ungewöhnliche Person mit hoher Fachkompetenz.

Am 17. November 2022 war es wieder so weit: In der Ausgabe 47/2022 ging es um das Thema »Bürgergeld und Geringverdiener« und zu Wort kam Fleischermeisterin Nora Seitz.[26] Sie ist eine leidenschaftliche Vertreterin ihres Berufs, kämpft fürs eigene Handwerk und sitzt im Präsidium des Deutschen Fleischer-Verbands. Dort hat sie als Nachwuchsbeauftragte die »Nationalmannschaft des Fleischerhandwerks« erfunden, ein junges ehrenamtliches Marketing-Team zur Imagepflege des Berufs.

Aber was kann diese Expertin für Fleisch und Wurst zur Neuregelung des Sozialgesetzbuches beitragen? Offenbar eine Menge. Nora Seitz, 38 Jahre alt, Frau, Ostdeutsche und Unternehmerin. Im Handwerk. Metzgermeisterin. Eine seltene Mischung. Das Beste aber ist, dass sie ihre knallharte Meinung mit Vehemenz vorträgt und das in kurzen knackigen Sätzen. So ist sie die personifizierte Stimme des Volkes.

Überschrift: »Was wir tun, lohnt sich kaum noch«

Unterzeile: »Die Fleischermeisterin Nora Seitz arbeitet 80 Stunden in der Woche. Sie findet: Das Bürgergeld bestraft jene, die schuften.«

Damit ist eigentlich alles gesagt. »Das Bürgergeld bestraft jene, die schuften.« Diese sechs Worte sind die Grundmelodie der nunmehr folgenden Schlagerparade der beliebtesten Hartz-IV-Stigmata. Knaller-Satz reiht sich an Knaller-Satz:

»Mein Stundenlohn liegt deutlich unter dem, was ein Bürgergeld-Empfänger bekommt« – »Wenn ich sonntags am Schreibtisch sitze [...] frage ich mich oft: Was soll der Scheiß eigentlich? Ich könnte es so viel bequemer haben!« – »Wer schuftet, kriegt 300 Euro mehr als ein Bürgergeldempfänger!« – »Das Bürgergeld belohnt die Bürger fürs Zuhausebleiben.« »Wir entfernen uns so weit von den Prinzipien des Förderns und Forderns wie ein Veganer vom Gulasch.«

Nora rockt die Qualitätsmedien

Redaktionen schätzen solche Statements als »starke Thesen«. So wurde der Artikel zum medialen Ritterschlag für die bis dahin völlig unbekannte Frau aus Chemnitz. Es folgen zwei weitere spektakuläre Medienauftritte. Am 21. November ist sie Gast in der MDR-Talksendung *Fakt ist*.[27] Und tags darauf diskutiert sie bei *Maischberger* im Ersten.[28]

Diesmal ist es keine Boulevard-Kampagne wie 2003, als »Florida-Rolf« in der *Bild*-Zeitung zur Inkarnation des »Sozialschmarotzers« hochgejazzt wurde und so den Weg für die gesellschaftliche Akzeptanz von verschärften Sozialhilferegelungen ebnete. Zwanzig Jahre später rockt Nora Seitz die Qualitätsmedien. Die Botschaft ist dieselbe.

Martin Machowecz, der Leiter des *Zeit*-Ressorts »Streit« höchstpersönlich, hat ihre Meinung vollkommen unkritisch protokolliert. Es gibt keine Zwischenfrage, keine Einordnung. Auch keine Korrektur. Vollkommen unbehelligt darf Nora Seitz sich hier ausbreiten – und Desinformation an Desinformation aneinanderreihen.

Richtig fragwürdig sind die mit Verve vorgetragenen Rechenbeispiele, die belegen sollen, wie sehr das »Bürgergeld« zum Däumchendrehen einlädt. So stünden zum Beispiel »manche Arbeitslose« fast so gut da wie die Angestellten ihrer Fleischerei. Der in diesen Dingen vermutlich relativ unbedarften *Zeit*-Leserschaft tischt Nora Seitz scheinbar plausible Rechnungen auf – im gleichen Stil, wie wir sie oben schon ausführlich behandelt haben. Da capo al fine. Wir ersparen Ihnen die Wiederholung.

Die Krönung ist, wenn die Fleischermeisterin allen Ernstes behauptet, sie selbst käme auf einen Stundenlohn von weniger als sieben Euro – und dieses Armutszeugnis als Argument gegen das »Bürgergeld« anführt:

»Mein Stundenlohn liegt deutlich unter dem, was ein Bürgergeld-Empfänger bekommt, wenn man es in 40 Stunden Arbeitszeit pro Woche umrechnet – der ›Bürgergelder‹ würde nämlich beinahe sieben Euro netto erhalten. Was in erster Linie daran liegt, dass ich als Selbstständige sicher 80 Stunden abreiße, ohne netto wirklich deutlich mehr zu verdienen.«

Das ist schon allein deshalb falsch, weil das »Bürgergeld« kein Lohn für irgendetwas ist, sondern das gesetzlich geregelte Existenzminimum. Aber gut, spaßeshalber kann man das ja mal in einen fiktiven Lohn fürs »Vollzeit-Nichtstun« umrechnen. In ihrer Wutrede – »Das Bürgergeld regt mich richtig auf.« – gibt es sogar einen Moment der Besinnung: »Ich bin kein harter Mensch, der Armen ihr Geld nicht gönnt.« Warum aber wütet die Metzgermeisterin überhaupt so sehr gegen das »Bürgergeld«?

Eine Parteisoldatin im unfairen Wettbewerb

Nora Seitz ist – huch, hatten wir das noch gar nicht erwähnt? – nicht nur einfaches CDU-Mitglied seit 2014. Sie ist im Beirat des CDU-Kreisvorstands Chemnitz und Beisitzerin im Vorstand der Mittelstands- und Wirtschaftsunion in Sachsen, einer Unterorganisation der CDU Sachsen. Sie beteiligt sich an der Denkfabrik der CDU Sachsen, eine innerparteiliche Wirtschaftskonferenz. Ministerpräsident Michael Kretschmer kommt zum Fototermin in Noras Fleischerei. Sie ist 2017 für die CDU Sachsen zur Wahl in Berlin angetreten und hat verloren. Aber für 2025 malt sie sich gute Chancen aus.

Sie ist eine seltene Mischung, die nicht nur in den Medien ankommt. Ist sie die erhoffte Nachwuchspolitikerin, die man in den nächsten drei Jahren aufbauen kann, um den Wahlkreis Chemnitz zurückzuerobern?

Im November 2022 bekommt sie ihre Chance.

Sie betritt die große Bühne. Sie tut es durch die Hintertür, geöffnet durch Türsteher Martin Machowecz. Der leitende Redakteur benennt sie in seinem Protokoll der Ordnung halber zwar als CDU-Mitglied, aber »vergisst«, auf ihre politischen Ämter und Ambitionen hinzuweisen. Und obgleich sie professionelle Lobbyistin einer Branche und einer gesellschaftlichen Schicht ist, weist er ihr eine Glanzrolle als einfache Fleischermeisterin zu.

Wenn jemand sagt: »Ich gehöre zur gehobenen Mittelschicht«, obwohl er mehrfacher Millionär ist, dann ist das eine Lüge. Wenn aber jemand sagt, sie sei eine einfache Fleischerin, obwohl sie eine engagierte Parteisoldatin ist, dann ist das zumindest Verschleierung. Doch immerhin sagt Nora Seitz, was sie wirklich denkt. Es gibt einige Sätze, bei denen auch wir völlig einverstanden sind. Etwa, wenn sie sich beschwert, dass es völlig unfair ist, dass ihr kleiner Familienbetrieb nach denselben Regeln wirtschaften muss wie ein großer Fleischkonzern.

Sie muss ihren Mitarbeitenden Mindestlohn bezahlen. Aber auch der größte Fleischkonzern Deutschlands, die Tönnies Gruppe, die 7,3 Milliarden Euro Umsatz macht pro Jahr, muss nur Mindestlohn zahlen. Dabei macht der nicht nur Qualitätsabstriche, sondern kann durch seine Marktmacht seine Einkaufspreise für alles genauso bestimmen wie die Verkaufspreise in den Supermärkten. So kommt am Ende billiges Fleisch zu überteuerten Preisen in den Handel und ist trotzdem noch billiger als das Qualitätsfleisch aus der Chemnitzer Fleischerei Thiel.

Das Handwerk, das meist sozial, ökologisch und oft auch in der Qualität seiner Leistung um Klassen besser ist als die klimaschädliche, profitorientierte Industrie, wird durch diese unsinnige »Gleichbehandlung« laufend übervorteilt – und steht deswegen vor dem Aus, obwohl es eigentlich die Zukunft wäre. Wir brauchen auf der Welt nicht immer weniger, immer größere Konzerne, die unsere Welt ausbeuten. Wir brauchen viele Klein- und Handwerksbetriebe, die unsere Welt zusammenhalten.

Doch es ging nie um Nora und ihre Leidenschaft fürs Fleischerhandwerk. Wirklich um die Wurst ging es allein im Bundesrat und im Vermittlungsausschuss. Dort wurden die finalen politischen Entscheidungen gefällt. Dort kam es zum medialen Showdown im Wettkampf um die Wählergunst. Und dafür brauchte man eine »personifizierte Stimme des Volkes«, um das Drehbuch einer politischen Kampagne mit einem medialen Höhepunkt abzuschließen. Denn Noras spektakulärer Medienauftritt war vermutlich kein Zufall, sondern von langer Hand strategisch geplant.

4. Akt: Aggressive Kommunikation der Kernbotschaften

Der vierte Teil der Kampagne ist die leichteste Übung. Prominente Gesichter der Unionsparteien gibt es genug. Und sie alle können perfekt Sprüche aufsagen und halten ihr Gesicht gern in die Kamera.

Die Lohnabstands-Kampagne wurde freundlich bis zornig, aber nahezu wortgleich präsentiert von (in alphabetischer Reihenfolge): Mario Czaja, Carsten Linnemann, Michael Kretschmer, Friedrich Merz, Markus Söder, Hendrik Wüst – und zwar auf allen Kanälen, die man sich vorstellen kann. Am wichtigsten waren natürlich die Auftritte der CDU-Ministerpräsidenten, denn deren Abstimmungsverhalten entschied über Sieg oder Niederlage im Bundesrat.

Der Ministerpräsident von Nordrhein-Westfalen, Hendrik Wüst, gab sich als Hardliner der Kampagne und konterte die Kritik an den Fake-Rechnungen mit wütender Gegenattacke: »Wer versucht, die Opposition der Mitte mundtot zu machen, der riskiert einen Schaden am öffentlichen Diskurs und an der Demokratie.«[29] Dreister ging es kaum.

Denn ganz offenkundig war es genau andersherum: Die Fake-Kampagne beschädigte Diskurs und Demokratie, nicht die fundierte Kritik daran. Aber klar, mit solcher Schuldumkehr lässt sich so manches Problem lässig abräumen: Passt die Hose nicht, sind die Beine zu lang. Gibt es nicht genug zu essen, ist die Gier zu groß. Wird ein Fehler widerlegt, beschneidet man die Meinungsfreiheit. Hauptsache, die anderen sind schuld.

Blendgranate Grundeinkommen

Dem Parteivorsitzenden Friedrich Merz gelang noch ein ganz anderer genialer Coup. In einem Interview mit der *Welt am Sonntag* machte er das Grundeinkommen-Fass auf: »Dieses sogenannte Bürgergeld ist der Weg in ein bedingungsloses Grundeinkommen aus Steuermitteln.«[30] Und fügte natürlich sofort hinzu, dass er diesen »Paradigmenwechsel«, den die Bundesregierung mit dem »Bürgergeld« vornehme, ablehne. Faktisch war das Unsinn. Das »Bürgergeld« war in keiner Phase auch nur annähernd so etwas wie ein bedingungsloses Grundeinkommen, weder im Gesetzesentwurf von Arbeitsminister Hubertus Heil, noch zuvor im Koalitionsvertrag der Ampel.

Aber das war kein verbaler Ausrutscher. Er schlug damit nämlich vier Fliegen mit einer Klappe.

Erstens reduzierte er die Debatte auf einen Aspekt, bei dem er sicher sein konnte, dass in der Öffentlichkeit die Emotionen hochschlagen würden und wirklich *alle* eine Meinung haben. Zweitens konnte Merz kühl kalkulierend davon ausgehen, dass er mit einer Ablehnung des Grundeinkommens vielen Deutschen aus der Seele sprach. Zwar gibt es immer mehr in unserem Land, die sich für die Idee begeistern; aber es sind fast genauso viele dagegen. Es war also leicht, mit solchen Aussagen Zustimmung zu bekommen.

Drittens musste er sich nicht mit Detailfragen herumschlagen, bei denen es etwa darum ging, ob und wann Schreiben des Jobcenters mit Rechtsfolgenbelehrungen erfolgen sollten oder wie die Freibetragsregelung in der Verordnung zur Kriegsopferfürsorge (KFürsV) verändert würde, oder wie Schüler:innen aus Hartz-IV-Familien auch außerhalb der Ferien einen Job annehmen können, ohne dass ihnen das verdiente Geld abgezogen wird. Zu kompliziert. Zu viel Detail. Und womöglich hätte es dann Fernsehbilder gegeben, wo Friedrich Merz gezwungen wäre, einem Teenager zu erklären, warum er bisher von den 180 Euro, die er beim regelmäßigen Rasenmähen in der Nachbarschaft verdient, nur 116 Euro behalten durfte.

Und viertens funktionierte das Ganze wie wunderbarer Theaterdonner. Es polterte und schepperte, aber in Wahrheit passierte nichts. Erst malte Merz wochenlang in plakativer und äußerst medienwirksamer Weise den Teufel an die Wand, um ihn dann Ende November eigenhändig mit dem Kruzifix vor der Brust abzuwehren. Das ist besonders leicht, wenn man ein Gesetz für etwas kritisiert, was da gar nicht drinsteht.

Das etwa war die Dramaturgie von Friedrich Merz und seinem »Bürgergeld«-Grundeinkommens-Theater. Die Schlussnummer spielte er, indem er drei Wochen vor der finalen Bundesratssitzung die schnelle Erhöhung der Hartz-IV-Regelsätze forderte. Das war zwar im Gesetzesentwurf bereits vorgesehen, aber für Unbeteiligte schien es so, als sei er derjenige, der sich dieses großherzige Detail ausgedacht hatte.

Friedrich Merz, der soziale Retter der Schwachen und Armen. Was für ein Spektakel! Am Ende hatte er als »Oppositionsführer«, wie ihn wohlgesonnene Medien gern nennen, angeblich das Schlimmste verhindert und Deutschland vor dem Abstieg ins teuflische Schlaraffenland des bedingungslosen Grundeinkommens bewahrt. Was für ein Held! Wie gut, dass es so jemanden gibt in unserem Land!

Theaterfestspiele in der Politik

Es scheint, als wäre der Union die Inszenierung insgesamt gelungen. Jedenfalls stiegen im November 2022 die Umfragewerte der CDU, während gleichzeitig das »Bürgergeld«-Gesetz bei einer Mehrheit der Menschen in Deutschland nicht gut ankam – leider nicht aus Gründen, die wir teilen würden.[31]

Für die empörenden, aber leider komplizierten Fakten interessierten sich eh nur die Wenigsten. Vielleicht sind die Regelungen genau deswegen so kompliziert, damit sie die breite Öffentlichkeit nicht versteht.

Auch die Regierungskoalition aus SPD, Grünen und FDP gab sich schließlich keine große Mühe, um die geplanten oder später beschlossenen Neuregelungen wirklich zu erklären. Der neue Name reichte offenbar als neues Programm – vor allem der SPD, deren Beliebtheit seit 2005 schwer unter dem Hartz-Stigma gelitten hatte. »Hartz IV überwinden« bedeutete für die Sozialdemokrat:innen vor allem, endlich diesen Begriff und das zugehörige Image abzuschütteln.

Dagegen hatte die FDP ohnehin so gut wie keine Neigung, irgendetwas zu verändern. Sie versuchte lediglich bei ihrer Wählerzielgruppe zu punkten, indem sie beim spröden Thema Zuverdienstmöglichkeiten ein bisschen »Leistung-muss-sich-lohnen«-Mentalität an den Tag legte.

Am ehesten hatten die Grünen vielleicht echtes Interesse, eine wirkliche Reform zu versuchen. Allerdings reichte der Wille nicht, um dieses Projekt zu priorisieren. Man wollte schließlich auch die Verkehrswende, die Wärmewende, den Ausbau der erneuerbaren Energien, Umweltmaßnahmen, ökologische Landwirtschaft und eine CO_2-Steuer. Damit konnte die grüne Partei Stimmen im ökologisch bewussten Bürgertum gewinnen. Aber *Bürgerhartz*?

Im Machtkalkül der Parteien spielt sozialpolitische Kompetenz keine Rolle. So viele Gründe es geben mag, die Linkspartei nicht zu wählen, in sozialen Themen haben sie immerhin mehr zu bieten als alle anderen. Doch selbst damit punkten sie nicht an der Wahlurne. Sozialstaatsreformen sind einfach kein Wahlkampfschlager, erst recht nicht, wenn man mit der wichtigsten Maßnahme, einer simplen Erhöhung des Regelsatzes, das Gros der Unternehmen gegen sich aufbrächte, deren Geschäftsmodell nun mal auf möglichst billigen Arbeitskräften basiert.

Die Armen, Ärmsten und Allerärmsten, um deren unmittelbare Interessen es ja bei einer Sozialreform ginge, gehen leider mehrheitlich nicht ins Wahllokal. Im Alltag dauerhaft erlebte Ohnmachtsgefühle legt man eben auch nicht alle vier Jahre ab, um ein Kreuzchen auf dem Wahlzettel zu machen.

So beschränken sich die Parteien beim Thema Sozialpolitik auf oberflächliche Scharmützel. Die öffentliche Debatte ums »Bürgergeld« glich eher routinierten Theaterfestspielen, bei denen seit unzähligen Spielzeiten die altbekannten Stücke aufgeführt werden. Wer schon häufiger im Publikum gesessen hatte, konnte alle Texte auswendig herunterleiern.

Auch viele Medien stiegen nur halbherzig in die Diskussion ein. Es gab eine Hartz-IV-Ermüdung. Alle Probleme waren seit Jahren bekannt; alles war gesagt, alles war erzählt. Bei den konkreten Zahlen gab es nur leichte Schwankungen, die Geschichte selbst änderte sich nicht. Where is the news? Es gab einzelne Journalist:innen, die in die Breschen sprangen, um dem Populismus etwas entgegenzusetzen. Aber es war schwierig.

Bei der »Bürgergeld«-Reform – das war schnell klar – änderten sich außer dem Namen nur Details. Wer sich mit deren konkreten Auswirkungen befasste, landete bei individuell verästelten Multiproblemen, die sich – »Einzelfall!« – nun mal nicht journalistisch-plakativ fassen ließen. Darum stiegen selbst Fachjournalist:innen nicht in die Tiefe der reformierten Verordnungen ein. Wahlweise fassten sie zusammen, was die Regierung sagte oder wiederholten die Kritik der Opposition. Manche zogen sich vollends auf einen He-said-she-said-Journalismus zurück und vergaben lediglich Haltungsnoten für die verschiedenen Präsentationen. Für eigenständige Positionen fehlte es an Kompetenz, Zeit, Lust oder gleich an allem drei.

»Vor Corona konnte ich mir im Sommer ab und an einen kleinen Obstteller auf dem Tisch leisten. Das war mein Luxus. (Ich liebe Obst und Gemüse.) Das war dann wie in guten Zeiten. Diesen Sommer hatte ich noch nicht mal eine Handvoll Kirschen.«
D. aus Lingen

Auf R. (26) warten rund 3000 Euro Schulden beim Jobcenter. Er wird sie eines Tages erben. Diese Schulden hat seine Mutter Eva vor gut zehn Jahren angehäuft. Sie wird sie nie zurückzahlen können. Wie es dazu kam: Eva war alleinerziehend. Sie bekam aufstockende Leistungen, weil ihre Stelle nicht genug Geld einbrachte. R. hatte während seiner Jugend psychische Probleme und hat immer mal wieder die Bedarfsgemeinschaft für längere Zeit zu Therapiezwecken verlassen. Sobald er ging, meldete sie es pflichtbewusst dem Jobcenter. Jedes Mal, wenn R. in die Therapie ging, wurde Eva die schon anteilig für R. gezahlte Miete und auch sein Anteil für das Leben als Schulden angerechnet. So sind rund 3000 Euro Schulden entstanden. Jedes Jahr bekommt sie von einem Inkasso-Service die Zahlungsaufforderung und muss darlegen, dass ihre Rente eine Abzahlung nicht zulässt.

K. lebt in Dresden. Sie ist Mutter eines Säuglings. Trotzdem wurde das Hartz IV eingestellt, da noch keine Geburtsurkunde vorliegt. Das betreffende Standesamt lässt auf sich warten, und das Jobcenter akzeptiert als Ersatz nicht den Mutterpass, in dem die Entbindung bescheinigt ist.

FAKTENCHECK
»Was bedeuten die neuen Regelungen konkret?«

»Nimmt das Bürgergeld Anreize zum Arbeiten? Oder ist es das Ende der Stigmatisierung von Arbeitssuchenden als ›Hartzer‹? Was bedeuten die neuen Regelungen konkret für Transferempfänger und -empfängerinnen? Werden damit wirklich mehr Menschen in Arbeit gebracht?« Mit diesen Fragen wurde der *ARD-Presseclub* fünf Tage vor der finalen Bundesrat-Abstimmung angekündigt.[32] Showdown in den Medien.

Ein bisschen überraschend war dazu auch Helena eingeladen worden. In dieser anspruchsvollen Gesprächsrunde, so heißt es in der Eigendarstellung, diskutieren Journalistinnen und Journalisten aus dem In- und Ausland aktuelle politische Ereignisse und Entwicklungen.

Helena hatte im Vorfeld darauf hingewiesen, dass sie keine Journalistin ist, sondern für den Verein *Sanktionsfrei* arbeitet. Aber die Redaktion hatte abgewunken. Man habe sich umgehört; sie sei von diversen Medien als freie Autorin empfohlen worden. Okay, dachte sie, wenn die Interviews und Gastbeiträge ausreichen, um im *Presseclub* mitdiskutieren zu dürfen – warum nicht?!

Sie fuhr also in aller Früh am Sonntagmorgen nach Köln und war schlagartig hellwach, als es im Studio sofort zur Sache ging. Birgit Marschall, Finanz-, Wirtschafts- und Sozialpolitikredakteurin der *Rheinischen Post*, eröffnete die Gesprächsrunde mit dem altbekannten CDU-Narrativ: Das »Bürgergeld« schaffe das bewährte Prinzip des Förderns und Forderns ab. Die Ampelkoalition, so erklärte sie, wolle nicht nur mehr Geld auszahlen, sondern auch weniger Gegenleistungen verlangen. So ging es weiter. Minuten später war auch das Lohnabstand-Fass aufgemacht und es blubberten die bekannten Stammtisch-Argumente.

Es war ein munteres Geplauder, durchaus kontrovers. Zwischendurch wies *Zeit*-Redakteurin Luisa Thomé auf die naheliegende Lösung hin, dass, um ausreichenden Lohnabstand zu erzielen, nicht *Bürgerhartz* reduziert, sondern der Mindestlohn erhöht werden könne. Alles relativ unspektakulär. Ein typisches Journalistengespräch eben, bei dem die üblichen Argumente ausgetauscht wurden.

Doch dann stellte Moderator Jörg Schönenborn eine eigentlich harmlose Frage an Helena zur Höhe des Bürgergeldes: »Frau Steinhaus, wie viel ist zu viel oder zu wenig?« Helenas Antwort – sie löste eine Reaktion aus, die wir Ihnen gleich in Zeitlupe präsentieren – begann so: »Zu wenig sind auf jeden Fall 449 Euro, die es derzeit noch gibt. Und zu wenig sind auch 502 Euro, die es ab Januar sein sollen.«

Der Paritätische Wohlfahrtsverband fordere zu Recht 725 Euro, fuhr sie fort, weil die geplante Regelsatzerhöhung durch die Inflation komplett zunichtegemacht würde. Die Menschen hätten nicht mehr Kaufkraft als ein Jahr zuvor. Man müsse auch die gestiegenen Stromkosten bewältigen. Jeder Sechste müsse außerdem Teile der Miete und der Nebenkosten selbst bezahlen, sowie natürlich Lebensmittel, Haushaltsgeräte, Kleidung und so weiter. Dann schaute sie den Moderator direkt an und schloss mit Nachdruck ab:

»Ich weiß nicht, ob das deutlich geworden ist: Aber 502 Euro führen in die Armut und lassen die Menschen in der Armut. Und das ist einfach unwürdig!«

»Ja«, sagte Schönenborn knapp, um dann ohne Übergang die

Ausgangsfrage weiter an den Redakteur der *Leipziger Volkszeitung* zu geben: »Herr Kollenberg, dazu noch: Wie viel ist zu wenig, zu viel, gerecht?«

Der begann: »Na ja, ich will auf Frau Thomé eingehen, die gesagt hat, man müsse den Mindestlohn anheben …«, aber wurde sogleich vom Moderator unterbrochen: »Ja, aber ich würde gern den Aspekt einfach, äh …« Schönenborn stockte.

Und jetzt geht's los mit der Zeitlupe:

Eine Moderationsminute in Slow Motion

»Ich find's schwierig, muss ich sagen«, druckst Schönenborn herum, »weil, ich glaube, wir alle nicht von sieben- oder gar fünfhundert Euro leben …«

Helena zuckt. Schönenborn sucht nach Worten, fuchtelt mit den Armen: »Klar, da kommen noch Zuschläge dazu, aber …« Er schaut in die Runde. Helena schüttelt mit dem Kopf. Schönenborn senkt den Blick auf die Tischplatte, sammelt sich: »… ich glaube, ähm, also, ich sag mal, uns allen ist klar, dass das wenig Geld ist …« Er blickt nickend zu Birgit Marschall, schaut schnell an Helena vorbei, landet bei Kai Kollenberg. »Und dass es schwer ist, damit den Lebensunterhalt zu bestreiten, ähm, …«

Er schaut wieder auf die Tischplatte, sucht nach einem Faden.

»Jetzt gibt es den Aspekt, es muss bezahlt werden …« Kurzer Blick zu Kai Kollenberg. »Das ist klar.« Suchender Blick zu Luisa Thomé und Birgit Marschall.

»Aber ich will nochmal auf den Aspekt Mindestlohn, Geringverdiener, Arbeiten. Äh, wie wichtig ist das Kriterium«, er starrt nachdenklich in die Raumtiefe, »dass jemand, der vom Staat, von der Gemeinschaft unterstützt wird …« Blick zu Helena, »… weniger haben sollte als jemand, der ein geringes Einkommen hat?«

Blick zu Kai Kollenberg, der schon ansetzt, aber Schönenborn ist noch nicht fertig. Seine Stimme hat jetzt wieder die gewohnte Stabilität:

»Ist das der Maßstab? Also, muss man sozusagen …« Er macht eine deckelnde Handbewegung, schaut zu Birgit Marschall. »… die Unterstützung so weit drücken, damit der Abstand …« Blick zu Kollenberg, seine Hände zeigen einen Abstand unten-oben. Helena rollt mit den Augen. Schönenborn blickt zu Marschall. »… zur Arbeit gewahrt ist?«

Jetzt ist er fertig. Jetzt darf Kollenberg.

Und der sagt einfach nochmal, was er kurz vorher schon mal gesagt hatte: »Na ja, ich finde, die öffentliche Meinung ist da relativ klar. Also ein Großteil der Deutschen findet, dass das Bürgergeld falsch konzipiert ist, dass sozusagen sich gering verdienende Arbeit nicht lohnt.« Das müsse man akzeptieren. Und damit ist die Debatte wieder zurück bei der süffigen Lohnabstands-Bowle und die Zeitlupe beendet.

Der WDR-Fernsehdirektor in unserer Slow-Motion-Analyse

Die Druckserei des WDR-Fernsehdirektors dauerte ziemlich genau eine Minute. Das klingt vielleicht wenig, ist aber für einen erfahrenen TV-Profi verdammt viel. Man bedenke: 1:30 Minuten ist die Normlänge eines kompletten Nachrichtenbeitrags!

In dieser Zeitlupe wird sichtbar, wie durchaus berührt Jörg Schönenborn von Helenas Beitrag war und dass er eigentlich gern weiter darüber gesprochen hätte. Er würgt den Leipziger Redakteur ab, als der über den Mindestlohn reden will. Aber dann findet Schönenborn keinen Weg, auf dem er das Gespräch über den offensichtlich viel zu niedrigen Regelsatz führen soll.

Er hätte vielleicht in seinen Moderationskärtchen irgendwo die Frage aus der Ankündigung finden können: »Was bedeuten die neuen Regelungen konkret für Transferempfänger und -empfängerinnen?« Aber aus irgendwelchen Gründen kam ihm die Frage nicht in den Sinn. Auch nicht die Frage: »Was bedeutet es, wenn man nur 502 Euro zum Leben hat?« Oder die Frage: »Was wäre gewonnen, wenn man stattdessen 725 Euro hätte?« Diese beiden Fragen scheinen ihn zumindest zu beschäftigen. Aber er stellt sie nicht.

Stattdessen kann man förmlich seinem Hirn beim Denken zusehen: Als Erstes fallen ihm die 700 Euro ein, schon die scheinen ihm zu wenig, erst recht die 500. Davon lebt doch keiner, na ja, nicht hier in der Runde jedenfalls. Aber klar, Zuschläge, das wäre ein Trost. Aber Zuschläge, erkennt er an Helenas Kopfschütteln, gibt es nicht. Er sucht geradezu verzweifelt nach einem Rettungspunkt und landet nach einigen wortreichen Runden des orientierungslosen Herumschweifens dann doch beim Mindestlohn, jenem Thema, das er eine Minute vorher noch abgewürgt hatte.

Er wollte doch bei dem bleiben, was Helena gesagt hatte. Aber er schafft es nicht. Mindestlohn, Geringverdiener, Arbeiten – das ist vertrautes Terrain. Die emotionale Bedrohung ist abgewehrt.

Die ganze Sendung ließe sich in dieser Weise analysieren. Immer wieder gab es eine gewisse Verunsicherung, sobald Helena nicht als distanzierte Journalistin sprach, sondern aus der konkreten Anschauung. Lediglich Luisa Thomé nahm den Ball souverän auf, trug pointiert ihre klugen Analysen vor und berichtete anschaulich von eigenen Recherchen. Kai Kollenberg dagegen versteckte sich hinter der per Umfrage ermittelten Weltsicht der Ostdeutschen. Und der sonst so souveräne, gestandene Fernsehdirektor Schönenborn klammerte sich an die gleichaltrige Birgit Marschall, die im Laufe der Sendung immer selbstbewusster und ausschweifender ihre auf einem Zettel vorbereiteten Argumente vortrug und nur wenig irritiert – »ich seh schon, Frau Steinhaus schüttelt den Kopf« – allerhand verquere Mythen verbreitete. Diese Aussagen werden wir, da sie auch sonst immer wieder in den öffentlichen Debatten angeführt werden, deswegen im Folgenden einem Faktencheck unterziehen.

45 Milliarden Euro und viel zu viele Details

Die vermeintlich gut vorbereitete Hauptstadtkorrespondentin der *Rheinischen Post* behauptete zum Beispiel, dass Menschen in »Bürgergeld« in 150 Quadratmeter großen Wohnungen leben, während Geringverdienende sich mit 50 Quadratmetern bescheiden müssten. Sie behauptete auch, dass Miete und Heizkosten komplett vom Jobcenter bezahlt würden. Und sie behauptete, dass man zusätzliche Leistungen bekäme. Man könne beispielsweise eine neue Waschmaschine einfach beantragen und Kinder bekämen den Fußballverein bezahlt. Alles irreführend, weil höchstens teilweise richtig.

Helena setzte im Lauf der Sendung mehrfach an, um zu korrigieren. Aber der Moderator unterbrach sie immer wieder. Das seien zu viele Details. Ihn beschäftigte die Grundsatzfrage: Wer soll das alles bezahlen?

Das war ein perfektes Stichwort für Birgit Marschall, die prompt skandalöse Zahlen präsentierte: Jährlich etwa 45 Milliarden Euro koste das Bürgergeld aus dem Bundeshaushalt, sagte die Finanzexpertin, zusätzlich kämen noch kommunale Leistungen dazu.

Wow, mehr als 45 Milliarden Euro? Das ist extrem viel Geld! Wahnsinn, wer soll das bezahlen? Etwa all die Menschen, die wir morgens aufstehen, hart arbeiten und Steuern zahlen?!

Was sie nicht sagte:

Von den »etwa 45 Milliarden« gehen nur 23,7 Milliarden tatsächlich als »Bürgergeld« an die Menschen selbst. Rund 10,4 Milliarden sind Zahlungen für Unterkunft und Heizung, gehen also an Immobilien- und Energiekonzerne. 5,2 Milliarden sind Verwaltungskosten, finanzieren also den unsäglichen Bürokratieapparat drum herum. Und 4,4 Milliarden fließen in Leistungen zur Eingliederung in Arbeit, was übrigens weniger ist als im Vorjahr. Will man etwa doch nicht dabei helfen, dass die Menschen eine Arbeit finden? Egal. Frau Marschall findet diese Programme eh fragwürdig. Kann also weg.

Was sie auch nicht sagte:

Auch Menschen in *Bürgerhartz* zahlen Steuern, und zwar nicht gerade wenig. Nämlich Mehrwertsteuern. Bei jedem Einkauf zahlen sie 7 Prozent auf Milch, Brot, Obst und Gemüse und 19 Prozent auf Strom, Kleidung, Windeln und Klopapier. Von den 502 Euro Regelsatz fließen also auf diesem Weg bis zu 95 Euro oder – umgerechnet auf den Gesamtbetrag von 23,7 Milliarden – bis zu 4,5 Milliarden Euro direkt wieder in die Staatskasse zurück.

Was sie auch nicht sagte:

Der Löwenanteil im Haushalt des Arbeits- und Sozialministeriums betrifft die Rentenversicherung. Es ist der größte und zugleich der am stärksten gestiegene Ausgabenposten. Hier stieg das Budget auf stattliche 121,28 Milliarden Euro. Hier sind sie, die »Zuschüsse«, von denen Moderator Schönenborn sprach. Lediglich 9 Milliarden Euro davon dienen der Grundsicherung im Alter, also zur Minderung der Altersarmut. Der allergrößte Brocken geht nicht an die Armen oder Ärmsten, sondern an Menschen mit »Rentenansprüchen«, die ihren gewohnten Lebensstandard auch im Alter fortsetzen dürfen.

Überraschung: Der Haushalt des Ministeriums für Arbeit und Soziales wird also gar nicht durch das neue »Bürgergeld« belastet, sondern in Wahrheit durch die geburtenstarke Boomer-Generation, die jetzt nach und nach in Rente geht und der auch die *Rheinische Post*-Journalistin und der Moderator selbst angehören.

Aber klar: Da geht es natürlich um Menschen, überwiegend Männer übrigens, die ihr ganzes Leben lang schon viel Geld verdient haben und jetzt im Alter nicht darben wollen, wenn sie sich mit dem Kreuzfahrtschiff um die Welt gondeln lassen. Stattdessen liegt die skandalöse Wohlfühloase angeblich in Deutschlands Armutszonenrandgebiet.

Es ist ein Wunder, dass Helena in der Sendung nicht ausgeflippt ist. Aber auch ein bisschen schade. Holen wir also im Buch nach, was der Boomer-Generation nicht als Sonntagsbraten aufgetischt werden sollte:

Faktencheck: 150 Quadratmeter

Die vollständige Miet- und Heizkostenübernahme im *Bürgerhartz* ist ein Mythos!

Eigentlich hätten alle nur Helenas oben zitierter Ausführung zuhören müssen. Fakt ist: »Die« Miete wird nicht übernommen. Und auch nicht »die« Heizkosten. Jeder sechste Haushalt muss Teile der Miete und der Nebenkosten aus dem Regelsatz bezahlen. Nämlich dann, wenn »unzulässige Mehrkosten« entstehen. Und die entstehen, wenn eine Wohnung nicht »angemessen« klein ist oder die Heizkosten nicht »angemessen« niedrig sind.

Wer sich kurz Gedanken über das Thema macht, ahnt, wo das Problem liegt. Angemessener Wohnraum in *Bürgerhartz*-Dimensionen heißt: 45–50 Quadratmeter für einen Single. 60 Quadratmeter für zwei Personen. 75 Quadratmeter für eine Familie mit Kind oder für eine alleinerziehende Person mit zwei Kindern. Die angemessene Höhe der Miete schwankt ungefähr zwischen 6,30 Euro in Leipzig, 13,76 Euro in München und 8,52 Euro in Berlin.

Sie können sich selbst ausrechnen, wie groß die Wahrscheinlichkeit ist, eine passende Wohnung zum passenden Preis zu finden. Und dass die Nebenkosten in einem unsanierten Altbau, in dem es Mieten zum angemessenen Preis gibt, höher liegen als in einem gedämmten Neubau mit vierfach verglasten Fenstern – wen wundert's?!

Auf 150 Quadratmetern lebt in *Bürgerhartz* eher niemand, jedenfalls nicht lange. Und zum Fenster hinaus heizt auch niemand, jedenfalls nicht mit Absicht. Selbst in Schweden, wo man üblicherweise eine feste Warmmiete zahlt, führt das nicht zu steigendem Energieverbrauch. Die Menschen sind nämlich gar nicht so böswillig verschwenderisch wie hierzulande gern unterstellt wird.

Beim Thema Wohnen hat sich für alle, die schon vor dem Jahreswechsel 22/23 auf Hartz IV angewiesen waren, ziemlich genau gar nichts geändert. Aber, Achtung neu: Für all jene, die seit Jahresbeginn 2023 erstmals (!) »Bürgergeld« beantragen, spielen die Größe der Wohnung und die Höhe der Nebenkosten tatsächlich keine Rolle. Toll! Aber leider nur im ersten Jahr. Ab dem zweiten Jahr gelten dann doch wieder die alten Regeln.

Die neue Ein-Jahr-Karenz-Regelung bedeutet, dass Menschen in *Bürgerhartz* bereits nach 12 Monaten die Mehrkosten einer nicht angemessen großen oder angemessen teuren Wohnung aus dem Regelsatz bezahlen müssen. Es sei denn, sie finden eine günstigere Wohnung. Aber in den meisten Städten ist eine kleine Wohnung mit niedrigen Nebenkosten noch schwerer zu finden als ein neuer Job mit ordentlichem Lohn. So werden *Bürgerhartz*-Beziehende dazu gezwungen, wenn sie nicht aus ihrem vertrauten Umfeld wegziehen, Teile der Miete und damit auch Teile der Nebenkosten selbst zu zahlen.

Faktencheck: Wohnnebenkosten Energie

Die Übernahme der Stromkosten im *Bürgerhartz* ist ein Mythos! Stromkosten sind individuelles Regelsatz-Vergnügen und müssen aus den aktuell 502 Euro bezahlt werden.

Rund 40 Euro sind für einen Single pro Monat für Strom vorgesehen. Der Betrag ist 2023 um vier Euro gestiegen, wobei völlig ignoriert wird, dass die Strompreise explodiert sind und sich teilweise mehr als verdoppelt haben. Das Ignorieren hat Tradition und findet seit der Hartz-Premiere 2004 ewig treue Ultra-Fans in der Politik. An deren Treue konnten auch der russische Angriffskrieg auf die Ukraine und die daraus entstandene Energiekrise nicht rütteln. Vier Euro also.

Wenn ein Stromkunde mehr als 100 Euro im Zahlungsrückstand ist, stellen Energieversorger den Strom ab. Stromsperren nennt man das. Dann kommt einfach gar nichts mehr aus der Steckdose.

230 000 Mal kam es dazu sogar 2020, obwohl es offiziell ein »coronabedingtes Leistungsverweigerungsrecht« für Menschen in finanzieller Not gab. Im Jahr davor wurde dreimal so viel Haushalten der Strom abgedreht. 740 000 nämlich. Angedroht werden Stromsperren jedes Jahr rund vier Millionen Mal. Danach haben die Betroffenen vier Wochen lang Zeit, das Geld aufzutreiben, bevor der Strom abgestellt wird.

Man kann sich nur schwer ausmalen, woher die Menschen dieses Geld nehmen sollen. Das Jobcenter ist nicht beteiligt, allerhöchstens mit einem Darlehen.

Auf die spätestens ab Frühjahr 2022 drohende und wachsende »Energiearmut« reagierte die Bundesregierung mit Hilfspaketen. Klang gut, allerdings nicht für Menschen in Armut. Von den »Preisdeckeln« für Strom und Gas profitierten nämlich wohlhabende Menschen deutlich mehr, obwohl sie als Einzige überhaupt Einsparpotenziale haben – schon allein, weil sie größere Wohnungen und mehr technische Geräte besitzen.

Menschen in Armut hingegen sind ohnehin sehr sparsam mit Allem. Aufgrund ihrer alten, energiefressenden Geräte haben sie aber so gut wie keine Möglichkeit, ihren Verbrauch noch irgendwie weiter zu reduzieren. Es sei denn, sie verzichten ganz aufs Kochen und sitzen im Dunkeln – was viele von ihnen tatsächlich häufig genug tun. Viele verzichten sogar auf warmes Wasser beim Duschen, weil sie entweder nicht wissen, dass sie für den Boiler- oder Durchlauferhitzer-Strom »Mehrbedarf« beim Jobcenter beantragen können, oder weil manche Jobcenter den Mehrbedarf nicht anerkennen, wenn es keine gesonderten Stromzähler gibt.

Stromsperren sind nicht nur extrem belastend, sondern kosten auch noch zusätzliches Geld. Schon für die Abschaltung werden 36 Euro extra verlangt. Schließlich muss jemand ins Haus kommen und den Zähler abdrehen. Finden die Betroffenen irgendeinen Weg, die Rechnung doch zu begleichen, fallen beim Wiederanstellen erneut Gebühren an. Absurd. Was für ein brutales und überflüssiges Vorgehen in Zeiten, in denen Stromanbieter die fettesten Übergewinne einfahren!

Das wachsende Stromproblem ist für *Sanktionsfrei* massiv spürbar. Immer häufiger erreichen uns Nachrichten von verzweifelten Menschen, die ihre Jahresendabrechnung oder die neuen Abschläge beim besten Willen nicht begleichen können – oft genug mit Kindern im Haus. Für Familien gibt es eigentlich eine Härtefallregelung, die verbietet, den Strom abzudrehen. Theoretisch. Theoretisch müssen auch Jobcenter ein Darlehen für die Übernahme der Stromkosten gewähren. In der Praxis aber sieht es leider häufig anders aus: Darlehen werden abgelehnt. Strom wird abgedreht. Und dann ist es zu spät. Die Betroffenen sitzen am kürzeren Hebel. Viele kennen ihre Rechte nicht. Die Ressourcen, sich zur Wehr zu setzen, haben die Allerwenigsten.

Während Millionen von Menschen sich das Nötigste vom Mund absparen und ihre Stromrechnungen nicht bezahlen können, faseln privilegierte Leute etwas von falschen Anreizen. Sie beweisen damit, dass sie sich maximal in die Lage von Marie Antoinette versetzen können. Aber eben die sitzen dann im *ARD-Presseclub* und phantasieren in knackigen Statements, dass Menschen in *Bürgerhartz* kostenlos in 150-qm-Wohnungen residieren und gratis Waschmaschinen kaufen, während ihre Kinder Fußball spielen, ohne einen Cent dazuzubezahlen.

Nein, das echte Leben zum Nulltarif sieht anders aus!

Faktencheck: Schonvermögen

Dass auch reiche Menschen »Bürgergeld« bekommen, ist ein Mythos!

Es gilt eine 12-monatige Karenzzeit sowohl im Hinblick aufs Wohnen, als auch für das sogenannte »Schonvermögen«.

Das war früher altersabhängig. Pro Lebensjahr durfte man 150 Euro Vermögen behalten, aber auf keinen Fall mehr als 7500 Euro. Eine Mittfünzigerin, die nach, sagen wir, 30 Jahren Arbeit gefeuert wurde, bekam also erst dann Hartz IV, wenn sie ihre Abfindung oder das Ersparte für die Rente bis auf diesen lächerlichen Restbetrag von 7500 Euro aufgebraucht hatte.

Dieser Betrag wurde jetzt erhöht. Für eine Einzelperson auf 40 000 Euro. In einer »Bedarfsgemeinschaft« darf jede weitere Person zusätzlich 15 000 Euro Vermögen behalten. Aber wie gesagt, auch das nur im ersten Jahr.

Findet man in der Zwischenzeit keinen Job, wird ab dem 13. Monat solange kein »Bürgergeld« ausgezahlt, bis das Vermögen auf 15 000 Euro pro Kopf geschmolzen ist. Eine vierköpfige Familie darf also noch ein Vermögen in Höhe von 60 000 Euro besitzen. Egal, ob als Immobilie, auf dem Girokonto oder als Goldbarren unterm Bett. Klingt toll, ist aber auch nur auf dem Papier ein brüllender Tiger.

Das Schonvermögen hat nämlich für die Menschen, die in *Bürgerhartz* landen, meist keinen Hauch von Bedeutung. Das untere Viertel der Bevölkerung hat sowieso einfach gar kein Vermögen. Nicht 40 000, nicht 7 500, sondern null!

Die Vermögensfreibeträge sind also allerhöchstens für diejenigen relevant, die als Freelancer oder Selbstständige ihre Altersversorgung privat angespart haben. Und na ja, selbst von 40 000 Euro kann man im Alter nicht sehr lange leben, wenn man keine Rente bekommt.

Faktencheck: Zuschläge

Die allseits beliebten Schönenborn'schen »Klar, da kommen noch Zuschläge dazu« oder die Marschall'schen Waschmaschinen-Zuschläge sind ein Mythos.

Fakt ist: Zusätzliche Leistungen, etwa für Waschmaschinen, gibt es nicht in *Bürgerhartz*. Natürlich könnte die beflissene Hauptstadtkorrespondentin, sollte sie jemals *Bürgerhartz* beziehen, beim Jobcenter eine neue Waschmaschine beantragen. Aber dieser Antrag würde nicht bewilligt und die neue Waschmaschine auf gar keinen Fall bezahlt. Das gilt für sämtliche »weiße Ware«, also Waschmaschine, Trockner, Spülmaschine, Kühl- oder Gefrierschrank. All diese Geräte müssen aus dem Regelsatz bezahlt werden.

Der ehemalige Berliner Finanzsenator Thilo Sarrazin rechnet Ihnen sicher auf einem Bierdeckel vor, wie man sich von 502 Euro im Monat locker eine Miele zusammensparen kann, ohne zu verhungern. Wenn man es dennoch nicht schafft, bleibt einem nur eine Möglichkeit. Denn sogar das Konto zu überziehen, lassen die Banken bei Leistungsbeziehenden nicht zu.

Das einzige Kreditinstitut, das in dieser Not noch Geld verleiht, ist dasselbe, das Ihnen so wenig zum Leben gibt, dass Sie überhaupt erst Schulden machen müssen: das Jobcenter. Anders als eine Bank nimmt es immerhin keine Zinsen, reduziert aber dadurch sein Ausfallrisiko, dass die monatlichen Abschlagszahlungen einfach so lange vom Regelsatz abgezogen werden, bis der letzte Cent zurückgezahlt ist.

Das heißt aber nicht, dass alle Darlehen bewilligt werden.

Ein Darlehen für einen Kühlschrank lehnte ein Jobcenter zum Beispiel mit der Begründung ab, dass keine »kleinen« Kinder mehr im Haushalt leben und Lebensmittel gekauft werden könnten, die keiner Kühlung bedürfen. In dem betreffenden Haushalt lebten der 17-jährige L. und sein Vater. *Sanktionsfrei* konnte zum Glück dabei unterstützen, dass ein paar Tage später das Darlehen über 200 Euro doch bewilligt wurde.

Ein anderes Jobcenter lehnte ein zinsloses Darlehen für einen Kühlschrank mit der Begründung ab, dass »aufgrund der Witterungsverhältnisse im Januar« Lebensmittel draußen gelagert werden und währenddessen Ansparungen vom Regelsatz gemacht werden könnten. In diesem Fall haben wir es sogar geschafft, dass das Jobcenter sich öffentlich dafür entschuldigt hat.

Ein drittes Jobcenter gewährte lediglich einen Gutschein als Darlehen, mit dem Frau S. im Sozialkaufhaus eine Waschmaschine kaufen konnte. Die erste 10-Prozent-Rate wurde pünktlich zum nächsten Ersten vom Regelsatz einbehalten. Leider gab es im Sozialkaufhaus gerade keine Maschine. Und gültig war der Gutschein nur einen Monat.

Museum, Theater oder Kino gehören für Menschen in *Bürgerhartz* ins Reich der Träume. Dafür gibt es keine Zuschläge. Aber vereinzelte »Sonderangebote«. Manchmal bekommt man gegen

Vorlage entsprechender Nachweise kostenlosen Zutritt; aber meist gibt es lediglich reduzierte Preise und die auch nur an bestimmten Tagen und Uhrzeiten. Eintrittspreise für öffentliche Saunen und Schwimmbäder, Bibliotheken oder Parks werden kommunal geregelt. Immer wieder unterstützen lokale Privatinitiativen mit kostenlosen Tickets für dies oder das.

Auch auf Brillen, Zahnersatz, orthopädische Schuhe oder Mehrbedarf für spezielle Erkrankungen hat man keinen gesicherten Anspruch.[33] Man kann Anträge stellen, sollte sie gut begründen und belegen und muss hoffen, dass sie nicht abgelehnt werden. Werden sie aber häufig.

Faktencheck: Fußballclub und Teilhabe-Dings

Dass Kinder aus *Bürgerhartz*-Familien den Fußballverein bezahlt bekämen, ist leider auch nur ein Märchen aus Marschalls Wonderland. Als Beleg erwähnte sie kurz das Teilhabe-Gesetz, was immerhin teilweise richtig war. Es gibt tatsächlich ein »Bildungs- und Teilhabe-Gesetz«, eine Erfindung von Ursula von der Leyen aus ihrer Zeit als Bundesministerin für Arbeit und Soziales. »Die Kinder warten auf das warme Mittagessen!«[34], hatte sie im Bundestag für ihr Gesetz geworben.

642 Millionen Euro sollte das Programm kosten, das zustande kam, weil das Bundesverfassungsgericht den Hartz-IV-Satz für Kinder als zu niedrig beurteilt hatte. Ach was?! Das war gar kein großzügiger Zuschlag? Nein, Herr Schönenborn! Das war nur die Erfüllung eines Grundrechts, das vor dem höchsten deutschen Gericht eingeklagt werden musste.

Puh, aber immerhin funktioniert unser Rechtsstaat.

Das zärtlich »BuT« gerufene Gesetz von 2011 atmet den Geist des Paternalismus. Denn statt den Eltern direkt Geld zu geben, wird – aus Misstrauen, dass sie das Geld für Frevelhaftes verprassen – nach entsprechendem Antrag der mit Glück bewilligte Betrag direkt an die Bildungs- und Teilhabeeinrichtung überwiesen.

Zuschussberechtigt sind theoretisch nicht nur die 1,6 Millionen Kinder und Jugendliche in *Bürgerhartz*-Familien, sondern auch noch eine Million weitere in Armut lebende Kinder aus Familien, die Sozialhilfe, Wohn- oder Arbeitslosengeld beziehen.

»Theoretisch« deswegen, weil das Ding leider so kompliziert ist, dass man noch nicht mal den zugehörigen Wikipedia-Eintrag versteht. Aber irgendwie geht es darum, dass Kindern in Armut die soziale und kulturelle Teilhabe ermöglicht werden soll – und natürlich Bildung. Denn Bildung ist angeblich der Schlüssel zum geregelten Arbeitsmarkt. Und da die Kinder von Wohlhabenden auf teuren Privatschulen lernen, Eurythmie zu buchstabieren, sollen auch Kinder in Armut wesentliches Grundwissen erwerben. Schließlich soll das BuT die Aufstiegschancen erhöhen. Also lernen sie, »Bildungs- und Teilhabe-Gesetz« stolperfrei auszusprechen, wenn sie ans Lehrerpult treten, um eine Unterschrift zu erbitten für einen Antrag beim …, ähm, verdammt, wie hieß jetzt noch das zuständige Amt?

Nein, nicht Jugendamt. – Nein, auch nicht Kinder- und Jugendgesundheitsdienst. – Familienkasse? Nein. – Standesamt vielleicht? Nein, auch nicht. – Dings halt, ähm, sach schon! – Jobcenter? Ja, genau! Kinder sind schließlich langzeitarbeitslos, mindestens 14 Jahre lang. Deswegen ist natürlich das Jobcenter zuständig, wenn die Kinder keine andere Einkommensquelle haben. Logo!

Dort muss man also nicht nur Darlehen beantragen und gut begründen, damit sie bewilligt werden, sondern auch BuT-Leistungen.

Da kann es dann schon mal passieren, dass eine Mutter vors Gericht ziehen muss, um die 10 Euro Erstattung für die Teilnahme ihres Kindes an einer von der Schule organisierten Zirkusprojektwoche einzuklagen. Das Jobcenter Oberspreewald-Lausitz hatte diese 10 Euro nämlich verweigert, weil nur Aufwendungen für Schulausflüge erstattet würden. Die Zirkusprojektwoche sei aber auf dem Schulgelände durchgeführt worden.

Es gehört schon einiges dazu, wegen 10 Euro vor Gericht zu ziehen; die Mutter hatte offenbar gehörig die Faxen dicke. Aber es gehört noch mehr dazu, diese 10 Euro zu verweigern, weil die Kinder in der Projektwoche nicht das Schulgelände verlassen hatten und es also kein Ausflug gewesen war. Krasserweise entschied das Sozialgericht Cottbus zunächst im Sinne des Jobcenters, weswegen die Mutter sogar noch in Revision gehen musste.

Das übergeordnete Landessozialgericht Berlin-Brandenburg entschied dann im Sinne der Mutter. Es erklärte, es sei Sinn und Zweck und zentrales Anliegen des BuT-Gesetzes, Kindern und Jugendlichen eine gleichberechtigte Teilhabe an Bildung zu ermöglichen. Die Leistungen sollten ermöglichen, »typische, die schulischen Bedarfe ergänzende Bedarfe decken zu können«. Das sei Teil des grundsicherungsrechtlichen Existenzminimums. Und da mache es keinen Unterschied, »ob die Veranstaltung außerhalb des Schulgeländes oder auf diesem stattfindet«.[35]

Fünf Jahre hatten diese Gerichtsverfahren insgesamt gedauert, bis die Entscheidung erstritten war. Der tapferen Mutter, die das durchgezogen hat, gebührt deswegen das größte Bundesehrenverdienstkreuz am Strumpfband, das es gibt auf der Welt!

Wenn man solche »Einzelfälle!« kennt, überrascht es nicht, dass das BuT nicht ganz so freudig angenommen wird, wie man denken könnte. Nur etwa ein Drittel der Berechtigten rufen die Leistungen ab.[36] Und das liegt keineswegs daran, dass die faulen Eltern den ganzen Tag chipsfressend RTL2 glotzen, sondern daran, dass das Jobcenter zwar 15 Euro zum Beispiel an den Fußballverein überweist, dass diese 15 Euro aber für kaum einen Sportverein reichen. Die Differenz muss mal wieder vom Regelsatz bezahlt werden. Noch dazu kommt, dass das Jobcenter leider kein BuT-Geld für Trikot, Sporthose, Fußballschuhe, Schienbeinschoner, Torwarthandschuhe oder Sporttasche zahlt. All das gehört leider auch im Kinder- und Jugendfußball mit zum Spiel.

Außerdem ist dieses BuT-Dings so kompliziert, dass man lieber den 700-Seiten-Roman *Der Butt* von Günter Grass auswendig lernt, als auch nur einen einzigen Antrag zu stellen. So war das wohl auch von Anfang an geplant. Denn obgleich das BuT schon ein Jahr nach der Einführung dafür kritisiert wurde, dass es zu bürokratisch und realitätsfern sei, wurde in den letzten zehn Jahren nichts Wesentliches daran verändert. Bis heute werden maximal ein Drittel der möglichen Anträge gestellt. Weil seit Jahren die Leistungen kaum abgerufen werden, wird das Budget auch schon gar nicht mehr im Haushalt eingeplant.

Würde man jetzt einfach dafür sorgen, dass das Geld unkompliziert abrufbar wäre, gäbe es wieder einen Anlass ob der dramatisch steigenden Budgets zu fragen: Aber wer soll das bezahlen?

Wir werden darauf zurückkommen. Aber für den *Presseclub*-Faktencheck halten wir jetzt erst mal fest: Ja, es gibt ein Teilhabe-Dings. Aber nein, es funktioniert nicht.

Faktencheck: Zuverdienstmöglichkeiten

Bliebe noch die letzte von Birgit Marschall – die Ampelkoalition wird es gedankt haben – erfreut zur Kenntnis genommene Neuregelung der Zuverdienstmöglichkeiten im »Bürgergeld«. Denn die hätten sich enorm verbessert. Wir stimmen sogar zu: Die Zuverdienstmöglichkeiten haben sich verbessert. Aber enorm?

Damit Sie jetzt nicht sofort rufen: »Diese gierigen Sozial-Aktivistinnen kriegen einfach den Hals nicht voll!«, und weil wir in diesem Buch viele Seiten Platz haben, den es im *Presseclub* und anderen Talk-Formaten nie gibt, wollen wir die Gelegenheit nutzen, diese Verbesserung genauer zu beleuchten.

Vorher: Bis Dezember 2022 galt die Hartz-IV-Regelung, dass Leistungsbeziehende monatlich bis zu 100 Euro brutto anrechnungsfrei dazuverdienen dürfen.

Nachher: Seit Januar 2023 gilt die »Bürgergeld«-Regelung, dass Leistungsbeziehende monatlich bis zu 100 Euro brutto anrechnungsfrei dazuverdienen dürfen.

Hä? Ist das nicht genau dasselbe? Hm, ja, das ist genau dasselbe!

Und wo haben sich dann die Zuverdienstmöglichkeiten enorm verbessert? Der Unterschied liegt im Detail. Wir erklären es gern, falls Sie dafür noch irgendeine Hirnzelle überhaben. Also los!

Die Zusatzverdienstgrenzen sind gestaffelt. Die ersten 100 Euro sind »anrechnungsfrei«. Die Menschen dürfen also einfach behalten, was sie sich erarbeitet haben. Ab dem 101. Euro dürfen sie nur noch 20 Cent von jedem Euro behalten, also nur noch 20 Prozent des erarbeiteten Geldes.

Man könnte auch sagen: Der allerhöchste Steuersatz gilt in Deutschland nicht für Multimillionäre oder Menschen mit einem Jahreseinkommen ab 277 826 Euro. Die zahlen nämlich nur 45 Prozent Steuern. Das meiste Geld wird Menschen in *Bürgerhartz* abgezogen, wenn sie mehr als hundert Euro verdienen, nämlich sage und schreibe 80 Prozent!

Diese Stufe gilt bis zur Minijob-Grenze von 520 Euro. Das ist für Menschen in *Bürgerhartz* besonders relevant, da sie oft in Minijobs arbeiten. Denken Sie an die kinderlose Frau, die in der Fleischerei von Nora Seitz 11 Stunden die Woche Wurstbrote schmiert. Oder an den ebenfalls kinderlosen Burschen, der sechs Tage die Woche in aller Früh bei jedem Wetter zwei Stunden durch die Nachbarschaft läuft, um die Printausgabe der

Rheinischen Post in die Briefkästen der Abonnent:innen zu werfen. Wenn diese beiden am Ende des Monats Kassensturz machen, dann sieht ihr Zuverdienst so aus: 100 Euro Freibetrag plus 20 Prozent von 420 (also 84) Euro macht unterm Strich 184 Euro Lohn. Zusammen mit 502 Euro Regelsatz ergibt das summa summarum 686 Euro auf dem Konto.

Verdienen sie nur einen Cent mehr, dann landen sie in der nächsten Stufe. Die gilt ab 520 und endet bei 1000 Euro. Von diesem Geld bleiben jetzt sogar 30 Prozent auf dem Konto. Angesichts dieser verlockenden Aussicht schmiert die Frau also nicht nur Wurstbrote in der Fleischerei, sondern arbeitet zusätzlich halbtags als Küchenhelferin. Sie reinigt die Geräte und Wandfliesen, entsorgt die Blut-, Fett- und Knochenreste. Solche Sachen. Und der Bursche bei der *Rheinischen Post* darf jetzt vielleicht schon zwei Stunden früher anfangen und mithelfen, die Zeitungspakete aus der Druckerei an die verschiedenen Boten zu verteilen, bevor er selbst auf Tour geht.

Auf jeden Fall kommen so für beide 1000 Euro Monatslohn heraus. Der Kassensturz ergibt: Es bleiben 100 Euro aus der ersten, 84 Euro (420 × 20 Prozent) aus der zweiten und 144 Euro (480 × 30 Prozent) aus der dritten Stufe, macht unterm Strich 428 Euro Lohn. Zusammen mit dem Regelsatz von 502 Euro haben sie nun sage und schreibe 930 Euro auf dem Konto.

Nicht nur Frau Marschall jubelt. Auch die FDP ist stolz auf diese enorme Verbesserung.

Wie enorm ist enorm? Die Niedriglohnfalle

Ob man's glaubt oder nicht, in der Tat war in Hartz IV die Zuverdienstregelung noch erbärmlicher ausgestaltet. Die Stufen waren größer, dafür der anrechnungsfreie Anteil kleiner. Um es zusammenzufassen: Die verbesserten Zuverdienstregelungen im »Bürgergeld« bedeuten real ein Plus von 151 Euro.

Das ist für einen Homo oeconomicus wie Frau Marschall selbstverständlich ein erheblicher Arbeitsanreiz. Nicht umsonst hat sie bei ihrem Auftritt im *Presseclub* mehrfach betont, dass Menschen »rational überlegen«, ob sich das Arbeiten überhaupt lohnt. Deswegen ist in ihren Augen diese begrüßenswerte enorme Verbesserung ganz sicher ein echter Motivationsschub.

Enorm ist aber vor allem, dass die Unternehmen für diese Arbeitskräfte keinen Cent mehr ausgeben müssen als vorher. Sie zahlen für den Minijob weiterhin nur 520 Euro. Der erhöhte Zuverdienst wird vom Steuerzahler getragen. Die FDP hat also nicht durchgesetzt, dass sich Leistung lohnt, sondern dass die Niedriglohnbranche noch stärker subventioniert wird als zuvor.

Blöd. Wir haben vergessen zu erwähnen, dass es sich bei den Zuverdiensten um Bruttobeträge handelt. Würden unsere Hilfsfleischerin und der Zeitungsbote ihre Jobs also das ganze Jahr über machen und so auf ein Jahreseinkommen von 12 000 Euro brutto kommen, dann fielen in Steuerklasse 1 natürlich noch Beiträge für die Renten-, Arbeitslosen-, Kranken- und Pflegeversicherung an. Dann verbleiben am Ende nur 310,21 Euro zusätzlich, unterm Strich also inklusive Regelsatz 812,21 Euro netto im Monat zum Leben – trotz Halbtagsjob.

»Niedriglohnfalle« nennt der Sozialökonom Markus M. Grabka vom Deutschen Institut für Wirtschaftsforschung diese Regelung. »Dass der Niedriglohnsektor lediglich als Übergang oder gar als Sprungbrett gilt, erweist sich für die meisten als Illusion.«[37] Deswegen rät er der Politik dazu, den Niedriglohnsektor einzudämmen.

Aber das sind jetzt zu viele Details, Frau Steinhaus!

Wir freuen uns lieber mit Frau Marschall, der FDP, der Union und der gesamten deutschen Wirtschaft: Der Niedriglohnsektor boomt. Hurra!

Es knallen die Champagnerkorken bei Industriebetrieben in der Bau- und der Metallbranche, in der Systemgastronomie und bei Großunternehmen der Sicherheitswirtschaft. Sie alle profitieren davon, dass 34 Prozent der Vollzeitbeschäftigten in Ost- und 17 Prozent in Westdeutschland für richtig wenig Geld arbeiten – und der Staat das dankenswerterweise ermöglicht, erzwingt und auch noch anteilig finanziert. Die Risiken werden auf Arbeitende und den Staat abgewälzt. Die Gewinne schöpfen die Unternehmen ab. Und das wird jetzt bis zur nächsten großen Sozialreform noch gut zwanzig Jahre so weitergehen. Denn zum Glück hat niemand die Absicht, eine Neiddebatte zu führen. Na dann: Prost!

All diese insgesamt rund neun Millionen Menschen werden mit hoher Wahrscheinlichkeit später in Altersarmut leben. Aber hey, bis dahin haben sie sich dank der aktuellen Erwerbsarmut schon daran gewöhnt. Es ist zum Heulen.

Deswegen heißt die Antwort auf die eingangs gestellte *ARD-Presseclub*-Frage »Was bedeuten die neuen Regelungen konkret für Transferempfänger und -empfängerinnen?«: Nichts!

Auf die Frage »Frau Steinhaus, wie viel ist zu viel oder zu wenig?« möchten wir aber dann doch noch etwas gründlicher antworten.

»Was sich viele meiner Freunde nicht vorstellen konnten: Damit wir unsere Wohnung überhaupt behalten durften, habe ich meiner Mutter etwas zur Miete beigesteuert. Wir hätten sonst ausziehen müssen. Das habe ich auch noch gemacht, als ich schon längst ausgezogen bin, aber musste damit aufhören, als ich 25 wurde und auf einmal das Kindergeld fehlte und ich meine Krankenversicherung zahlen musste. Meine Mutter und Geschwister mussten dann aus der Wohnung raus und sind gleich in eine viel zu kleine Wohnung gezogen, weil eh klar war, dass sie aus einer größeren sofort wieder ausziehen müssen, sobald eins meiner Geschwister nicht mehr da wohnt.«

L. aus Frankenthal, 26 Jahre alt

H. ist Rentner in Dillingen und wird durch Grundsicherung aufgestockt. Zu seinem 70. Geburtstag wollten Freunde und Familie ihm eine große Feier schenken, aber: Corona. Stattdessen kamen 1600 Euro für ein E-Bike zusammen. Dieses Geld überwies die Familie auf sein Konto; er kaufte das E-Bike. Doch dann kürzte das Sozialamt seine spärliche Grundsicherung in monatlichen Raten, die das Geld – abzüglich eines Freibetrags von 50 Euro – also 1550 Euro, verrechnet. Es wäre ihm übrigens nicht abgezogen worden, hätte die Familie ihm das E-Bike direkt überreicht.

Friseurbesuche tragen zum Erhalt der Würde bei?
Im Hartz-IV-Regelsatz dafür monatlich vorgesehen:
1,95 Euro für Männer,
6,32 Euro für Frauen.

REGELSATZ

Trick 17, Zirkelschlüsse und fiese Hütchenspielertricks

Jede:r Hilfsbedürftige hat ein Grundrecht auf Gewährleistung eines menschenwürdigen Existenzminimums.

Das sagen nicht wir, Helena und Claudia. Das sagt das Grundgesetz. So erklärte es das Bundesverfassungsgericht explizit am 9. Februar 2010 und damit zum ersten Mal in der deutschen Geschichte. Das höchste deutsche Gericht leitete dieses Grundrecht aus der verfassungsrechtlich verankerten Menschenwürde und dem Sozialstaatsprinzip ab, also Art. 1 Abs. 1 und Art. 20 Abs. 1 Grundgesetz. Dabei müsse, so das Gericht, neben der physischen Existenz auch ein Mindestmaß an Teilhabe am gesellschaftlichen, kulturellen und politischen Leben gesichert sein.

Das war ein Donnerschlag in der deutschen Rechtsgeschichte und Sozialpolitik. Denn so deutlich hatte das noch kein Gericht zuvor formuliert und eingefordert, erst recht nicht der strenge Hüter der deutschen Verfassung.

Einfach nur zu sagen: »Es verhungert ja keiner in unserm Land«, reicht also nicht. Menschen in unserem Land müssen nicht dahinvegetieren. In der deutschen Verfassung ist das *Recht* verankert, dass niemand in seiner Wohnung frieren muss oder mit zu wenig materiellen Gütern versorgt ist, die für ein *würdevolles* Leben notwendig sind. Ein solches Leben steht laut Gericht auch Erwerbslosen zu.

Durch die sogenannten »Regelleistungen des SGB II« muss

immer gewährleistet sein, dass dieses Minimum finanziell zu bestreiten ist. Der zugehörige »Regelsatz«, also die finanzielle Grundsicherung, müsse sich zudem kontinuierlich den Gegebenheiten anpassen.

Vereinfacht gesagt: Je reicher das Land, desto höher der Regelsatz. Sinken die Preise, sinkt der Regelsatz. Steigen die Preise, steigt der Regelsatz.

Mit dem Urteil von 2010 war eines klar: Der bis dahin übliche Hartz-IV-Regelsatz war mit dem Grundgesetz nicht vereinbar. Der Erste Senat im Karlsruher Gericht gab der Regierung auf, eine verfassungsgemäße Grundlage der geltenden Regelsätze zu finden, und zwar dalli!

Bis zum Jahresende dürften die bisherigen verfassungswidrigen Regelungen noch gelten. Aber zum 1. Januar 2011 müsse die Berechnungsgrundlage der Hartz-IV-Leistungen neu geregelt sein.

Aber wie?

Stellen Sie sich vor, jemand würde Sie um Ihre Meinung bitten: Was braucht es mindestens für ein würdevolles Leben? In einem Brainstorming würden jetzt die ersten Ideen gerufen: ein Dach über dem Kopf. Was zu essen. Trinken. Kleidung. Eine Heizung. Blumen auf dem Balkon. Nein, das ist Luxus, kommentiert jemand spontan. Ein Auto, ruft nun jemand. Eine andere widerspricht: Ein Fahrrad reicht auch. Der Nächste mischt sich ein: Man kann auch ohne Rad und Auto leben. Jetzt geht es wieder durcheinander: Klopapier. Überhaupt Hygieneartikel. Medikamente. Ein Bett. Möbel, Tisch und Stuhl. Ein Fernseher. Nö, lieber ein Computer. Das Handy ist viel wichtiger. Aber das ist doch nicht existenziell wichtig, widerspricht jemand empört. Für mich schon, erwidert ein anderer. Und irgendwo murmelt jemand: Ich finde ein öffentliches Schwimmbad viel wichtiger als all die Technik.

Sie merken: Wir sind erst ganz am Anfang und schon gibt es Streiterei. Was ist wichtig, was unwichtig und vor allem: Was ist existenziell und was nicht? Und wie ließe sich das finanziell bemessen?

Was ist existenziell und wie viel kostet das?

Selbst wenn Einigkeit besteht hinsichtlich Nahrung, Kleidung, Hausrat, Unterkunft, Hygiene und Gesundheit – der Streit beginnt, wenn wir konkret werden:

Fangen wir mit dem Essen an. Was ist Minimum, was Luxus? Mehl, Butter, Eier, Brot und Speck sind oft das Erste, was genannt wird. Aber schon da geht's los. Speck? Das klingt nach Kriegsjahren. Und Mehl? Die wenigsten Menschen backen Kuchen oder Gebäck. Nudeln selbst zu machen, ist eher Gourmet-Niveau. Und welche Art von Brot ist gemeint: Toast vom Discounter oder Vollkornbrot vom Biobäcker? Die Preisspanne ist schon hier gewaltig und die Festsetzung eines Betrags für ein minimal würdevolles Leben kaum zu leisten.

Dazu kommt eine weitere Herausforderung: Geradezu spektakulär am Karlsruher Urteil war nämlich, dass nicht nur die physische Existenz gesichert sein müsse, sondern auch ein Mindestmaß an Teilhabe am gesellschaftlichen, kulturellen und politischen Leben.

Man musste sich also auch hier plötzlich einigen, was dazu gehören soll und was nicht. Kultur ist ein weites Feld und sehr unterschiedlich zugänglich: Orgelmusik im Gottesdienst ist gratis, ein Rockkonzert in der Messehalle nicht.

Was bedeutet das für das Sozialsystem? Reicht für ein würdevolles Leben der kostenlose Besuch in der Dorfbibliothek oder muss man auch mal einen Kinobesuch ermöglichen? Gibt es einen Rechtsanspruch auf Pflanzen, Blumen, Bilder oder Deko in der Wohnung, weil kulturell tief verankert und allgemein üblich, oder ist das überflüssiger Schnickschnack?

Und wie viel Geld braucht es für ein Minimum an politischer Teilhabe? Alle paar Jahre zur Wahlurne zu gehen, ist kostenlos, aber die Mitgliedschaft in einer Partei kostet, je nachdem, richtig viel oder zumindest ein bisschen. Beginnt politische Teilhabe nicht schon beim Bier am Stammtisch oder in virtuellen Debatten auf Instagram oder Twitter? Zählen also der regelmäßige Kneipenbesuch sowie dauerhafter Internetzugang plus Endgerät zum Existenzminimum?

Aber braucht man diese Dinge nicht sowieso für ein Minimum an sozialer Teilhabe? Das alles verfolgt ja nicht den puren Sachzweck, sondern vor allem sorgt es für ein freudiges Miteinander und schafft Zugehörigkeit.

Egal, welchen Lebensbereich man betrachtet, immer wird man feststellen, dass sich weder die Produkte und Dienstleistungen noch die dafür zu veranschlagenden Preise irgendwie festzurren lassen. Individuelle Bedürfnisse und Vorlieben, regionale und saisonale Preisunterschiede sowie unterschiedlichste Anbieter vom Späti bis zum Delikatessengeschäft erschweren eine klare Lösung.

Das Gericht hatte den formalen Rechtsanspruch erkannt, die inhaltliche Ausgestaltung jedoch den gesellschaftlich-politischen Instanzen überlassen. Die damalige schwarz-gelbe Regierung musste sich also überlegen, wie diese komplexe Abwägung mit größtmöglicher gesellschaftlicher Akzeptanz ablaufen könnte.

»Spätrömische Dekadenz«

Niemand war scharf auf eine öffentliche Debatte. Die letzte große Sozialreform, die Hartz-Gesetze, lag erst wenige Jahre zurück. Sie hatte zu Massendemonstrationen und zur Abwahl der regierenden SPD geführt, von der sich im Streit über Hartz IV obendrein die Linkspartei abgespalten hatte. Angela Merkel hatte die Wahl denkbar knapp gewonnen und ihre erste Amtszeit als Kanzlerin einer großen Koalition so gut überstanden, dass ihr sogar die Wiederwahl gelungen war. Doch die angebliche »Wunschkoalition« mit der FDP schwächelte.

Erst zwei Monate zuvor, im November 2009, hatte Merkel ihr Kabinett umbilden müssen, nachdem CSU-Arbeitsminister Franz Josef Jung aufgrund eines Skandals zurückgetreten war. Infolgedessen war Ursula von der Leyen vom Familien- ins Arbeitsministerium gewechselt, war also im Februar 2010 noch keine zehn Wochen im Amt und obendrein als Shootingstar der niedersächsischen Union in der Bundespolitik noch völlig unerfahren. Auch Guido Westerwelle, der Kopf des damaligen Koalitionspartners FDP, war zwar extrem medienversiert, verfügte aber über keinerlei Regierungserfahrung.

Angesichts dieser desolaten Personalsituation in der Regierung war völlig klar, dass eine öffentliche Debatte über das Karlsruher Urteil im Keim erstickt werden musste. Noch in der Woche der Urteilsverkündung suchte Finanzminister Wolfgang Schäuble, ein ausgebuffter Machtstratege Kohl'scher Schule, den Weg an die Öffentlichkeit. Schnelle Deutungshoheit hieß das Ziel.

»Das Bundesverfassungsgericht hat ausdrücklich nicht gesagt, die Hartz-IV-Sätze seien unzureichend«[38], sagte er der *Frankfurter Rundschau*, um damit zugleich zum Ausdruck zu bringen, dass die Regierung nicht gewillt war, über eine Erhöhung der Regelsätze auch nur nachzudenken.

Dabei hatte die Bevölkerung das Urteil durchaus so verstanden, dass Menschen in Hartz IV seit fünf Jahren zu wenig Geld bekommen hätten. Das war nämlich die Ausgangsklage gewesen.

Drei Eltern, die sich und ihre Kinder mit den bisherigen Regelsätzen nicht ausreichend versorgt sahen, waren vors Sozialgericht gezogen. Juristisch hatten sie vor allem bemängelt, dass die Regelsätze für Kinder einfach prozentual aus dem Erwachsenensatz abgeleitet wurden; je nach Alter 60 bis 80 Prozent. Nach jahrelangem Rechtsstreit über eine gerechtfertigte Höhe des Regelsatzes hatten das Bundessozialgericht und das Landessozialgericht Hessen am Ende die bisherige Berechnungsmethode angezweifelt und deshalb Karlsruhe um höchstrichterliche Klärung bemüht.

Das oberste Gericht hatte dann tatsächlich nicht gesagt, die Sätze seien unzureichend. Es hatte aber auch nicht gesagt, sie seien ausreichend. Es hatte einfach festgestellt, dass es dazu nichts sagen könne. Denn das Verfahren sei so intransparent, dass gar nicht ermittelt werde könne, wie hoch ein ausreichender Betrag zu sein habe. Deswegen könne das Gericht den Gesetzgeber auch nicht dazu verpflichten, höhere Leistungen festzusetzen.

Bingo! Der Jurist Schäuble erkannte sofort, welche Chance in dieser Formulierung lag. Statt erwartbar emotional über die Höhe des Regelsatzes zu debattieren, musste man – wenn man es richtig anstellte – nur einen komplizierten Methodenstreit führen. Der würde die Menschen schnell überfordern und langweilen. Schon bald würde sich niemand mehr dafür interessieren.

Was sich hingegen schnell aktivieren ließ, waren die alten Ressentiments gegen die »faulen Hartzer« und der Mythos von der »sozialen Hängematte«. Nachdem der Finanzminister in dem *Frankfurter Rundschau*-Interview also erklärt hatte, was das Gericht *nicht* gesagt hatte, schob er nach, was das Gericht *auch nicht* gesagt hatte, von dem *er* aber wollte, dass darüber geredet wurde:

»Wir dürfen den Grundgedanken von Hartz IV nicht aus den Augen verlieren: Die notwendigen Sozialleistungen dürfen die Aufnahme von Arbeit nicht unattraktiv machen.«[39]

Genau. Er sang den Lohnabstandsgebot-Schlager. Damit das nicht im medialen Lärm unterging, stimmte gleich am selben Tag auch der »CDU-Wirtschaftsexperte« Michael Fuchs – und wie später herauskam –, Bundestagsabgeordneter mit Nebeneinkünften von mehr als 100 000 Euro im Jahr, freudig in Schäubles Gesang ein: »Es kann nicht sein, dass die Hartz-IV-Bezüge eine Höhe erreichen, dass sich eine Beschäftigung im Niedriglohnbereich nicht mehr lohnt.«[40]

Die Charts des Populismus stürmte die CDU jedoch nicht allein. Auch der für seine Rhetorik berühmt-berüchtigte damalige Vizekanzler, Außenminister und FDP-Vorsitzende Guido Westerwelle rechnete in der *Welt* vor, dass die verheiratete Kellnerin mit zwei Kindern im Schnitt 109 Euro weniger im Monat bekäme, als wenn sie Hartz IV bezöge. Er krönte seinen Gastbeitrag mit bewährtem Grundeinkommens-Bashing: »Wer dem Volk anstrengungslosen Wohlstand verspricht, lädt zu spätrömischer Dekadenz ein.«[41]

Alle drei hätten auch sagen können: »Was interessiert uns das Grundgesetz? Uns interessiert nur die Wirtschaft!« Aber mit schon damals falschen Behauptungen, mit der Beschwörung des Sozialneids und dem Trommeln auf der verbalen »spätrömische-Dekadenz«-Pauke ließ sich von einer verfassungswidrigen Regelung von Sozialleistungen und einer moralisch extrem fragwürdigen Umverteilung von unten nach oben sehr viel besser ablenken.

Hartz IV bekämpfte Armut nicht, es beförderte sie

Dabei stieß die neoliberale Ideologie der 1990er Jahre, der Schäuble, Fuchs, Westerwelle und all ihre Freunde zutiefst anhingen, in jener Zeit bereits deutlich an ihre Grenzen. Die Pleite der US-Investmentbank Lehman-Brothers wegen allzu dreister Zockerei hatte nunmehr auch die europäische Wirtschaft in die Krise gestürzt. Der Markt regelte gerade gar nichts. Stattdessen gab es staatliche Rettungspakete in schwindelnder Höhe. So rettete man mit den angeblich hart erarbeiteten Staats- und Steuergeldern lieber strauchelnde Banken als Menschen in schwierigen Lebenssituationen.

Über all das gab es damals heftige Debatten. Vor allem die Titulierung des Sozialsystems als »spätrömische Dekadenz« stand in der Kritik. Schließlich erinnerten sich die Menschen noch allzu gut, wie stark die Einschnitte durch Hartz IV gewesen waren. Aber die Strategie der Regierung ging trotzdem auf. Der Populismus siegte mal wieder über sachliche Redlichkeit.

Für die Markt-Ideologen war es also ein großes Glück, dass das oberste Gericht nicht einfach nur verlangt hatte, die existenznotwendigen Ausgaben neu zu berechnen, sondern auch dafür ein transparentes und sachgerechtes Berechnungsverfahren zu entwickeln. So konnte man sich lautstark auf methodische Details kaprizieren und musste der Öffentlichkeit lediglich verschleiern, dass laut Gericht dieses Verfahren auf dem tatsächlichen Bedarf, also realitätsgerecht, ausgestaltet sein müsse. Der tatsächliche Bedarf? Welcher Laie konnte das schon definieren?!

Sehr viel heikler war dagegen, dass Karlsruhe außerdem verlangte, dass das Verfahren auf Grundlage verlässlicher Zahlen schlüssig bemessen werden solle und vor allem nachvollziehbar sein müsse. Es würde zahlreiche Expert:innen geben, die der Bundesregierung kritisch auf die Finger schauten. Allerdings konnte man sich weitestgehend darauf verlassen, dass wissenschaftliche Expertise gemeinhin so kompliziert vorgetragen wird, dass sie eh niemand versteht.

Es musste also lediglich gelingen, nicht allzu offensichtlich verfälschende Methoden anzuwenden und den Regelsatz trotzdem möglichst klein zu halten. Würde dann jemand versuchen, die Tricks mit einfachen und verständlichen Argumenten zu kritisieren, dann könnte man derlei als unterkomplex abtun. Auf diese Weise würde sich die eigentlich notwendige gesellschaftliche Grundsatzdebatte dann als haarspalterischer Expertenstreit ad acta legen lassen.

Denn es war in keinster Weise im Interesse der (wegen Lehman Brothers ohnehin kriselnden) Wirtschaft, dem gerade aufflammenden Niedriglohnsektor in Deutschland den Zunder billiger Arbeitskräfte wegzunehmen. Zumal damals bereits eine Debatte über den Niedriglohnsektor aufflackerte. Selbst die Boulevardmedien hatten das Thema schon entdeckt. Unter der Überschrift »Die am miesesten bezahlten Berufe« klärte die *Bild* im September 2009 auf: »Sie arbeiten meist sehr hart, haben aber kaum Aussicht auf eine Karriere und werden dazu noch sehr schlecht bezahlt. Das ist leider deutsche Realität.«[42]

Immer mehr Menschen begriffen, dass im Niedriglohnsektor gar nicht Armut bekämpft wurde, indem Arbeitslose schneller in Arbeit kamen, sondern dass dadurch die Armut sogar anstieg. Denn wer in jüngeren Jahren wenig verdiente, bezog später auch nur eine Minirente. Das Hartz-IV-System beförderte demnach eine wachsende Armut. Altersarmut.

Für die Merkel-Regierung waren solche Debatten brandgefährlich. Das musste vermieden werden! Arbeitsministerin Ursula von der Leyen bekam also den offiziellen Auftrag, das bisher gültige Regelsatzbemessungssystem zu überarbeiten und rechtssicher zu machen. Inoffiziell musste sie gleichzeitig einen Anstieg des Regelsatzes verhindern.

Aber wie würde das gehen?

Regelsatzbemessung: Ein verwirrendes Verfahren

Zu Beginn dieses Kapitels waren wir mit dem intuitiv versuchten »Warenkorbmodell« relativ schnell an die Grenzen individueller Lebensweise und Wertvorstellungen gestoßen. Aber genau solch ein System war lange in Westdeutschland genutzt worden, um die Regelsätze der »Hilfe zum Lebensunterhalt« zu ermitteln.

Spätestens mit der deutschen Einheit 1990 musste der Sozialstaat als Ganzes (inklusive Renten- und Versicherungssystem, Bildungs- und Gesundheitswesen) neu austariert werden. Nun kam ein Statistikmodell zum Zug, das objektiver zu sein schien: Es orientierte sich an den tatsächlichen Ausgaben der Bevölkerung. Der Einfachheit halber betrachtete man nicht die Gesamtbevölkerung, sondern nur die unterste Einkommensgruppe. Denn deren Ausgaben waren ein perfekter Erfahrungswert für eine realistische Ermittlung des *Regelsatzes,* schließlich lebten sie ja schon vom »Existenzminimum«. Super Idee!

Wenn Sie jetzt nicken, sind Sie offenbar eingeschlafen. Mit wachem Verstand würden Sie merken, dass hier ein statistischer Logikfehler stattfand. Natürlich war die unterste Einkommensgruppe gerade *keine* relevante Ausgangsbasis für die Ermittlung des Existenzminimums!

Der obdachlose Mensch unter der Brücke zum Beispiel kommt mit extrem wenig Geld aus, aber führt eben ganz sicher kein würdevolles Leben. Von sozialer, kultureller oder politischer Teilhabe ganz zu schweigen. Würden wir sein »Einkommen« zum Maßstab für das Existenzminimum nehmen, würden wir nur seine skandalöse Mangellage zur allgemeinen Norm erheben, anstatt ein angemessenes Niveau für das grundgesetzlich verankerte Existenzminimum zu finden.

Trotzdem wurde das jahrelang genauso praktiziert. Was nicht zum Skandal wurde, weil die Sozialhilfe eben wirklich nur an die Allerärmsten gezahlt wurde. Eine Gruppe mit eher geringer Widerstandskraft. Als mit den Hartz-Gesetzen 2004 aber das Arbeitslosengeld I zeitlich gekürzt und das Arbeitslosengeld II mit der Sozialhilfe zusammengelegt wurde, betraf die Regelung plötzlich einen weitaus größeren Teil der Bevölkerung. Es kam zu Protesten und zur Klage von einzelnen Betroffenen. Mit Erfolg. Der Rechtsweg führte im Jahr 2010 zum theoretisch alles verändernden Grundsatzurteil.

Tatsächlich kritisierte das Bundesverfassungsgericht diesen Logikfehler in der Berechnungsmethode. Solch ein »Zirkelschluss« müsse bei dem Verfahren ausgeschlossen sein. In der Referenzgruppe dürften sich keine Personen befinden, die auf demselben oder womöglich sogar geringeren materiellen Niveau leben als die Menschen in Grundsicherung.

Dennoch ging die »Reformierung« der Berechnungsmethode ganz im Sinne der Arbeitgeberverbände und Niedriglohnprofiteure aus. Die Regierung Merkel mit der damaligen Arbeitsministerin von der Leyen fand nämlich tatsächlich Trick 17, mit dem sich die Quadratur des Kreises bewältigen ließ. Rechtssicherheit ohne Regelsatzerhöhung.[43]

Das änderte sich übrigens auch nicht, als 2017 die SPD-Politikerin Andrea Nahles das Ruder im Arbeitsministerium übernahm. Erst danach erklärte sie nunmehr als SPD-Vorsitzende lautstark, das System Hartz IV überwinden zu wollen. »Wenn das Vertrauen in den Sozialstaat verloren geht, ist das eine große Gefahr für die Demokratie«, schrieb sie im Tonfall der Grundsätzlichkeit im November 2018 auf der SPD-Webseite. Überschrift:

»Für eine große Sozialstaatsreform – und was nach Hartz IV kommen muss«.[44]

Die Sozialstaatsreform kam nicht, dafür ging Nahles. 2019 kehrte sie der Politik den Rücken und kam erst im August 2022 als Chefin der Bundesagentur für Arbeit ins mediale Rampenlicht zurück. Sie darf jetzt das *Bürgerhartz* umsetzen, das ihr Nachfolger im SPD-Arbeitsministerium Hubertus Heil ausbaldowert hat.

Eines hat sich dabei ganz und gar nicht verändert: das Regelsatzbemessungsverfahren![45]

Verdeckte Armut und offenkundige Zirkelschlüsse

Trotz des sehr eindeutigen Urteils von 2010 wird die kritisierte Berechnungspraxis bis heute weiterbetrieben – zwar leicht verändert, aber im Kern genauso. Auch wenn es so scheint, als ginge nun alles mit rechten Dingen – im Sinne von verfassungsgemäß – zu, hat sich manches sogar noch verschlimmert.

Das sagt auch der Paritätische Wohlfahrtsverband, also der Gesamtverband von mehr als 10 000 Organisationen, die ein breites Spektrum sozialer Arbeit repräsentieren. Dazu gehören der Arbeiter-Samariter-Bund, das Deutsche Jugendherbergswerk, die Deutsche Krebshilfe und der Weiße Ring sowie viele andere namhafte Mitgliedsverbände.

Dieser gigantische Sozialverband vertritt bundesweit nicht nur über eine halbe Million Beschäftigte, sondern hat auch eine eigene wissenschaftliche Abteilung. Diese leistet wesentliche und solide Grundsatzarbeit zu konkreten Fragen der Sozialpolitik und beschäftigt sich dezidiert auch mit der eigentlich verfassungsgemäßen Berechnung der Regelsätze. In diese Grundsatzarbeit fließen auch die aktuellen Erfahrungen und Erkenntnisse aus der langjährigen Arbeit von Mitgliedsorganisationen wie den

Tafeln Deutschland, dem Verband alleinerziehender Mütter und Väter, des Deutschen Kinderschutzbunds oder Arbeitsloseninitiativen.

Auf Basis dieses gleichermaßen theoretischen wie praktischen Wissens ist der Paritätische Wohlfahrtsverband seit jeher schärfster Kritiker der Hartz-IV-Gesetze und auch der seither gültigen Regelsatzberechnungen, die sich leider nicht verbessern.

Im Gegenteil: Mittlerweile werden nicht die untersten 20 Prozent als Referenzgruppe herangezogen, wie es bis 2010 der Fall war, sondern sogar nur noch die untersten 15 Prozent. Mit der Begründung, dass man nun die Gruppe um diejenigen bereinige, die Hartz IV und Grundsicherung beziehen. Da man bei der Berechnung nur Ein-Personen-Haushalte berücksichtige und Menschen in Grundsicherung oft allein lebten, käme man unterm Strich wieder auf 20 Prozent aller Haushalte.

Das müssen Sie jetzt nicht verstehen. Wir verstehen es auch nicht. Selbst Expert:innen verstehen es nicht. Auch das Bundesverfassungsgericht, das im Jahr 2014 dazu befragt wurde, hat es vielleicht nicht verstanden. Jedenfalls hat es sich nicht dazu geäußert. Aber es hat in seinem juristischen Grundsatzurteil befunden, dass die detaillierte Methodik im Ermessen der Politik liege, solange sie den Gesetzen entspricht.

Heißt im Klartext: Rechnet wie ihr wollt, solange es dem Grundgesetz entspricht.

Bislang hat niemand erfolgreich dagegen geklagt. Juristisch mag die Methode also plausibel sein. Wissenschaftlich ist sie das nicht unbedingt – und menschlich schon gar nicht. Denn die wissenschaftliche Abteilung des Paritätischen Wohlfahrtsverbandes hat Folgendes herausgefunden[46]:

In den – angeblich ausreichend würdevoll lebenden – »unteren 15 Prozent« sind auch all jene enthalten, die eigentlich Anspruch auf finanzielle Hilfe hätten, sie aber nicht bekommen, weil sie nichts von ihren Ansprüchen wissen oder an den bürokratischen Hürden scheitern oder sich schlichtweg schämen, um Hilfe zu bitten. Diese »verdeckt Armen« haben eventuell sogar weniger als die Menschen in *Bürgerhartz*, aber sie bleiben trotzdem in der Referenzgruppe. Entsteht dadurch nicht der gerichtlich untersagte Zirkelschluss? Egal.

Die Regierung versucht erst gar nicht, die verdeckt Armen aus der Vergleichsgruppe herauszufiltern. Angeblich wisse man ja gar nicht, wie viele verdeckt Arme es gebe. Das sage ja schon der Name. Verdeckte Armut ist eben verdeckt. Man könne hier nur mit Modellrechnungen Zahlen simulieren und das sei furchtbar fehleranfällig.

In unseren Augen wirkt das wie ein Kind, das sich die Augen zuhält, um Verstecken zu spielen. Aber auch für professionelle Armutsforschende klingt das offenbar nicht überzeugend. Trotzdem: Wir belassen es dabei und behalten eins im Sinn, nämlich, dass der von der Bundesregierung offiziell errechnete Regelsatz aufgrund dieses umstrittenen Details zu niedrig ausfällt.

Doch jetzt kommt's! Denn beim nächsten fragwürdigen Punkt der Berechnung kann sich die Regierung mit Nicht-Wissen nicht herausreden.

Es wird nämlich auch eine Gruppe von armutsbetroffenen Menschen im Vergleichstopf belassen, die amtlich bestens bekannt ist: die »Aufstocker:innen«. Obwohl sie den Behörden sogar namentlich bekannt sind, werden sie bewusst in der Berechnungsgruppe belassen. Es wäre leichter, sie *nicht* zu berücksichtigen. Sie werden gewissermaßen extra reingerechnet. Mit einem statistischen Trick.

Unverhohlene Manipulation beim Regelsatz

Oberflächlich betrachtet folgt man bei der Berechnung des Regelbedarfs dem Urteil des Verfassungsgerichts und rechnet brav Menschen in Leistungsbezug (SGB II, SGB XII usw.) aus der Referenzgruppe heraus. Bei genauem Hinsehen entdeckt man jedoch, dass nur Leistungsbeziehende *ohne Einkommen* herausgerechnet werden. Die *mit Einkommen* bleiben drin. Also eben jene schlecht bezahlten Menschen, die zum Mindestlohn in Fleischereien, in der Gastronomie, in der Landwirtschaft, in der Pflege, im Bau- und Immobiliensektor oder sonstwo tätig sind, und deswegen mit *Bürgerhartz* aufstocken (können, dürfen, müssen). Jene Menschen also, die selbstbewusst genug sind, ihre Bürgerrechte in Anspruch zu nehmen. Denn wer aufstockt, hat ja eben deswegen das Recht auf Zuzahlungen, weil er oder sie ohne Zuschüsse nicht genug zum Leben hätte.

Kurz: Nicht nur jene Menschen, die *verdeckt* arm sind, sondern auch jene, die ganz offensichtlich arm sind, bleiben in der Referenzgruppe, die ja eigentlich – Vorgabe Bundesverfassungsgericht – Zirkelschlüsse ausschließen soll.

Unerhört! Ein Skandal! Aber wo bleibt die Empörung? Sie fällt aus. Zu kleinteilig die Kritik. Zu kompliziert das Problem. Die wegwerfende Handbewegung der ignoranten Mehrheitsgesellschaft wird untermalt von der Lebensweisheit Winston Churchills: »Ich glaube nur der Statistik, die ich selbst gefälscht habe.«

Vielleicht denken Sie persönlich nicht ganz so zynisch, sondern gehen einfach davon aus, dass so ungefähr und unterm Strich der Unterschied zwischen dieser und jener Berechnungsmethode vermutlich gar nicht so groß ausfällt. Damit hätten Sie gar nicht so unrecht.

Zwar wurde bereits an zwei Stellen – nämlich bei den beiden Zirkelschlüssen durch die verdeckte Armut und durch die Aufstocker:innen – die statistischen Stellschrauben so gedreht, dass der Regelsatz möglichst klein ausfällt. Aber offenbar reichte das im Ergebnis nicht aus, um den Regelsatz so niedrig zu halten, wie er gewesen war.

Wir kennen ja die Zahlen: Im Jahr 2009 lag der Regelsatz bei 359 Euro. Im Jahr 2010 änderte sich nichts; man musste ja erst rechnen. Und im Jahr 2011 stieg der Regelsatz auf 364 Euro.[47] Am Ende der langwierigen und komplizierten Methodikreform standen also satte fünf Euro mehr.

Fünf. In Ziffern: 5.

Pfiffige Leute sagen jetzt: Na klar. Die Finanzkrise hat die Wirtschaft gebremst. Deswegen wurde auch der Regelsatz gebremst.

Stimmt aber nicht! Zwar war 2009 in Folge der weltweiten Wirtschaftskrise das deutsche Bruttoinlandsprodukt zum ersten Mal seit Jahren geschrumpft. Es gab ein Minus von fünf Prozent.[48] Im Jahr 2011 wuchs jedoch die deutsche Wirtschaft wieder kräftig: Das preisbereinigte Bruttoinlandsprodukt (BIP) war um drei Prozent höher als im Vorjahr.[49]

Nein, daran lag es nicht. Es lag daran, dass man zusätzlich zu den zwei Statistiktricks auch noch einen unverhohlen manipulativen Eingriff in den Regelsatz vornahm. Man fiel zurück in den bevormundenden Stil der Vergangenheit und griff in den Warenkorb der ärmsten Konsumentengruppe. Und da ging es brutal zur Sache.

Kalkuliert mit der strengen Hand von Vater Staat

Nach dem Motto »Wer nichts hat, braucht auch keine Versicherung« wurden beispielsweise jegliche Ausgaben für Kfz-, private Haftpflicht- sowie eine Hausratsversicherung aus den Konsumausgaben der Referenzgruppe gestrichen. Man kann die auf Objektivität bedachte Stimme der Regierung förmlich hören. (Vorsicht Sarkasmus!)

»Weg damit! Wenn du mit deinem alten Auto durch die Gegend fährst und einen Unfall hast, egal: Die Schrottbeule ist ja eh nichts mehr wert. Machst du bei anderen versehentlich was kaputt, ist bei dir ja ohnehin nichts zu holen. Und dasselbe gilt, wenn dir die Bude abbrennt. Du weißt ja, wo du um Geld für neue Möbel betteln kannst.«

Natürlich sind solche Äußerungen völlig fiktiv. Die Regierung ließ im Unklaren, warum welche Posten nicht als regelbedarfsrelevant betrachtet wurden. Die Unterschiede zwischen den Zahlen des Statistischen Bundesamtes und den Posten im Gesetz mussten sich Interessierte aus verschiedenen Quellen selbst zusammensuchen. Wer hat dafür schon Zeit und Kompetenz?

Genau, der Paritätische Wohlfahrtsverband. In seiner Stellungnahme zum vom Bundesministerium für Arbeit und Soziales im Jahr 2020 vorgelegten »Entwurf eines Gesetzes zur Ermittlung von Regelbedarfen und zur Änderung des Zwölften Buches Sozialgesetzbuch sowie des Asylbewerberleistungsgesetzes« knöpfte sich die zuständige Abteilung die Diskrepanz zwischen vorher und nachher eindrücklich vor.[50]

Um mit den Versicherungsausgaben anzufangen: Die summierten sich im Jahr 2018, das Grundlage der Bemessung für 2021 war, in der Referenzgruppe (zur Erinnerung: unterste 15 Prozent der Bevölkerung) laut Statistischem Bundesamt auf 16,79 Euro pro Monat. Sie wurden (ohne offizielle Begründung) komplett aus dem Hartz-IV-Satz herausgestrichen. Aber der Betrag ist ein Klacks im Vergleich zu dem, was sonst noch rausgestrichen wurde.

In der Kategorie »Freizeit, Unterhaltung und Kultur« (Zur Erinnerung: Das Bundesverfassungsgericht hatte ausreichend Mittel für soziale, kulturelle und politische Teilhabe angemahnt.)

wurden 43,41 Euro gekürzt. In der Kategorie »Verkehr« 37,80 Euro. Im Bereich »Beherbergungs- und Gaststättendienstleistungen« 37,49 Euro.

So ging es weiter. In jedem Bereich wurde von Hand gekürzt. Die Ausgaben für »Gesundheitspflege« schrumpften von 27,50 auf 16,60 Euro. Die Ausgaben für »Bildung« sanken um 8,90 Euro auf kümmerliche 1,60 Euro. Kurz Luft holen, und nochmal: ein Euro sechzig. Im Monat. Selbst eine *Bild*-Zeitung am Kiosk kostet inzwischen 1,20 Euro. Am Tag. Wenn man die restlichen 40 Cent spart, kann man sich alle Vierteljahr eine zweite kaufen. Zum Glück ist echte Bildung in Deutschland kostenlos, oder nicht? Es fällt so schwer angesichts solcher Zahlen nicht sarkastisch zu werden.

Man könnte auch Details loben. Beispielsweise hat man erkannt, dass Mittelwerte in Statistiken idiotisch sind, etwa wenn die Ausgaben für Haustiere 5,07 Euro im Monat betragen. Man bekommt wahrscheinlich nicht mal eine Maus für diesen Betrag über den Monat. Die Kosten für einen Hund (Futter, Hundesteuer, Versicherung, Tierarztkosten und Medikamente) belaufen sich auf etwa 95 Euro, für eine Katze auf etwa 40 Euro. Dazu kommen in sechs Bundesländern noch die Kosten für eine verpflichtende Hundehaftpflichtversicherung.

Der Mittelwert 5,07 Euro muss also irritieren; erst recht wenn man weiß, dass im Bundesdurchschnitt in jedem zweiten Haushalt ein Haustier lebt. Das bedeutet also, dass sich unter den ärmsten 15 Prozent der Bevölkerung (der Menschen mit Einkommen) nur knapp jede:r Zehnte ein Haustier leistet. Das ist eine so krasse Minderheit. Die kann man vernachlässigen. Deswegen wurden auch noch die kläglichen 5,07 Euro aus dem Regelbedarf gestrichen. Das macht Sinn. Wer in Armut gerät und Hund, Katze, Wellensittich liebt, der gibt das Schätzchen halt ins Tierheim. Für Coco, Tiger und Bello wird dort sicher liebevoll gesorgt.

Wir könnten auch noch kurz darüber sinnieren, warum Grabschmuck, ein Weihnachtsbaum oder Eis aus der Eisdiele nicht zum Existenzminimum gehören und deshalb ebenfalls von der Einkaufsliste gestrichen wurden. Mutmaßlich haben Menschen in Armut weder Freunde noch Angehörige, die vor ihnen sterben könnten. Sie feiern keine Weihnachten, weil sie eh kein Geld für Gänsebraten oder Geschenke haben. Und Eis aus der Eisdiele ist nun wirklich purer Luxus. Da könnte man ja gleich Champagner saufen!

Kann man mit *Bürgerhartz* aber selbstverständlich nicht. Als letztes Beispiel in der Aufzählung an Grausamkeiten fehlt nämlich noch der Bereich »Alkohol und Tabak«. Der wurde – und die strenge Hand von Vater Staat ist jetzt wirklich spürbar – der Einfachheit halber komplett gestrichen. Machte 20,32 Euro weniger. Doch als wollte man dem zynischen Paternalismus die Krone aufsetzen, gab es zum Ausgleich in der Abteilung »Nahrungsmittel und alkoholfreie Getränke« 3,13 Euro mehr. So viel kostete es nämlich, wenn man die im statistischen Wert für Bier, Wein oder Schnaps enthaltene Menge Flüssigkeit in die Kosten für dieselbe Menge Wasser umrechnet.

Betrogen um ein Vermögen von 110 Euro

Die Zahlen mögen verwirren oder empören, doch eins dürfte jetzt klar sein: Die auf diese Weise doppelt kleingerechneten und dann nochmal reduzierten Teilbeträge erfüllten kein einziges Kriterium des Bundesverfassungsgerichts für einen grundgesetzkompatiblen Regelsatz:

Weder war *erstens* die Referenzgruppe so gewählt, dass sie aussagekräftig für ein menschenwürdiges Existenzminimum war, noch waren *zweitens* Zirkelschlüsse und damit ein bloßes Abbild einer Mangellage ausgeschlossen, noch wurde *drittens* das gewählte »Statistische Modell« konsequent beibehalten, sondern stattdessen durch die willkürliche Streichung einzelner Ausgabepositionen (»Warenkorbmodell«) manipuliert.

Und noch nicht mal das *vierte* und letzte Kriterium wurde erfüllt, welches vereinfacht gesagt bedeutet: Wenn ich persönlich mehr Geld für X brauche, muss ich bei Y sparen können. Dafür muss in den einzelnen Bereichen also genug Spielraum sein, um das Budget umschichten zu können. Aber wenn ein Bett in alle Richtungen zu kurz ist, nützt es auch nichts, sich schräg hineinzulegen. Von wegen »soziale Hängematte«!

Natürlich berechnete der Paritätische Wohlfahrtsverband in seiner Stellungnahme zum Gesetzentwurf einfach nochmal den Regelsatz – aber ohne Manipulation. Im Ergebnis kamen 558,40 Euro im Jahr 2021 heraus, das war *vor* der Inflation und Teuerung. Der am Ende vom Parlament beschlossene Regelsatz für das Jahr 2021 betrug nur 446 Euro.[51] Rund 110 Euro zu wenig für eine Personengruppe, die eh schon jeden Cent dreimal umdreht. Für sie sind 110 Euro ein Vermögen!

Heute würde der nicht-manipulierte Regelsatz 725 Euro betragen.[52] Klingt das nach Hängematte? Hören Sie sofort auf zu arbeiten, weil es sich nicht mehr lohnt, früh aufzustehen?

Vermutlich nicht. Aber Menschen im Niedriglohnsektor sollten tatsächlich darüber nachdenken, nämlich dann, wenn ihr Lohn nicht für ein würdevolles Leben reicht, obwohl sie Vollzeit arbeiten. Es wäre gut, wenn ihnen bewusst würde, dass es nicht ihre Schuld ist, wenn sie von dem damit erwirtschafteten Einkommen weder sich selbst noch ihre Familie versorgen können. Sondern dass es ein Systemfehler ist, ein politisch gewollter und mit mathematischer Akribie konstruierter Systemfehler.

Die gesamte politische Klasse weiß das. Auch und gerade die CDU/CSU, die uns mit ihrer Fake-Kampagne im November 2022 wider Willen aufschlussreich vorgeführt hat, dass nicht mal ein Stundenlohn, der 2,54 Euro über dem gesetzlichen Mindestlohn liegt, genügt, um als Single nicht in Armut zu leben.

Andrea Nahles: »Dieser Befund ist echt krass.«

Die Folgen dieser bewusst geschaffenen Armut im reichen Deutschland sind fatal auch für unsere Demokratie: Denn Armut beeinträchtigt laut wissenschaftlicher Forschung die politische Teilhabe.

Die Gründe hierfür seien Stress und eine akut verschärfte Wahrnehmung von Ungleichheit, belegt eine Studie vom Wissenschaftszentrum Berlin für Sozialforschung aus dem Jahr 2021. Die Entfremdung vom politischen Prozess nehme den Betroffenen die Motivation, sich zu beteiligen. Um Geld zu sparen, bleibe häufig nur der Rückzug ins Private. Das reduziere die soziale Einbettung, die sonst ein wichtiges Motiv sei, um zumindest ein Kreuzchen auf den Wahlzettel zu setzen.

»Die politische Beteiligung bis hin zur Teilnahme an Wahlen ist bei Menschen mit geringem Einkommen deutlich geringer und hat in den vergangenen Jahrzehnten stärker abgenommen als bei Personen mit höherem Einkommen und der Mittelschicht«, hieß es schon im Armuts- und Reichtumsbericht der Bundesregierung 2017.[53] Die damalige Arbeitsministerin Andrea Nahles zeigte sich alarmiert: »Dieser Befund ist echt krass.«[54]

Er ist krass. Genauso krass wie die Regelsatzberechnungsmethode. Doch wie gesagt: Geändert hat sich nichts. Bis heute nicht.

Was? Wie kann das sein?

Mit der Einführung des »Bürgergeldes« im Januar 2023 stieg doch der monatliche Regelsatz um 53 Euro?! Das war doch wohl endlich mal ein ordentlicher Sprung!

Nein, sorry, leider ein Irrtum! In Wahrheit war der Regelsatz durch diese Erhöhung nämlich geschrumpft. Willkommen beim nächsten Hütchenspieler-Trick!

Um diesen Trick zu verstehen, müssen wir uns mit etwas beschäftigen, was Sie vermutlich nicht wissen, obwohl sie davon profitiert haben; jedenfalls wenn Sie im Jahr 2022 sozialversicherungspflichtig beschäftigt waren.

Die Bemessung des Existenzminimums hat Folgen auch für Sie!

Erinnern Sie sich daran, dass Sie im Juli 2022 plötzlich mehr Gehalt auf Ihr Konto bekommen haben? Nein, es gab keine heimliche Gehaltserhöhung, die Ihr Unternehmen Ihnen seltsamerweise verschwiegen hatte. Der Bruttobetrag hat sich keinen Cent verändert. Trotzdem war der Nettobetrag höher. Im Juli dürften es ganze 211,75 Euro mehr gewesen sein. Ab August fiel die Überweisung wieder niedriger aus, aber trotzdem hatten Sie immer noch genau 30,25 Euro mehr auf dem Konto als im Juni.

Vielleicht haben Sie es gemerkt, aber lieber nichts gesagt. War vielleicht ein Fehler zu Ihren Gunsten. Musste Ihnen ja nicht auffallen. Hüstel. Wer prüft schon den Gehaltszettel?

Aber nein, es war kein Rechenfehler. Es war eine gesetzliche Steuerentlastung, die rückwirkend zum 1. Januar 2022 vollzogen wurde. Der »Grundfreibetrag« wurde angehoben. Vereinfacht gesagt, handelt es sich dabei um den Anteil des Gehalts, der nicht besteuert wird. Steuersatz null Prozent. Erst das Geld *oberhalb* dieses Einkommens wird besteuert.

Auch diese Regelung hat etwas mit unserem Sozialstaat zu tun: Es ist nämlich das für das Existenzminimum nötige Einkommen. Richtig gelesen: Existenzminimum!

Nicht nur jede:r Hilfsbedürftige in Deutschland hat ein Grundrecht auf Gewährleistung eines menschenwürdigen Existenzminimums (siehe erster Satz!). Es hat einfach jeder und jede dieses Grundrecht!

In den 1990er Jahren, Sie erinnern sich, wurde das Sozialsystem nach der Wiedervereinigung gründlich aufgeräumt. Dabei wurde auch das Steuerrecht unter die Lupe genommen, denn laut Bundesverfassungsgericht sind das Steuerrecht und das Sozialhilferecht eng miteinander verknüpft. Demnach müsse ein Betrag in Höhe des Existenzminimums steuerfrei bleiben. Deswegen kommt der Bemessung des Existenzminimums doppelte Bedeutung zu: Es definiert den Grundfreibetrag im Steuerrecht und es definiert die Leistungen der Sozialhilfe.

Beides hängt miteinander zusammen. Steigt der Steuerfreibetrag, steigt der *Bürgerhartz*-Regelsatz – und umgekehrt. Für beides muss der Aufwand zur Existenzsicherung realitätsgerecht bemessen werden. Schummelt man beim einen, schummelt man beim anderen.

Was das Schummeln angeht, haben Sie auf den letzten Seiten hoffentlich eine angemessene Skepsis hinzugewonnen. Sollten Sie bislang mit einem Seufzer der Erleichterung gedacht haben: »Wie gut, dass mich das nicht betrifft«, dann spricht das nicht unbedingt für Ihren Charakter. Aber immerhin sind Sie jetzt eines Besseren belehrt.

50 Euro »mehr« Bürgergeld – nur ein fieser Trick!

Aber in diesem Punkt – steigt das eine, steigt auch das andere – fehlt Ihnen noch eine Information, an der Sie nun doch Ihre Charakterstärke unter Beweis stellen können, indem Sie sich für das Schicksal der Ärmsten interessieren. Denn: Im Januar 2022 stieg der Hartz-IV-Regelsatz um drei Euro im Monat. Die Zahl lässt sich gut merken. Eins, zwei, drei Euro. Fertig. Der Grundfreibetrag stieg im selben Monat um 20 Euro. Ist deutlich mehr, aber das ist »normal«. In den beiden Vorjahren war der Grundfreibetrag erst um 20 Euro und dann um 28 Euro gestiegen. Währenddessen stieg der Regelsatz einmal um 8 und einmal um 14 Euro.

Warum das so ist, können Sie selber recherchieren, wenn Sie möchten. Wichtig ist in diesem Zusammenhang nur die Steigerung im Jahr 2022. Denn im Juli – gut vier Monate nach Beginn des russischen Überfallkriegs auf die Ukraine – merkte die Bundesregierung, dass die Preise enorm anstiegen. Die Energiekosten explodierten. Folge war eine enorme Inflation. »Die Inflationsrate dürfte in diesem Jahr mit 6,8 Prozent den höchsten Wert seit dem Jahr 1974 erreichen«[55], prognostizierte das Münchner ifo-Institut.

Damit die Menschen also genug Geld zum Leben hatten, beschloss die Bundesregierung im Eiltempo eine zweite Erhöhung des Grundfreibetrages – rückwirkend zum 1. Januar 2022. Der jährliche »Grundfreibetrag« wurde von 9984 auf 10 347 Euro angehoben, ein Plus von 363 Euro im Jahr. Macht im Monat 30,25 Euro. Rechnet man die sowieso schon vollzogene Erhöhung um 20 Euro dazu, bekamen Menschen mit einem Lohn, der höher als niedrig war, im Jahr 2022 also monatlich genau 50,25 Euro mehr als im Vorjahr.

Zeitgleich wurde aber *nicht* auch der Regelsatz für die Menschen in Hartz IV verändert. Weder rückwirkend noch für die Zukunft. Es blieb bei den 3 Euro Erhöhung. Eins, zwei, drei. Fertig.

Deswegen *musste* der Betrag im Januar 2023 *dringend und zwingend* erhöht werden. Wegen Bundesverfassungsgericht und so. Es hätte eigentlich schon seit Januar 2022 jeden Monat – wenn man das bisherige Verhältnis fortschrieb – etwa 27 Euro mehr geben müssen. Und weil der Grundfreibetrag zum 1. Januar 2023 erneut um 46,27 Euro stieg, wären nochmal 26 Euro draufzuschlagen. 446+27+26 = 499. Dieser Betrag war die minimale Ziellinie für das Minimum an Existenzsicherung!

Die größte Sozialreform seit Fred Feuerstein hatte also finanziell lediglich den Regelsatz an die Inflation angepasst, und zwar ein Jahr zu spät. Zur großzügigen Krönung dieser groß-größer-größten Sozialreform seit Menschengedenken hatte man den Regelsatz um – wir stocken, während wir die Buchstaben auf der Tastatur suchen – eins, zwei, drei Euro erhöht, auf geradezu größenwahnsinnige 502 Euro. Man muss wirklich Angst vor diesem bedingungslosen Grundeinkommen haben!

Übrigens: Ihr persönliches »Existenzminimum« als erwerbstätige Person beträgt seit Januar 2023 genau 1011,50 Euro im Monat. Auf den gesetzlich definierten Grundfreibetrag von 909 Euro können Sie nämlich noch 102,50 Euro pro Monat »Werbungskostenpauschbetrag« draufschlagen. Die bekommen Sie ohne jeden Nachweis, es sei denn, Sie leben ausschließlich von Einnahmen aus Vermietung und Verpachtung – aber wer tut das schon?

Ansonsten ist es egal, ob Sie Ihr Einkommen aus harter Arbeit am frühen Morgen oder mit Aktienspekulationen mehr oder weniger im Schlaf verdienen. Das Grundrecht auf Gewährleistung eines menschenwürdigen Existenzminimums kann Ihnen niemand nehmen.

Aber jetzt ist erst mal ein bisschen Erholung angesagt. Party-Time. Wir heben unser Glas und sagen: »Danke, Deutschland!« –, aber raten Sie mal, wer hier nicht mittrinkt?!

B. hat in Suhl zwei Kinder allein großgezogen. Deswegen ging sie zeitweise »nur« halbtags arbeiten. Dass ihre Rente schmal ausfallen würde und sie mit Grundsicherung aufstocken muss, war ihr immer klar. Am 1. Februar war es so weit, nach kurzer Zeit in Hartz IV begann die Rente. Jetzt kommt das Problem: die »Erstrentenlücke«: Hartz wird zu Anfang des Monats ausgezahlt, die Rente erst zum Ende des kommenden Monats. Zwischen dem letzten Hartz und der ersten Rente lagen also gut zwei Monate. Das Resultat war eine Finanzlücke, die B. mit einem Darlehen überbrücken musste. Dieses Darlehen muss sie nun in 50-Euro-Raten von der Grundsicherung abstottern.
Die gleiche Finanzlücke haben übrigens auch alle Personen, die Hartz bekommen und eine Arbeit aufnehmen. Das Gehalt kommt meistens zum Ende des Monats und von der zeitlichen Dauer liegen zwischen dem letzten Hartz und dem ersten Gehalt gut 2 Monate. Es gibt für diese Fälle sogar eine spezielle Darlehensregelung §37a SGB XII. Echt wahr.

»Meine Rechnungen häufen sich extrem und ich habe kaum Geld, um Lebensmittel zu kaufen! Eine Freundin half mir Ende 2021 mit 50 Euro aus. Leider weiß ich nicht, wann ich es ihr zurückgeben kann. Das macht mich sehr traurig!«
M. aus Dessau

A. lebt alleinerziehend mit 3 Kindern in Elmshorn. Nun kam eine Stromnachzahlung von gut 1000 Euro. Für die Nachtspeicherheizung würden ihr 20 Prozent Mehrbedarf zustehen, der ihr bisher nie bewilligt wurde – und der sowieso nicht reichen würde. Einzige Option: Darlehen beim Jobcenter aufnehmen und aus dem Regelsatz abstottern.

HAPPY HARTZ
Zwischen Utopie und Abgrund

6. Dezember 2017. Auf großen U-Bahn-Plakaten und im Internet startet eine ungewöhnliche Werbekampagne *#HappyHartz*. Absender: »Mein Jobcenter«.[56]

Eine junge Mutter, Anna, 28, strahlt in einem Kurzvideo: »Hartz IV schenkt mir Freiheit. Ich wohne mit meinem Sohn alleine und kann mich trotzdem richtig gut auf mein Studium und meine Karriere konzentrieren.« Wenn sie nicht weiterwisse, rufe sie einfach im Jobcenter an, »die gehen sofort ran und helfen mir«.

Ein Jugendlicher, Timo, 17, schwärmt: »Das erste Mal Hartz IV bekommen habe ich mit 12 Jahren. Durch meine Mutter, die ist damals arbeitslos geworden. Und, ähm, ja, aber es war voll gut. Ich meine, wo gibt's das schon? Sie verliert ihren Job und wir bekommen trotzdem Geld. Mir hat das voll den Rücken freigehalten. Ich konnte mich dann voll und ganz auf die Schule konzentrieren und hab dann eine Hammer-Ausbildung angefangen. Ich meine, das kostet ja auch alles Geld. Schulkrams und Bücher und alles. Ja, voll gut. Hartz ist echt'n King!«

Ein Tischler, Andreas, 47, erzählt, wie er im Jobcenter den nötigen Rückhalt für seinen Neustart in die Selbstständigkeit bekommen hat. Er besucht sogar einen Computerkurs, den ihm sein Arbeitsvermittler angeboten hat. »Super, dass das mit Hartz so einfach geht, einfach so, ohne Stress!«.

Auf der Webseite ist zu lesen, dass diese Kampagne auf Initiative von »Persönlichkeiten aus Wirtschaft, Wissenschaft und Politik« entstanden ist. Sie verbinde das Anliegen, »die soziale Marktwirtschaft in Deutschland zu erhalten und den robusten Arbeitsmarkt weiter zu stärken«. Die Reformen der Agenda 2010 hätten einen historischen Beitrag geleistet und Deutschland sei wettbewerbsfähiger denn je. »Das soll so bleiben!« Aber: Weil es um die Sache, nicht um Parteien oder Personen ginge, »haben wir uns entschieden, anonym zu bleiben«.

In der zugehörigen Pressemitteilung wird erklärt, die Kampagne richte sich vor allem an eine »junge Zielgruppe, die sich der weltweit einzigartigen Privilegien des deutschen Sozialstaates oftmals nicht bewusst ist«. Herzstück der Aktion: Im Internet sollen jene Menschen zu Wort kommen, »denen unser Sozialsystem Sicherheit gibt und Chancen eröffnet«. Die Initiative, heißt es weiter, möchte zum Erhalt einer pragmatischen Sozialpolitik beitragen, die globale Wettbewerbsfähigkeit und soziale Verantwortung in der Balance hält.

Echt, Satire – oder einfach nur geschmacklos?

In den sozialen Medien tobt ein Sturm der Entrüstung los. Manche empört der »widerliche Zynismus« gegenüber Hartz-Beziehenden. Andere mutmaßen, eine solche Kampagne könne doch wohl nicht ernst gemeint sein. Sehr schnell findet jemand heraus, dass das Arbeitsamt-Logo auf den Kopf gestellt ist. Es wird spekuliert, ob sich Jan Böhmermann oder das Künstlerkollektiv Peng eine Satireaktion ausgedacht hätten. Eine einzige Frage treibt alle um: Ist es echt, Satire – oder einfach nur geschmacklos?

Die ersten Zeitungen nehmen sich des Themas an. Die *Frankfurter Allgemeine Zeitung* rätselt: »Handelt es sich um Befürworter des bedingungslosen Grundeinkommens, die dem aus ihrer Sicht menschenverachtenden Hartz-System ein Ende bereiten wollen?

Sind darunter Betroffene, die mit beißendem Zynismus auf ihre Lage aufmerksam machen wollen? Oder sind es tatsächlich Befürworter des deutschen Wohlfahrtsstaates, die auf eher eigenwillige Weise dessen hohe Leistungsfähigkeit in den Vordergrund rücken wollen?«[57]

Die Redaktionen beginnen eine regelrechte Jagd, um als Erstes herauszufinden, wer dahintersteckte. Die üblichen Verdächtigen werden angerufen und gefragt; nach und nach tauchen immer mehr Dementis auf. Nein, Böhmermann war es nicht; auch Peng nicht; auch nicht das Zentrum für Politische Schönheit. Aber wer dann?

Der *Stern* erfährt durch einen Anruf bei der PR-Agentur, dass es die Ansprechpartnerin Paula Rosenholz tatsächlich gibt. Sie erklärt ihm, die Kampagne wolle eine ›positive Perspektive‹ auf Hartz IV liefern. Man solle doch nicht immer so tun, »als sei Hartz IV das Schlimmste seit Einführung des Sozialstaats«. Auf die Frage, ob das alles eine zynische Form von Satire sei, antwortete Paula Rosenholz: »Nein, das ist ein ernstes Thema. Damit darf man sich doch keinen Spaß erlauben.«[58]

Dem *Hamburger Abendblatt sagt* Kampagnensprecherin Rosenholz: »Betrachten Sie Hartz-IV mal wie den Nikolaussack: Alle haben Angst vor der Rute, aber in Wahrheit bekommt man Schokolade.«[59]

Die Politikredaktion der *Frankfurter Allgemeinen Zeitung* wendet sich an die Bundesagentur für Arbeit. Nein, teilt diese mit, sie sei nicht an der *#HappyHartz*-Kampagne beteiligt und rate dringend ab, sich an der Aktion zu beteiligen. »Auch wenn es durchaus positive Geschichten gebe«, so wird gesagt, »würde die Behörde die Bedürftigen nicht aktiv animieren, sich damit im Internet zu positionieren.«

Auch der *Stern* rief bei der Bundesagentur für Arbeit an und erfuhr: Dort bezweifele man, dass die drei im Video gezeigten

Personen tatsächlich wahre Geschichten erzählten: »Der Fall der *#HappyHartz*-Anna ist schon inhaltlich nicht realistisch«, sagt die Sprecherin der Arbeitsagentur. »Hartz IV würde die 28-jährige Studentin nämlich gar nicht bekommen. Sie ist ein Fall fürs BAföG.«

Unrealistisch? Also Fake. Schade. Doch keine Werbung für den Sozialstaat. Oder? Um es vorwegzunehmen, die Bundesagentur irrte: Annas Geschichte war sehr wohl realistisch.

Die Bundesagentur kennt ihre eigenen Regeln nicht

Anna gibt es wirklich. Sie ist eine von unzähligen alleinerziehenden Müttern, die auf Sozialleistungen angewiesen sind. Die 28-jährige Studentin bezog tatsächlich Hartz IV und nicht BAföG. Und zwar zu Recht. Die im offiziellen Behörden- und Juristenkauderwelsch formulierte Regelung lautet etwa so:

Ein BaföG-Anspruch besteht für Studierende nur dann, wenn das Studium die Arbeitskraft des Studierenden »im Allgemeinen voll« in Anspruch nimmt. Obgleich jeder und jede Studierende »dem Grunde nach« durch BAföG gefördert werden kann und deswegen generell *kein* Anspruch auf *Bürgerhartz* besteht, gibt es Ausnahmen: Wer nämlich aufgrund von Erwerbstätigkeit (mehr als 18h pro Woche), Kinderbetreuung, Pflege eines Angehörigen, Behinderung oder chronischer Krankheit ein »formelles Teilzeitstudium« absolviert, kann ALG II beantragen. Er oder sie steht ja (zumindest theoretisch) dem Arbeitsmarkt zur Verfügung, findet aber aufgrund von schwerwiegenden »Vermittlungshemmnissen« keine entsprechende Arbeit und hat insofern Ansprüche auf staatliche Hilfe, um das Existenzminimum zu gewährleisten.

Vereinfacht gesagt: Anna bekam Hartz IV, weil sie als alleinerziehende Mutter ein Teilzeitstudium absolvierte.

So war es schon 2017 zum Zeitpunkt der Kampagne gültiges Recht. Und 2021 wurde dieses Recht, das offenbar auch einige Jobcenter nicht kannten, sogar nochmal durch das Landessozialgericht Darmstadt richterlich bestätigt.

Die Tatsache, dass noch nicht mal die Mitarbeitenden der Bundesagentur diese Rechtslage kennen, spricht Bände: Das ganze Hartz-IV-System ist solch ein komplizierter Dschungel an Regelungen und Verordnungen, dass offenbar selbst die oberste zuständige Behörde nicht mehr durchsteigt. Ein nachfragender Journalist bekommt deswegen eine falsche Auskunft und verbreitet in seinem renommierten Medium diesen Fehler als seriös geprüfte Information.

Dass Anna selbst jemals herausgefunden hat, dass sie Anspruch auf Hartz IV hatte, grenzt an ein Wunder. Wie ist das möglich? Auch für sie war es nicht einfach, aber sie hat sich informiert und ist wundersamerweise durchgestiegen. Das Existenzminimum bekommt man eben nicht geschenkt, auch nicht auf dem Silbertablett serviert. Nein, man muss sich mühsam mit einer Machete durch den Rechtsstaat-Dschungel kämpfen, um am Ende eine kleine Maus zu fangen.

Heißt: Ihre Fakten stimmten. Ihre positiven Erfahrungen aus dem Video leider nicht. Denn ihr Leben mit Hartz IV war keineswegs so easy, wie in der Kampagne behauptet. Genau darum ging es. Das war ihre persönliche Motivation mitzumachen und unsere Motivation für die Kampagne.

Drei Dinge lassen sich daraus lernen. Erstens: Über das Sozialsystem steht viel Unsinn in der Zeitung. Man muss das nicht alles glauben. Zweitens: Es gibt Trillionen detaillierte Regelungen, die nicht mal die Behördenmitarbeitenden kennen. Drittens: Bürgerrechte müssen manchmal erst entdeckt und später auch noch erstritten und erkämpft werden.

Die Wirklichkeit ist grässlich hässlich

Sie ahnen es sicher schon: Die »Persönlichkeiten aus Wirtschaft, Wissenschaft und Politik« waren Helena, Christian, Robert, Tommy und Nona, das Team vom Verein *Sanktionsfrei*. Die PR-Agentur heißt Parnass und gehört Claudia. Auf ihrer Webseite steht tatsächlich nicht, für wen sie arbeitet. Vertraulichkeit ist ein hohes Gut in dieser Branche. Eine Mitarbeiterin namens Paula Rosenholz aber hat es nie gegeben. Die Anfragen der Redaktionen hat Claudia höchstpersönlich unter diesem Pseudonym beantwortet. Die fiktive Paula war auch kurz auf Twitter aktiv und donnerte dort ein paar markige Sprüche zu *#HappyHartz* raus. Aber als ihr binnen weniger Tage nur noch jubelnde rechtsradikale und menschenverachtende Tweets in die Timeline gespült wurden, hat Claudia den Account angewidert gelöscht.

Durch die *#HappyHartz*-Kampagne wollten wir endlich mehr Aufmerksamkeit auf die Missstände im Hartz-System lenken. Deswegen präsentierten wir mit den Mitteln klassischer Werbung einfach ein Sozialsystem, wie es sich doch alle wünschen: unterstützend und freundlich.

Es wäre doch cool, wenn eine junge Mutter ohne Sorge ihr Studium abschließen und ihr Kind betreuen könnte. Und es wäre doch auch cool, wenn Jugendliche sich auf Schule und Ausbildung konzentrieren, und wenn Menschen, die aufgrund von Altersdiskriminierung keine Anstellung mehr finden, sich mit staatlicher Hilfe selbstständig machen könnten.

Dass die Öffentlichkeit wütend auf unsere Kampagne reagierte, dass Leute schimpften, sie sei »dumm und geschmacklos«, – das zeigt doch nur, wie groß die Diskrepanz ist zwischen dem, wie es sein könnte, und wie es wirklich ist.

Permanent bekommen wir idealisierte Bilder von allem Möglichen serviert, ohne dass jemand »Fake!« oder »Satire!« schreit.

Ganz gleich ob glückliche Schweine, die in der Werbung für Schnitzel und Mortadella gezeigt werden, oder glückliche Familien in Versicherungsmagazinen. Verkaufsprospekte von Immobilien, Landschaftsfotos von Reiseveranstaltern, Modezeitschriften und Kochbücher – alles, alles ist voller geschönter Darstellungen. Selbst Schulen und Kindergärten sehen auf Webseiten aus wie saubere, ordentliche und frisch sanierte Horte der Bildung. Sorry, aber kennen wir nicht alle die Wirklichkeit?

Aber niemand hielt es auch nur den Hauch einer Sekunde für denkbar, dass unser heutiges Sozialsystem mit schönen Worten und positiven Bildern dargestellt werden könnte. Noch nicht mal Menschen, die das System befürworten. Wie krass ist das?!

Als wir die Hintergründe unserer Kampagne lüfteten, stellten wir wieder kurze Videos ins Netz, jetzt die »RealHartz«-Geschichten. Annas wahre Erfahrung war diese:

»Wenn ich Post vom Jobcenter bekomme, wird mir gleich schlecht. Ich frage mich dann immer, was ich jetzt schon wieder falsch gemacht habe. Ich habe das Gefühl, dass sie mich immer absichtlich falsch verstehen wollen. Neulich haben sie mir mein Geld komplett gestrichen, weil irgendein Dokument gefehlt hat. Aber glaubst du, die haben mir gesagt, welches? Nein! Ich hab da tausendmal angerufen und nie haben sie mich darüber informiert. Ich liege oft nachts wach und mache mir Sorgen, gerade weil ich ein kleines Kind habe. Eigentlich bin ich froh, dass es so ein System gibt, aber es funktioniert halt einfach nicht. Es ist genau das Gegenteil von Sicherheit.«

Auch die zweite, Timos Geschichte war echt. Er heißt eigentlich anders. Aber die Geschichte selbst ist tatsächlich ungefähr so passiert und steht exemplarisch für die Erlebnisse von Millionen Hartz-IV-Kindern. Sein »RealHartz« war so:

»Ich krieg das seit Jahren mit, wie meine Mutter sich mit Hartz IV herumschlägt. Da werden Bezüge gekürzt oder zu spät oder gar nicht gezahlt. Es war sowieso nie genug zum Leben da. Können Sie sich das vorstellen, wie das zum Beispiel ist, wenn man eine neue Schultasche braucht oder Kram für die Schule? Das war ein echtes Problem für uns! Klar kannste sagen: Ja, geh mal arbeiten, oder so. Aber arbeiten gehen mit Hartz ist auch Scheiße, weil das ganze Geld, das ich dann verdiene, wieder eingezogen wird. Also was mach ich? Ich mache schnell die Schule fertig und fange eine Ausbildung an, um auch meiner Mutter nicht weiter auf der Tasche zu liegen. Und dann kommt der Staat und sagt zu meiner Mutter: Entschuldigung, Sie müssen umziehen, weil die Wohnung ist jetzt zu groß für Sie alleine. Und jetzt wohnt sie da in so einer komischen Drecksbude. Wie fühlt man sich denn da als Sohn? Ja, es ist ein richtiges Scheißgefühl!«

Wäre es wirklich so abwegig und absurd, wenn Timo seine *#HappyHartz*-Version erlebt hätte? Wenn er sich voll und ganz auf die Schule konzentrieren und dann unbeschwert eine Ausbildung hätte anfangen können?

Ist es utopisch zu wollen, dass eine alleinerziehende Mutter sicher sein kann, dass ihr Kind warme Schuhe und eine ordentliche Schultasche hat, dass es zur Geburtstagsfeier anderer Kinder gehen kann, ohne sich zu schämen, weil es kein Geschenk mitbringen kann? Ist es übertrieben kitschig, wenn ein Jugendlicher überlegt, wie er seiner Mutter weniger zur Last fallen kann, dass er jobben gehen will, um etwas Geld beisteuern zu können?

Und ist es nicht in Wahrheit pervers, wenn das System dieses »Einkommen« aus dem Schülerjob als »Haushaltseinkommen« wertet und mit dem Hartz-IV-Regelsatz der Familie »verrechnet«, also einfach abzieht? Würden Sie nicht im Gegenteil Jugendliche ermutigen wollen, eigenes Geld zu verdienen, gerade wenn die Eltern Arbeitslosigkeit erleben müssen, damit die Kinder die Erfahrung machen können, wie bezahlte Arbeit funktioniert und dass sich Leistung lohnt?

Mit der letztgenannten Schikane, anders kann man es nicht nennen, hat die Ampelregierung immerhin aufgeräumt. Jetzt dürfen auch Jugendliche bis 25 Jahre aus »Bürgergeld«-Familien immerhin bis zu 520 Euro pro Monat dazuverdienen und in den Ferien sogar unbegrenzt – ohne dass dieses Einkommen vom Regelsatz der Familie abgezogen wird.

Auch die Geschichte unseres dritten *#HappyHartz*-Protagonisten Andreas – der Tischler, der mit 47 Jahren nochmal neu durchstarten wollte – stimmte. Seine Real-Hartz-Story ging so:

»Ich bekomme permanent Vermittlungsvorschläge, für die ich absolut überqualifiziert bin. Und die Bezahlung ist ein Witz. Ich habe 18 Jahre als Tischler gearbeitet! Aber wenn ich ablehne, werde ich sanktioniert, so wie jetzt. Und dann? Den Gürtel enger schnallen. Ja klar, mach ich gerne. Aber erzähl mal zwei Kindern, dass ab Mitte des Monats die Nudeln *ohne* Soße schmecken müssen. Alles, was ich brauche, sind ein paar Monate, um mich voll und ganz auf meine Selbstständigkeit konzentrieren zu können. Dann wäre ich auch raus aus dem Jobcenter. Ich arbeite sogar an einem Businessplan, aber muss ständig hoffen, nicht weiter miese Jobs angeboten zu bekommen, durch die ich dann sanktioniert werde. Es ist absurd. Ich versuche vorwärtszukommen, aber mir werden permanent Steine in den Weg gelegt.«

Andreas hatte sich per Mail an unseren Verein gewandt; selbst vor die Kamera wollte er nicht. So geht es vielen Menschen. Es ist nämlich extrem schambehaftet, in Hartz IV zu leben. Die allerwenigsten stellen sich vor die Kamera. Dabei ist nicht ihr Leben beschämend, sondern die Art, wie unsere Gesellschaft mit ihnen umgeht. Aber statt Verständnis ernten sie zu oft Ablehnung, Aggressionen oder sogar Hass.

Sie kennen Arme, aber Sie erkennen sie nicht!

Sanktionsfrei bekommt häufig Anfragen von Redaktionen, ob wir jemanden mit diesem oder jenem Armutsschicksal kennen. Das ist nicht böse gemeint, aber es ist Ausdruck von Unkenntnis. Wir sagen immer ab. Die Art, wie Menschen in *Bürgerhartz* sehr oft im Privatfernsehen präsentiert werden, ist geschmacklos und menschenverachtend. Hier wird auf Kosten anderer in unbilliger Weise Geld erwirtschaftet. Wir machen da nicht mit.

Natürlich gibt es auch seriöse Medien, die bei uns nach Gesprächspartner:innen anfragen. Auch da sagen wir häufig ab. Man kann auch über Armut sprechen, ohne jemanden zu zeigen, der in Armut lebt. Genauso wie man über Prostatakrebs sprechen kann, ohne einen nackten Männerunterkörper zu zeigen. Elends-Voyeurismus dagegen findet eine erschreckend hohe Akzeptanz.

»Die Beschämung ist ein fabelhaftes soziales Tool, um das Ideal der Eigenverantwortlichkeit aufrechtzuerhalten, denn sie führt zu einer gern gedrehten Armuts-Beschämungs-Spirale, die es ökonomisch abgesicherten Bürgerinnen und Bürgern einfacher macht, sich Armut – was? In Deutschland? Unmöglich! – nicht konkret vorstellen zu müssen.«[60]

So beschreibt die *Spiegel*-Kolumnistin und Autorin Samira El Ouassil den (unbewussten) Wert von aktiver Armuts-Beschämung einerseits und reaktiver Armuts-Scham andererseits. »Durch sie entsteht die Wahrnehmungslücke einer naiven Elendsleugnung.«

Weil die Scham dazu führt, dass Armut in der Regel versteckt wird, können die Reicheren sie leichter leugnen. Falls sie doch ausnahmsweise mal sichtbar wird, lässt sie sich mit dem »Selbst-Schuld«-Stigma abwehren. Das wiederum führt dazu, dass Menschen, wenn man ihnen lang genug und erfolgreich die Schuld an der eigenen Armut in die Schuhe geschoben hat, die Scham verinnerlichen und gegen sich selbst einsetzen, bis sie sich selbst für unzureichend und schwach halten, für nicht zugehörig und zu Recht in der aussichtslosen Position gelandet.

Scham ist also, fasst Samira El Ouassil zusammen, »eine Waffe, die marginalisierte Menschen gegen sich selbst richten, eine Fessel, die verhindert, dass man über sein Elend öffentlich spricht, und somit ein Instrument, welches die Sichtbarkeit dieser Ungerechtigkeiten verhindert«.

Es gibt 17,3 Millionen armutsgefährdete Menschen. Nein, die Zahl stammt nicht von einer Aktivist:innen-Gruppe aus Berlin-Neukölln, sondern basiert auf Daten vom Statistischem Bundesamt 2022. Man stelle sich vor, sie alle würden auf die Straße gehen, um zu demonstrieren! Oder nur ein Zehntel von ihnen! Was wäre los in der deutschen Öffentlichkeit? Wir reden immerhin von 20,9 Prozent der Bevölkerung, jede fünfte Person.

Das Verrückte ist: Diese Menschen gehen jeden Tag auf die Straße, wir sehen sie immer und überall. Jeder und jede Fünfte! Das ist nicht zu übersehen, eigentlich. Aber sie geben sich nicht zu erkennen. Sie wollen nicht als arme Menschen identifiziert werden.

Wenn Sie also denken: »Ich kenne keine Armen.« Dann irren Sie. Sie kennen sie, aber Sie *er*kennen sie nicht. Sie stehen an der Fleischtheke, sitzen an der Supermarktkasse, kassieren an der Tankstelle, bringen Ihnen das Paket bis zur Wohnungstür, schneiden das Gemüse in der Restaurantküche, reinigen Ihr Hotelzimmer, putzen Ihre Bürotoilette, kontrollieren Ihr Handgepäck am Flughafen, ernten Ihren Rosenkohl und wickeln Ihre veganen To-Go-Wraps.

Es braucht nicht viel, um sie zu sehen.

Eine Art soziales Coming-Out: #IchBinArmutsbetroffen

Im Sommer 2022, also knapp fünf Jahre nach unserer *#Happy-Hartz*-Kampagne, entstand auf Twitter eine Art soziale Coming-out-Bewegung unter dem Hashtag #IchBinArmutsbetroffen.[61]

Den Anfang hatte eine alleinerziehende Mutter unter dem Pseudonym @Finkulasa gemacht. Am 12. Mai 2022 twitterte sie: »Ich würde mich freuen, wenn ihr mitmacht. Nur ein kleiner Tweet zu euch. Lasst uns zeigen, wer wir sind (nicht zwingend mit Foto!), dass wir KEINE Zahlen sind. Ob H4, Rente, Aufstocker oder oder oder.«

Der Tweet bekam weniger als 300 Likes und nur rund 100 Retweets. Aber der Hashtag #IchBinArmutsbetroffen wurde über 100 000-mal genutzt. Zehntausende Menschen erzählten anonym oder bald auch selbstbewusst unter echtem Namen von ihrem Alltag mit wenig Geld.

Die Vielfalt von kurzen Schilderungen machte deutlich, wie unterschiedlich die Schicksale und Lebenssituationen waren, aber wie ähnlich die Herausforderung, mit wenig Geld in unserem Land auch nur ein halbwegs würdevolles Leben zu führen.

Die Hoffnung war groß, dass sich durch dieses Aufbrechen der Armuts-Beschämungs-Spirale ein gesellschaftlicher Fortschritt zeigte. Doch der »virtuelle Aufstand der Armen«[62], wie ihn der Journalist Jörg Wimalasena in der *Welt* nannte, verlor schneller als gehofft die mediale Aufmerksamkeit. Schon bei der »Bürgergeld«-Debatte wenige Monate später spielte sie inhaltlich keine allzu große Rolle mehr.

Arme wurden gegen Ärmere ausgespielt. So durfte die Journalistin Susanne Hansen, die als Sprecherin der Bewegung #IchBinArmutsbetroffen aktiv ist, in der Talkshow *Maischberger* als Konterpart zur CDU-Parteisoldatin Nora Seitz auftreten. Nicht die Armut der einen oder der anderen an sich war das Thema, sondern mal wieder das angebliche Lohnabstandsgebot.

Sandra Maischberger begrüßte sie als »zwei Frauen, die auf zwei unterschiedlichen Seiten der Gesellschaft stehen«.[63] Schon das war falsch.

Denn die von Nora Seitz (vorgeblich) verkörperten Fleischereifachverkäuferinnen stehen auf derselben Seite wie die alleinerziehende Freelance-Journalistin Susanne Hansen. Sie stehen auf der Seite der 16 Prozent Ärmsten unserer Gesellschaft. Wer auf der anderen Seite steht, sind die 16 Prozent Reichsten, zu der sicher auch die hochbezahlte Moderatorin selbst gehört. Was die beiden unterscheidet, ist der Umgang mit ihrer Armut. Susanne hat durchschaut, dass nicht sie selbst schuld ist an ihrem Schicksal und solidarisiert sich mit anderen Betroffenen. Nora hingegen sucht die Schuldigen ihrer Misere an falscher Stelle und tritt gegen Noch-Schwächere, weil sie dem Mythos anhängt, alle seien ihres eigenen Glückes Schmied.

Am Ende dankte Maischberger ihnen dafür, dass »Sie beide Seiten so gut geschildert haben, dass wir wissen, wovon wir reden sollten«.

Wirklich? Wissen jetzt alle, wovon wir reden sollten? Schön wär's.

Seit der Einführung des supertollen neuen »Bürgergelds« wird jetzt eher gar nicht mehr geredet. Keine Talkshows mehr zum Thema, keine Zeitungsartikel. Hartz IV ist überwunden, das Stigma ist abgelegt, alles ist paletti. Dabei hat sich in der Substanz wenig geändert. Alles weiter wie gehabt. Die Wirkmacht der Scham ist weiterhin ungebrochen. Wer von Armut betroffen ist, tut alles, um zu überleben, aber auch alles, um nicht darüber reden zu müssen. Dabei will sowieso niemand wissen, wie es ihr oder ihm geht. Menschen in Armut wurden schon immer am liebsten ignoriert.

»Asoziale«, »Ballastexistenzen« und »Parasiten«

Es hat 70 Jahre gedauert, bis anerkannt wurde, dass es neben den Millionen jüdischen Menschen, die im Holocaust ermordet wurden, nicht nur Homosexuelle, Sinti und Roma, Menschen mit Behinderung, sondern auch »Asoziale« gab, die im Nationalsozialismus verfolgt, verhaftet, zwangssterilisiert, »durch Arbeit vernichtet« oder gezielt ermordet wurden.

Prostituierte, Obdachlose, Wanderarbeitende und Alkoholkranke mussten in den Konzentrationslagern schwarze Dreiecke tragen. Nach 1945 wurden sie trotzdem nicht als Opfer anerkannt. Sie ließen sich keiner Gruppe der politisch, ethnisch oder religiös Verfolgten zuordnen. Also gab es in der Bundesrepublik bis heute weder für die Betroffenen selbst, noch für ihre Angehörigen irgendwelche Entschädigungszahlungen. Auch in der DDR erhielten nur politisch und rassistisch Verfolgte staatliche Leistungen. Die KZ-Haft von Sinti und Roma, Homosexuellen sowie der »Asozialen« galt lange nicht als nationalsozialistisches Unrecht. In der Erinnerungskultur spielte die Verfolgung und Vernichtung dieser Opfergruppen nahezu keine Rolle.

Erst in den 1980er Jahren entstanden in der Bundesrepublik erste Initiativen, die sich für die »vergessenen Opfer« starkmachten. Gemeint waren Schwulen und Lesben sowie Sinti und Roma. Im Ergebnis gab es kleine Härtefallfonds mit engen Zahlungskriterien. Die »Asozialen« wurden ein zweites Mal »vergessen«.

Die meisten Angehörigen dieser Häftlingsgruppe verschwiegen nämlich lieber ihre Zeit im Konzentrationslager oder zumindest die Farbe ihrer Häftlingswinkel. Sie hatten Angst vor Stigmatisierung. Viele erlebten ohnehin weit über die Zeit des Nazi-Regimes hinaus Diskriminierung. Worauf sollten sie hoffen? Auf Mitgefühl?

Den als »asozial« Verfolgten fiel es schwer, sich zu organisieren, sich auch zu emanzipieren. Sie waren und sind Menschen ohne Lobby. Bis heute ist nicht genau erforscht, wie viele Menschen mit dem grünen (»Kriminelle«) oder schwarzen (»Asoziale«) Winkel in den KZ inhaftiert waren. Es waren wohl mehr als 70 000 Männer und Frauen, die in der Nazi-Ideologie als »Ballastexistenzen« und als nicht wertvoll für die Erhaltung der »Volksgemeinschaft« angesehen, verhaftet und ermordet wurden.[64]

Seit 2008 erinnert in Berlin ein Denkmal an die im Nationalsozialismus verfolgten Homosexuellen. Seit 2012 in dessen Nähe ein Denkmal für die ermordeten Sinti und Roma. Erst im Februar 2020 wurde im deutschen Bundestag die Häftlingsgruppe der »Asozialen« überhaupt als Opfergruppe anerkannt. Mit Zustimmung aller Parteien außer der AfD.

Die Denkweise, dass »Asozialität« eine Charaktereigenschaft und kein Produkt gesellschaftlicher Verhältnisse sei, hält bis heute an. »Das Reden davon, dass jemand ›kriminell veranlagt‹ sei, ist nicht aus der Welt. Damit werden alle sozialen und ökonomischen Ursachen von Devianz und nicht-angepasstem Verhalten außer Acht gelassen«[65], sagt Sozialwissenschaftler Frank Nonnenmacher, der 2018 gemeinsam mit den Wissenschaftlerinnen Julia Hörath, Dagmar Lieske und Sylvia Köchl und zahlreichen Prominenten eine Petition zur »Anerkennung von ›Asozialen‹ und ›Berufsverbrechern‹ als Opfer des Nationalsozialismus« gestartet hatte.

Dass Menschen und Menschengruppen zuletzt öffentlich und von Regierenden als ressourcenverbrauchende »Schädlinge« etikettiert wurden, für die die als »gutwillig« und »fleißig« bezeichnete Mehrheit der »Volksgemeinschaft« zu ihrem Nachteil aufkommen müssten, ist weniger lange her, als die meisten denken.

Es war Bundeswirtschaftsminister Wolfgang Clement (SPD), dessen Ministerium im Jahr 2005 eine Broschüre unter dem Titel

»Vorrang für die Anständigen – Gegen Missbrauch, ›Abzocke‹ und Selbstbedienung im Sozialstaat« veröffentlichte.

Wörtlich hieß es in seinem Grußwort: »Biologen verwenden für ›Organismen, die zeitweise oder dauerhaft zur Befriedigung ihrer Nahrungsbedingungen auf Kosten anderer Lebewesen – ihren Wirten – leben‹, übereinstimmend die Bezeichnung ›Parasiten‹. Natürlich ist es völlig unstatthaft, Begriffe aus dem Tierreich auf Menschen zu übertragen.«[66] Aber natürlich tat der Minister es genau auf diese Weise – nämlich durch, wie die Grünen-Politikerin Thea Dückert es damals formulierte, diese »Steilvorlage für eine billige Hetze gegen Leistungsbeziehende in der Boulevardpresse«.[67]

Ziel der Broschüre war ganz offensichtlich, den Eindruck zu erwecken, in Deutschland grassiere ungebremst der Missbrauch von Sozialleistungen und die Mehrzahl der Menschen in Hartz IV erhalte ihre Leistung zu Unrecht. So wurde propagandistisch der Weg geebnet, damit Hartz IV dann mit diesen »Parasiten« aufräumen durfte. Während es richtigerweise verpönt ist, sich in irgendeiner Weise antisemitisch zu äußern, auch rassistische, sexistische oder ableistische Äußerungen viel Kritik erleben, ist die Diffamierung von Menschen in Armut leider nach wie vor absolut gesellschaftsfähig.

Unsere Kampagnen-Models bei der *#HappyHartz*-Kampagne 2017 brauchten also großen Mut. Sie mussten darauf vertrauen, dass wir sie nicht bloßstellen würden. Es ist bezeichnend, dass ausgerechnet Annas Geschichte, die einzig wirklich authentische, hundertprozentig wahre Geschichte am meisten angezweifelt wurde, sogar von der Bundesagentur für Arbeit selbst.

Darum waren bei unserer Kampagne alle Beteiligten von Anfang an über jedes Detail informiert. Sie wussten, was *sie* taten und was *wir* taten. Es gab keinen Kamerawinkel, keinen Schnitt, kein Wort, nicht mal ein »äh«, das wir nicht mit ihnen abgestimmt hatten. Die Texte hatten wir in gemeinsamer Arbeit entwickelt. Wir wollten die Wahrheit darstellen, aber doch verständlich und wirkungsvoll sein. Trotzdem haben wir in den »RealHartz«-Videos manches Elend nur angedeutet. Sobald man in die Tiefe geht, wo versteckt die wahren Skandale, die Demütigungen, die Erniedrigungen stattfinden, wird es kompliziert und schambehaftet.

Dabei gäbe es so viel Skandalöses zu berichten.

»Ich suche eigentlich seit Ende meiner Ausbildung eine dauerhafte Anstellung. Doch bislang kamen nur kurzzeitige Aushilfstätigkeiten oder es gibt ›Angebote‹, wo die Arbeitszeiten so gering gehalten sind, dass man davon nicht leben kann, nur weil Arbeitgeber dafür Leistungen erhalten können.«

J. aus Neubrandenburg

»Ich erhalte weder Leistungen vom Jobcenter, noch bin ich versichert, obwohl alle Unterlagen von mir vorliegen. Jetzt soll ich sanktioniert werden. Wofür und vor allem 10 Prozent von was, von Nichts? Ich habe so was noch nie erlebt.«

W. aus Nienburg/Weser

»Wenn am Anfang des Monats erst einmal alles abgezogen wurde: Strom, Internet, Versicherungen und andere Pflichten, dann hat man so gut wie nichts mehr übrig, um wirklich einen ganzen Monat zu überstehen.«

L. aus Wetzlar

H. hatte zusammen mit seiner Mitbewohnerin Hartz IV beantragt. Nach einer Kontrolle in der Wohnung, wurde ihnen nicht geglaubt, dass sie »nur« Freunde sind. Die Bewilligung der Leistungen steht noch aus. Vorsorglich wurde er aber schon mal sanktioniert für einen Termin, zu dem er nicht eingeladen wurde – in Zeiten des Sanktionsmoratoriums, obwohl frühstens nach dem 2. Terminversäumnis sanktioniert werden dürfte.

ARM UND REICH

Die Summe aller »Einzelfälle!«

Björn stand jeden Morgen an derselben Stelle im Hamburger Einkaufszentrum Mundsburg, direkt an der Ecke hinter der Drehtür. Dort, wo alle vorbeikamen, die von der U-Bahn zum Einkaufen gingen. Er verkaufte die aktuelle *Hinz & Kunzt*, ein Stadtmagazin, in dem neben aktuellen Kulturtipps auch Reportagen und Hintergrundgeschichten stehen. Es ist ein Straßenmagazin und wird von Obdachlosen verkauft. Sie kaufen die Zeitungen beim Verlag und verkaufen sie weiter an ihre Kundschaft. 50 Prozent des Erlöses dürfen sie behalten. »Das ermöglicht ein Leben in Würde«[68], sagt Chefredakteurin Birgit Müller im *Deutschlandfunk*.

Björn jedenfalls sah würdevoll aus. Wie ein cooler Typ, der auf Technopartys ging. Nicht, wie man sich einen Obdachlosen vorstellt. Der 32-Jährige hatte sich die Haare blondiert, trug saubere Kleidung und ging – wie er irgendwann erzählte – jede Woche ins Solarium. »Ich will gepflegt aussehen, nicht wie ein Penner«, erzählte er eines Tages stolz.

Kennengelernt hatte Claudia ihn, weil sie mit ihrer Hündin bei der täglichen Gassirunde immer durch die Drehtür der Mundsburg in Richtung Kuhmühlenteich ging. Die Mischlingshündin machte immer bei Björn halt und ließ sich kurz von ihm kraulen. Jeden Morgen das gleiche Ritual.

Der tägliche Smalltalk führte irgendwann unweigerlich vom Wetter zu der Frage, warum er denn auf der Straße lebe. »Nicht mehr lange!«, zeigte sich Björn zuversichtlich. Mit der Arbeit für das Straßenmagazin habe er gute Aussichten, bald eine Wohnung zu finden, und dann werde er eine Ausbildung zum Altenpfleger machen.

»Gute Idee!«, nickte Claudia anerkennend. »In der Pflegebranche werden Leute gesucht!«

Es war Frühling, die Jahreszeit ließ Optimismus aufblühen. Politisch war die Stimmung aber eher heißer Herbst. Wir schrieben das Jahr 2004. Massenweise Menschen gingen gegen die neuen Hartz-Gesetze auf die Straße. Niemals zuvor und in keinem anderen Land Europas hatte es einen derart rigorosen Um- und Abbau des Sozialstaates gegeben. Am 3. April wurden die Gesetze im Bundesrat verabschiedet. Die Gewerkschaften hatten für dieses Datum den »Aktionstag gegen den Sozialabbau« ausgerufen. Mehr als eine halbe Million Protestierende in ganz Deutschland waren dem Aufruf gefolgt.

Für Björn war das kein Thema. Er träume davon, erzählte er, ein Altenheim für Obdachlose zu gründen. Das treibe ihn an. Es gäbe so viele Alte und Kranke auf der Straße, aber keine Einrichtungen für diese Menschen. Womit er recht hatte. Damals wie heute. Die älteste registrierte Person in der Hamburger Obdachlosenstatistik, so schrieb die *Hinz & Kunzt* 2022 in einem Artikel über obdachlose Senior:innen, sei eine 82 Jahre alte Frau.[69] Einen Ort, wo sie dauerhaft unterkommen könnte, gibt es aber auch heute nicht – knapp zwanzig Jahre nach Björns Gründungsidee.

Die Hälfte der Menschen über 50 Jahre, die auf der Straße leben, sind Frauen. Dabei machen sie in der Gesamtheit aller Obdachlosen lediglich ein Fünftel der Obdachlosen aus: Aber je älter, umso höher ist ihr Anteil. Bei den Obdachlosen über 70 Jahre gibt es doppelt so viele Frauen wie Männer. So alt werden allerdings nur die wenigsten. Obdachlose sterben im Durchschnitt mit 49 Jahren. Das ist 30 Jahre früher als der Bevölkerungsschnitt. 49 Jahre – das ist eine dramatisch niedrige Zahl. Und die Wahrscheinlichkeit, an den Folgen von Gewalt zu sterben, ist für Obdachlose 50-mal höher als für den Rest der deutschen Bevölkerung. Ein Dach über dem Kopf rettet also Leben.

750 Euro – nicht viel, aber doch zu viel

Björn berichtete Claudia wenige Wochen später freudig, er habe eine kleine Einliegerwohnung in einem Einfamilienhaus in Hamburg-Ohlsdorf gefunden. Allerdings bestand der Vermieter auf die Zahlung einer Kaution von zwei Monatsmieten. 750 Euro. Die Björn nicht hatte. Und die das Amt nicht zahlen wollte.

»Aber wieso denn nicht?«, fragte Claudia entsetzt. Björn guckte verlegen auf den Boden. »Die haben mir schon zweimal eine Kaution bezahlt«, druckste er. »Ich hab's vermasselt. Drogen halt.«

Das war ein paar Jahre her. Jetzt war er clean. Jetzt machte er diesen Job bei *Hinz & Kunzt*. Ein halbes Jahr zuvor hatte er den erweiterten Realschulabschluss nachgemacht. Er war auf gutem Weg. Aber die Behörden bestanden darauf, er müsse erst die alten Schulden begleichen, bevor sie ihm ein neues Darlehen geben könnten.

Claudia schluckte. 750 Euro.

Es war leider nicht so, dass Claudia im Geld schwamm. Im Gegenteil. Sie hatte erst ein Jahr zuvor ihre bis dahin sehr erfolgreiche PR-Agentur dichtmachen müssen. Nachdem im Jahr 2000 die amerikanische New-Economy-Blase geplatzt war, war zeitverzögert im Laufe der folgenden zwei Jahre der Medien- und Marketingmarkt in Deutschland eingebrochen. Es gab ein breitflächiges Agentursterben.

750 Euro also. Kein Betrag also, den man einfach einem Fremden gab, nur weil der so liebevoll die junge Hündin kraulte – vor

allem, wenn man sich selbst nicht in Sicherheit wog. Außerdem hatte Björn sie auch gar nicht um Geld gebeten; war ja schließlich sein Problem. Und Claudia hatte genug eigene Probleme.

Gut, sie war kein Unmensch. Sie würde ihm helfen, einen Job zu finden. Das hatten sie eh schon verabredet. Um einen Ausbildungsplatz zu finden, wollte Björn erst mal irgendwo als Altenpflegehelfer anfangen und sich dort bewähren. Ob Claudia ihm helfen könne, Bewerbungen zu schreiben?

»Klar!«, hatte sie gelacht. »Ich bin PR-Profi. Lücken im Lebenslauf können wir locker kaschieren.«

Ein einziges großes schwarzes Loch

Doch als Björn ihr beim Kaffee sein Leben erzählte, wurde Claudia schnell klar, dass es alles andere als einfach war. Sein Leben war ein einziges großes schwarzes Loch. Die Tageszeitung *taz* hat die Geschichte seiner Kindheit so zusammengefasst:

Es war eine Kindheit »mit einer alkohol- und medikamentenabhängigen Mutter, deren zweiter Ehemann den sechsjährigen Björn sexuell missbraucht. Drei Jahre lang, ohne dass irgendjemand eingreift. Björn wird immer aggressiver, mit neun randaliert er in einem Supermarkt und versucht, sich die Pulsadern aufzuschneiden. Er kommt in die Kinderpsychiatrie, die schickt ihn bald wieder nach Hause. Trotzdem wird seine Kindheit nicht angenehmer: Im Suff schlägt ihn die Mutter immer wieder. Mit 13 reißt Björn von zu Hause aus und kommt später ins Heim: ›Das war die Erlösung für mich.‹«[70]

Dass Björn Thema für die *taz* wurde, lag daran, dass das Straßenmagazin *Hinz & Kunzt* im August 2004 eine Ausgabe machte, die komplett von Wohnungslosen selbst geschrieben worden war. Und: Dem Heft lag eine CD bei. Darauf eine Tonaufnahme von

»Miss Tagesschau« Dagmar Berghoff, der ersten und lange Jahre einzigen Nachrichtensprecherin der ARD. 23 Jahre gehörte es zu ihrem Alltag, mit ruhiger Stimme die neusten Nachrichten zu verlesen. Jetzt las sie die Geschichte von Björns Leben vor. Diese Geschichte endete aber nicht im Heim. Sie ging weiter. Die vermeintliche »Erlösung« war nur die Fortsetzung der Hölle mit anderer Besetzung.

Björn brach die Ausbildung zum Maler und Lackierer ab. Schlug sich mit Gelegenheitsjobs als Bodenleger, Möbelpacker, Möbelrestaurator oder Bürohelfer durchs Leben. Entdeckte Drogen. Landete auf dem Strich. Die Sucht bestimmte sein Leben. Als er wieder einmal in der Notaufnahme landete und der Arzt prophezeite: »Ein nächstes Mal überleben Sie nicht mehr!«, weckte dieser Satz den letzten Lebenswillen in dem nunmehr Endzwanzig-Jährigen. Björn suchte sich zum dritten Mal in seinem Leben einen Therapieplatz. Diesmal hielt er durch und machte anschließend auf dem zweiten Bildungsweg den Realschulabschluss.

Und nun stand er an der Ecke im Einkaufszentrum, verkaufte das Straßenmagazin und hoffte drauf, dass er endlich eine Chance bekäme im Leben. Er hatte den Dreck der Vergangenheit abgewaschen, hatte sich herausgeputzt und zeigte sich von seiner besten, sonnengebräunten Seite.

Die 750 Euro, die der Staat Björn nicht geben wollte – Claudia übernahm die Mietkaution letztendlich doch. Im August zog Björn in die Wohnung. Jetzt konnte es losgehen mit der Suche nach einem Praktikumsplatz. Sie formulierten gemeinsam ein sehr freundliches Anschreiben mit dem einzigen Ziel, dass Björn wenigstens zu einem Gespräch eingeladen würde. Denn dann, da war sich Claudia sicher, würde er durch sein persönliches Auftreten überzeugen.

Er verlangte ja nicht viel.

Briefe an sieben Pflegeeinrichtungen gingen raus. Doch bevor irgendjemand antworten konnte, bekam Claudia einen Anruf. »Kennen Sie Björn Klinkenbuß?«, fragte eine Verwaltungsstimme, die nach Polizei klang. Mist, dachte Claudia, was hat er denn jetzt angestellt?! »Er wurde gestern mit einem Herzinfarkt ins Krankenhaus gebracht. Im Rettungswagen hat er Sie als Kontaktperson angegeben. Er hat das Krankenhaus leider nicht mehr lebend erreicht.«

Einzigartig. Aber kein »Einzelfall!«

Sogar Dagmar Berghoff kam zur Beerdigung. Dabei ist für Obdachlose oder Menschen ohne Geld und ohne Angehörige eigentlich keine Beerdigung vorgesehen. Die meisten sterben unerkannt irgendwo in der Stadt. Sie haben keine Adresse, also keine Nachbarschaft. Sie haben keinen Besitz, also auch keine Erb:innen. Sie haben höchstens Schulden, aber der Gläubiger ist der Staat – und der weiß ja Bescheid.

Ihre Leichname landen oft in der Forensik und werden obduziert, angeblich weil der Grund des Versterbens unklar erscheint oder um einen gewaltsamen Tod auszuschließen. Ein befreundeter Arzt erklärte Claudia, dass Tote ohne Angehörige aber natürlich ein großes Geschenk für die Ausbildung des medizinischen Nachwuchses seien. An ihnen könne man wochenlang »herumschnippeln«, ohne dass einem die Angehörigen im Nacken säßen. Am Ende werden die Überreste im Krematorium verbrannt und die Asche in einem anonymen Urnengrab beigesetzt. Oft erfahren ihre letzten Wegbegleiter:innen nicht offiziell von dem Tod. Sie denken sich ihren Teil. Oder hoffen, dass die unversehens verschwundene Person woanders ihr Glück gefunden hat.

Insofern war es ungewöhnlich, dass Claudia überhaupt in Kenntnis gesetzt wurde, dass Björn gestorben war. Aber da sie keine Angehörige war, hatte sie keinerlei Rechte, keine Befugnisse. Doch sie war Journalistin und Unternehmerin.

Da musste doch was zu machen sein. Also hängte sie sich ans Telefon. Ihm war schon zu Lebzeiten jede Würde vorenthalten worden. Er sollte wenigstens würdevoll bestattet werden!

Es dauerte einige Zeit. Irgendwann fand jedoch auf dem Öjendorfer Friedhof eine gar nicht so kleine Trauerfeier statt. So bekam er zwar trotzdem nur ein anonymes Urnengrab, aber an dem grauen Wintertag hatten überraschend viele Menschen den weiten Weg zum Friedhof gefunden, um sich dort von Björn zu verabschieden. Nach einer kurzen Ansprache des Landespastors und einem gemeinsamen Gebet trafen sich an die 20 Leute in einem kleinen Café neben dem Friedhof.

Es gab Tee, Kaffee und Butterkuchen, ganz wie es sich gehört. Am Ende übernahm Dagmar Berghoff die gesamte Rechnung, und alle gingen beseelt nach Hause. Glücklich, dass sie einen wunderbaren Menschen wie Björn hatten kennenlernen dürfen. Traurig, dass er keine Gelegenheit bekommen hatte, seinen Lebenstraum zu verwirklichen. Aber dankbar, dass er wenigstens in den letzten Jahren seines Lebens Menschen gefunden hatte, die ihm halfen, solche Träume überhaupt haben zu können.

Wenige Monate später wurde die hochgewachsene Birke neben dem anonymen Urnenfeld zu einem *Hinz & Kunzt*-Gedenkbaum umgewandelt. Die Namen der verstorbenen Verkäufer:innen schlingen sich, auf Plaketten graviert, um seinen Stamm. Jedes Jahr am Totensonntag gibt es dort eine kleine Gedenkfeier.

Warum wir Ihnen das alles erzählen?

Weil wir Björn ein literarisches Denkmal setzen wollen. Weil wir nicht nur unser Wissen, unsere Wut und unseren Sarkasmus mit Ihnen teilen wollen, sondern auch unsere Tränen. Weil wir in diesem Buch bislang noch keinen »Einzelfall!« ausführlich dargelegt haben.

Björn, dessen ganzes Leben so traurig war, zupft jetzt auf seiner watteweichen Wolke im Himmel fröhlich seine Harfe, weil er den Absturz in Hartz IV nicht auch noch erleben musste.

Björns Geschichte ist einzigartig, aber sie ist kein »Einzelfall!«.

Vermögen wird vererbt. Armut auch

Unabhängig davon, was Björn im Laufe seines Lebens passiert ist, hatte er gewisse Startbedingungen, die seinen weiteren Lebensweg bestimmt haben. Es gibt bessere Startbedingungen. Bedingungen, die ermöglichen, schlimme Erlebnisse zu bewältigen. Doch unsere Gesellschaft sortiert schon bei der Geburt, mit welchen finanziellen, sozialen und kulturellen Ressourcen ein Mensch durchs weitere Leben geht. Je mehr Ressourcen man hat, desto höher ist die Resilienz, Krisen zu bewältigen und desto geringer ist die Wahrscheinlichkeit, dass man in solche Krisen überhaupt gerät.

Je elitärer das kulturelle Umfeld, desto geringer die Wahrscheinlichkeit, Opfer von Gewalt zu werden. Je höher der soziale Status, desto höher die Lebenserwartung und so weiter. Diese Ressourcen erarbeitet man sich nicht. Diese Ressourcen werden vererbt. Vermögen wird vererbt. Armut auch.

Falls Sie also aufgrund irgendeines erlebten Leids gelegentlich sagen: »Ich habe es schließlich auch bewältigt!«, dann halten Sie bitte kurz inne und überlegen, welche Ressourcen Ihnen zur Verfügung standen:

Hatten Sie materielle Sicherheit? Wussten Sie, wo und wie Sie Hilfe bekommen können? Hatten Sie ein unterstützendes Umfeld?

Eine Traumabewältigung ist grundsätzlich eine anerkennenswerte Leistung. Aber um Krankheit, Schicksalsschläge oder Gewalterfahrungen zu überleben, braucht es soziale oder ökonomische Unterstützung. Am besten beides. Es kann auch überleben, wer weder Geld noch unterstützende Mitmenschen hat, aber es ist deutlich schwieriger.

Auch Phasen im Leben, in denen man »ohne Geld« leben muss, in der Ausbildung oder im Studium vielleicht, sind weniger belastend, wenn klar ist, dass sie nur eine Phase sind. Gerade die kargen Lehr- und Ausbildungsjahre sind Investitionen in eine bessere Zukunft, also auch psychologisch leichter zu bewältigen als Armut, die durch Trennung oder Jobverlust unvermittelt im späteren Leben eintritt.

Ob Sie eine Pandemie, einen Schicksalsschlag, Ihre schwere Kindheit oder eine berufliche Krise gut überstehen, hängt in großem Maße davon ab, zu welcher Gesellschaftsschicht Sie gehören. Die obere Hälfte der Gesellschaft trifft es nämlich deutlich weniger hart als die untere Hälfte.

Wissen Sie, wo Sie hingehören?

Sie sollten sich nicht so sicher sein. Denn nicht nur Friedrich Merz, der sich bekanntlich zum gehobenen Mittelstand zählt, unterschätzt sein Vermögen. Sehr viele Menschen tun das.

Damit Sie sich wissenschaftlich korrekt in unserem deutschen Vermögensranking einordnen können, möchten wir Sie in einem kleinen Exkurs zum Zwei-Minuten-Selbst-Check einladen.

Der Zwei-Minuten-Selbst-Check

Der Selbsttest geht mit einer einfachen Übung los: Überschlagen Sie bitte kurz im Kopf, wie groß Ihr persönliches Vermögen ist. Dabei spielt es keine Rolle, ob Sie Ihr Vermögen »ererbt« oder »erarbeitet« haben. Hauptsache, es ist Ihres. Grobe Zahlen reichen. Mehr als zwei Minuten sollten Sie nicht investieren.

Als Vermögen zählen Immobilien, Geld, Gold, Schmuck, Kunst, Aktien, Versicherungen und Fahrzeuge. Gegenzurechnen sind Verbindlichkeiten, also Hypotheken-, Konsumenten- oder Studienkredite. Gehören Ihnen oder schulden Sie manche Dinge nur anteilig, dann berechnen Sie nur Ihren Anteil. Möglicherweise haben Sie unterm Strich nachher einen negativen Betrag stehen, weil Sie zwar eine Zeichnung von Picasso besitzen, aber leider noch einen Bankkredit über 500 000 Euro abzahlen müssen.

So. Haben Sie in etwa Ihre verschiedenen Vermögenswerte zusammengetragen? Dann addieren Sie die Einzelposten und schreiben Sie die Summe auf einen Zettel. Locker auf- oder abgerundet genügt völlig. Keine Zahl hinterm Komma.

Fertig? Dann geht es jetzt los mit der Auflösung!

Basis dieses Selbst-Checks ist die Vermögensstatistik 2020 »MillionärInnen unter dem Mikroskop« vom Deutschen Institut für Wirtschaftsforschung.[71]

Sie wurde auf Basis des SOEP+P Panels erstellt, einer Langzeitstudie, die unter anderem vom Bundesbildungsministerium gefördert wird und Maßstab für so gut wie alle Haushaltsentscheidungen des Bundes ist. Wir präsentieren Ihnen nur die Pi-mal-Daumen-Version dieser komplexen Wissenschaft.

Demnach liegt der Median – also der Wert, der die reichere von der ärmeren Hälfte der Bevölkerung trennt – bei einem Vermögen von rund 23 000 Euro. Mit jedem Euro, den Sie weniger haben, nähern Sie sich der Abbruchkante ins soziale Elend. Mit jedem Euro, den Sie mehr haben, entfernen Sie sich davon.

Ab 23 000 Euro gehören Sie – zusammen mit rund 42 Millionen anderen Deutschen – zur oberen Hälfte. Mit einem Vermögen bis etwa 130 000 Euro gehören Sie zur »gehobenen Mittelschicht«. Friedrich Merz gehört definitiv nicht dazu, aber Sie vielleicht? Das Nettovermögen liegt hier im Durchschnitt bei rund

74 000 Euro; meist mindern Hypothekenkredite noch das theoretisch eigentlich höhere Vermögen.

Ab 130 000 Euro gehören Sie zum *oberen Viertel* der deutschen Bevölkerung, also den reichsten 20 Millionen Menschen. Besitzen Sie mehr als 280 000 Euro, gehören Sie zum *oberen Zehntel*, also den reichsten 8 Millionen Deutschen. Ab 440 000 zum *oberen Zwanzigstel*, also den reichsten 4 Millionen Deutschen.

Mit einem Vermögen von 130 000 Euro bis zur Schwelle von einer Million Euro zählen Sie zu den »Wohlhabenden«. Hier liegt das durchschnittliche Nettovermögen bei fast 300 000 Euro. Auch hier mindern – in dieser Schicht allerdings fast genauso große – Hypothekenkredite das theoretisch deutlich höhere Vermögen.

Danach kommt der Club der »Millionäre«, die etwa das obere 1,5 Prozent der Vermögensverteilung ausmachen, passenderweise sind das etwa 1,2 Millionen Deutsche. Das durchschnittliche Nettovermögen dieser Millionäre beträgt gut drei Millionen Euro pro Kopf. Das reichste *eine* Prozent der Bevölkerung vereint übrigens rund *ein Drittel* des Gesamtvermögens aller Deutschen auf sich.

Zu guter Letzt gibt es noch die »Superreichen«. Wenn Sie dazu gehören, brauchen Sie keinen Test. Vielleicht stehen Sie auf der Liste der 700 reichsten Deutschen, die Jahr für Jahr im *Manager Magazin* veröffentlicht wird, allerdings nur auf Schätzungen basiert und meist nur die Vermögensanteile an großen Unternehmen addiert.

An der Beschreibung der Gruppen »gehobene Mittelschicht«, »Wohlhabende«, »Millionäre« und »Superreiche« ist zu erkennen, dass das wesentliche Vermögen vor allem aus Besitz von Unternehmen und Immobilien oder jeweils Anteilen daran besteht.

»Oma ihr Häuschen«

Wenn also in den Medien über »Oma ihr Häuschen« palavert wird, dann reden wir über eine ziemlich vermögende Frau. Selbst Kleingartenhäuschen kosten schnell mal über 20 000 Euro. Wir reden zumindest über eine Person, die zur *oberen Hälfte* der Bevölkerung gehört. Je nachdem, wie groß Großmutters »Häuschen« ist und wenn es vielleicht in Hamburg-Eppendorf oder in Utting am Ammersee steht, reden wir über eine wohlhabende Dame oder sogar über eine Multimillionärin. Und wir reden über ihre Angehörigen, die von den Erträgen dieses Vermögens Jahr für Jahr ein paar tausend Euro schwere Krümelchen abbekommen und die darauf zählen können, dass sie eines Tages von dem Kuchen ein großes Stück abbekommen werden.

Reiche Menschen haben nicht unbedingt Geld auf dem Konto, aber sie haben Anlageformen, die Geld erwirtschaften, nämlich Einkünfte aus Vermietung und Verpachtung und Gewerbebetrieb.

Würde man nur ihr Einkommen betrachten, könnte es also durchaus sein, dass sie scheinbar »gar nicht so viel verdienen«. Aber ein »bescheidenes« Jahresgehalt von 100 000 Euro gibt natürlich eine ganz andere Art von Sicherheit, wenn man weiß, dass es ohne besonderes Zutun die nächsten Jahre oder Jahrzehnte fließt – solange nicht große Ereignisse wie Krieg oder globale Finanzkrisen die deutsche Wirtschaft als Ganzes zum Einsturz bringen.

Deswegen sind solche Vermögensbetrachtungen sehr viel aussagekräftiger als die – leider viel öfter zitierten – Einkommensvergleiche. Die »brotlose Künstlerin« oder der »ehrenamtliche Helfer« sind nämlich vielleicht in Wahrheit bestens versorgte Zöglinge von Superreichen, während andere, die für ihre kreative Arbeit oder ihr gesellschaftliches Engagement nur ein klägliches Honorar bekommen, in Wahrheit armutsgefährdet leben und arbeiten.

Geld mag vielleicht wirklich nicht glücklich machen, aber diese finanzielle Sicherheit tut es. Auch das hat die Wissenschaft festgestellt: Millionär:innen sind überdurchschnittlich zufrieden mit ihrem Leben.[72]

Reden wir über Armut, fangen wir bei *unter* 23 000 Euro an. Das ist die andere Hälfte der Bevölkerung, also 42 Millionen Menschen. Solange Sie überhaupt Vermögen haben, gehören Sie zur »unteren Mittelschicht« – und sei es auch nur ein altes Auto, das auf dem Gebrauchtwagenmarkt ein paar hundert Euro brächte.

Danach ist Schluss. Das *unterste Viertel* der Bevölkerung hat nichts. Ganz und gar nichts.

Nochmal zur Erinnerung: Das oberste Viertel hat zwar keinen großen Reichtum, aber doch mindestens 130 000 Euro Vermögen. Das unterste Viertel hat nichts. 20 Millionen Menschen leben ohne nur einen einzigen Vermögenswert. Sie haben keine Rücklage für egal welche Art von Krise. Allerdings steht nur bei 16 Millionen von ihnen als Vermögenswert eine schwarze Null. Sie sind die »Mittellosen«.

Die restlichen 4 Millionen Menschen aber schreiben rote Zahlen. Statt Vermögen haben sie Schulden, und zwar mindestens 3000 Euro. Wobei das ärmste *eine Prozent*, also rund 800 000 Menschen, mehr als 22 260 Euro Schulden haben, jeder und jede Einzelne! Sie sind die »Überschuldeten«.

Zusammengefast besitzt jeweils ein Viertel der deutschen Bevölkerung:

a) weniger als 1 Euro Vermögen
b) zwischen 1 und 23 000 Euro Vermögen
c) zwischen 23 000 und 130 000 Euro Vermögen
d) mehr als 130 000 Euro Vermögen.

Wohlfühlzone Mittelschicht

Das Ergebnis sollten Sie erst mal sacken lassen. Egal, in welcher Kategorie Sie sich einsortiert haben: Sie sind nicht allein. Wir reden immer von rund 20 Millionen Menschen. Puh.

Ja, wir wissen. Das sind Statistiken. Abstrakte Daten. Ganz sicher kennen Sie jemanden, der … usw. Aber lassen Sie doch bitte einfach mal für einen kurzen Augenblick das Ergebnis Ihrer Kopfrechnung auf sich wirken.

Wie fühlt es sich an, zu dieser oder jener statistischen Gruppe zu gehören? Halten Sie den Gedanken aus, zu den Ärmeren zu gehören? Oder schießen sofort solche Gedanken durch Ihren Kopf: »Ich brauche auch gar nicht viel.« – »Es ist ja nur 'ne Phase.« – »Das wird sich bestimmt ändern. Demnächst starte ich wieder voll durch!«

Und wie geht es Ihnen, wenn Sie zu den Reicheren gehören? Können Sie das genießen oder denken Sie reflexhaft so etwas wie »Das kann gar nicht stimmen. Ich lebe doch ganz bescheiden.« – »Das habe ich mir auch alles hart erarbeitet.« – »Klar, habe ich geerbt, aber ich arbeite trotzdem viel.«

Versuchen Sie, bei den Fakten zu bleiben. Wir wollen nicht moralisch darüber urteilen, ob Sie ein guter oder schlechter Mensch sind. Es geht nicht um Leistung, sondern nur um Geld, nur ums finanzielle Vermögen.

Aber natürlich können wir nicht leugnen, dass dieses Vermögen Auswirkungen hat: soziale, emotionale, physische und auch psychische. Wir sind soziale Wesen, Rudeltiere. Wir wollen Teil der Gruppe sein. Eine abgehobene Elite gehört nicht zur Gruppe; die ist etwas Besseres. Und Loser und Schwächlinge gehören auch nicht zur Gruppe. Die will niemand dabeihaben; die belasten eine Gruppe.

Wir wollen weder belasten noch extrem herausstechen. Deswegen machen wir uns gern ärmer oder reicher, und zwar so lange, bis wir zur Mittelschicht gehören, und zwar am liebsten zur gehobenen Mittelschicht. Da ist es nämlich am schönsten. Das ist die Wohlfühlzone der Gesellschaft. Man gehört voll dazu, hat es aber ein bisschen besser als der Durchschnitt. Niemand erlebt einen als Belastung, gleichzeitig ist man nicht so exponiert, dass Forderungen an einen gestellt werden.

Wenn wir Sie zum Beispiel als Teil einer Elite feiern würden, weil Sie zu den Menschen gehören, die Bücher lesen, dann werden Sie bei dem Begriff »Elite« vermutlich kurz zusammenzucken. Das wird kein Begriff sein, der Ihnen spontan gefällt. Auch wenn er Ihnen insgeheim vielleicht ein bisschen schmeichelt. Die wenigsten Menschen in Deutschland wollen zu einer Elite gehören. Die meisten Menschen finden sich lieber »normal«. Nichts Außergewöhnliches und schon gar nicht was Besseres. Die meisten ordnen sich in Umfragen also als Mittelschicht ein. Mittelschicht ist nicht Mittelmaß. Mittelmäßig will niemand sein. Aber Mittelschicht, das sind wir alle gern.

Wir wollen seltsamerweise nicht reich *sein*, obwohl wir alle furchtbar gern reich *wären*. Reich ist konjunktiv, nie real. Anders bei der Armut. Arm will auch niemand sein. Aber Armut ist real. Und das wissen wir auch. Faktisch sind Millionen Menschen arm. Und zu denen wollen wir definitiv nicht gehören.

Wie fühlt sich Armut an?

Sollten Sie beim Selbst-Check dummerweise *nicht* in der gehobenen Mittelschicht gelandet sein, dann trösten Sie sich: Sie sind Teil von 75 Prozent der Gesellschaft!

Sollten Sie zu den unteren 50 Prozent gehören, dann haben Sie vielleicht bei der bisherigen Lektüre schon festgestellt, dass

Sie in einem System leben, das es nicht ganz so gut mit Ihnen meint, wie allgemein behauptet wird.

Das wäre eine wertvolle Erkenntnis. Denn damit würde es schwieriger, Sie zu manipulieren, Sie und die anderen aus der ärmeren unteren Bevölkerungshälfte gegeneinander auszuspielen. Denn die Lohnabstandsdiskussion zum Beispiel soll nur ablenken von dem sehr viel relevanteren Vermögensabstand.

Warum gibt es dazu eigentlich keine Talkshows? Keinen *ARD-Presseclub*?

Der Vermögensabstand in Deutschland ist auch im europäischen Vergleich besonders ungleich zugunsten der Superreichen verteilt. Statt also Nora Seitz und Susanne Hansen in den Dialog miteinander zu bringen, hätte Sandra Maischberger die beiden mit jemandem aus der Unternehmerfamilie Albrecht oder der Unternehmerfamilie Schwarz, denen die Discounter Aldi und Lidl gehören, sprechen lassen können. Diese Familien leben unmittelbar auf Kosten der Ärmsten. Da wäre es doch mal interessant zu erfahren, ob die Albrecht-Enkel es fair finden, dass sie bereits als Kinder Millionär:innen sind.

Die Ungleichverteilung in einer Gesellschaft lässt sich auf einer Skala zwischen 0 und 1 abbilden. Im Falle der Gleichverteilung ergibt sich ein Wert von null und im Falle der Konzentration des gesamten Einkommens auf nur eine Person ergibt sich ein Wert von 1. Dieser Wert wird als »Gini-Koeffizient« bezeichnet. Für Deutschland liegt er bei 0,8.[73] Das ist sehr hoch. Anders gesagt: In Deutschland besitzen die 45 reichsten Haushalte so viel wie die ärmere Hälfte der Bevölkerung.

Das Problem an dieser enormen Konzentration: Die Superreichen haben durch ihre Unternehmensbeteiligung großen Einfluss auf die Politik, oft direkten Zugang zum Kanzleramt und die Ministerpräsident:innen.[74] Sie können teure Kampagnen finanzieren, die oft die wahren Absenderinteressen verdecken, in dem sie durch diverse Lobbyorganisationen lanciert werden. So werden Privilegien für Reiche etwa bei der Erbschaftsteuer aufrechterhalten und eine Vermögensteuer verhindert.

Die vorhin skizzierte spontane Abwehrreaktion, wenn Sie zur unteren Hälfte der Bevölkerung gehören, erkennen Sie also jetzt hoffentlich als antrainierte, aber nicht angemessene Pawlow'sche Fehlreaktion. Sätze wie »Ich brauche auch gar nicht viel.« – »Es ist ja nur 'ne Phase.« – »Das wird sich bestimmt ändern. Demnächst starte ich wieder voll durch!« werden Sie mit ein wenig Nachdenken hoffentlich ersetzen durch Sätze wie: »Wieso kriege ich nicht, was mir zusteht?« – »Das ungerechte System hat schon viel zu lange Bestand.« – »Ich werde politisch aktiv, um das zu verändern!«

Das würde uns freuen.

Wie fühlt sich Reichtum an?

Sollten Sie zu den oberen 25 Prozent gehören, dann sind Sie vielleicht überrascht, dass Sie eigentlich vergleichsweise wenig Grund zum Jammern haben. Möglicherweise sind Sie auch überrascht, wie wenig Sie von der großen Mehrheit der Bevölkerung mitbekommen, weil Sie in Ihrer unmittelbaren Umgebung eigentlich nur Menschen kennen, die ebenso viel oder sogar mehr haben als Sie selbst. Deswegen kamen Sie sich vielleicht bislang sehr bescheiden vor.

Die Geschichten, in denen jemand vom Tellerwäscher zum Millionär aufgestiegen sei, sind pure Legende. Es gibt unzählige Studien, die belegen: Von nichts kommt nichts. Der soziale Aufstieg ist die absolute Ausnahme. Ein Mythos aus der Zeit der Industrialisierung Ende des 19. Jahrhunderts.

Ludwig Erhards Slogan »Wohlstand für alle« ist nicht zufällig von Kanzlerin Angela Merkels durch den Slogan »Bildung für alle« ersetzt worden, sagt Bildungsforscher Elmar Tenorth.[75] So entsteht die Idee: »Du bist selbst schuld, wenn du nicht anständig lernst, wenn du nicht anständig leistest, dann ist deine Armut selbst verschuldet.«

Wer behauptet, durch Bildung und Leistung reich geworden zu sein, verdreht in der Regel Ursache und Wirkung. In Wahrheit gilt: Sie sind nicht reich, weil Sie eine teure Ausbildung gemacht haben oder weil Sie Verantwortung übernehmen. Nein. Sie haben Verantwortung, weil Sie reich sind. Sie konnten die teure Ausbildung machen, weil Sie oder Ihre Herkunftsfamilie reich ist.

Auch das Gerede von den unternehmerischen Risiken gilt nicht, wenn Sie reich sind. Riskant sind Unternehmensgründungen und Selbstständigkeit nur dann, wenn Sie arm sind. Je reicher und privilegierter Sie sind, desto weniger riskant ist das Unternehmertum.

Nehmen wir mal ein prominentes Beispiel:

Christian Lindner und das unternehmerische Risiko

Der heutige Finanzminister Christian Lindner rühmt sich seiner unternehmerischen Erfahrung, die er als junger Mann gemacht hat. Es ist kein Geheimnis, dass dieses im Jahr 2000 gegründete Unternehmen bereits anderthalb Jahre später Insolvenz anmelden musste. Ein paar Millionen gingen dabei verloren.

Viele Jahre später, im Januar 2015, kam es in diesem Zusammenhang zu einem Auftritt Lindners im nordrhein-westfälischen Landtag, der vor allem in der Gründerszene für Furore sorgte. »Lindner flippt aus« überschrieb der *Startup-Ticker* seinen Bericht.[76]

Der FDP-Vorsitzende hatte gerade vollmundig über Unternehmensgründungen gesprochen: Gründungskultur, das sei »Ausdruck des Zukunftsvertrauens einer Gesellschaft insgesamt«. Wenn Menschen »sich auf den Weg machten, eine Existenz aufzubauen«, sichere das den individuellen Aufstieg und schaffe Arbeitsplätze. Da rief der SPD-Abgeordnete Volker Münchow dazwischen, mit Unternehmensgründungen habe Lindner ja so seine Erfahrungen gemacht.

Lindner reagierte wutentbrannt: Solche Zwischenrufe seien einer der Gründe, warum die Menschen heute lieber in den öffentlichen Dienst gingen, statt zu gründen. »Weil man nämlich, wenn man Erfolg hat, in das Visier der sozialdemokratischen Umverteiler gerät, und wenn man scheitert, ist man sich Spott und Häme sicher«, polterte er und redete sich weiter in Rage.

Ja, gab er zu, er selbst habe in der Hochphase der New Economy ein Unternehmen gegründet, das gescheitert sei. Aber es seien meistens Sozialdemokraten, die anderen unternehmerisches Engagement vorwerfen würden, während sie selbst ihr ganzes Leben im Staat gearbeitet oder vom Staat selbst gelebt hätten.

Nachdem er den SPD-Abgeordneten mit dieser Wutrede vor dem versammelten Plenum abgewatscht hatte, schloss Lindner mit einem Lächeln der Genugtuung: »Das hat Spaß gemacht.« Und der *Startup-Ticker* kommentierte: »Stimmt, das Zuhören auch!«

Dabei entsprach das rhetorische Maschinengewehrfeuer nur der halben Wahrheit. Lindner hatte nämlich gar keine Existenz aufgebaut oder gar den individuellen Aufstieg gesucht. Denn nicht nur Christian, Sohn eines Oberstudienrats, sondern auch seine zwei Freunde, mit denen er am 29. Mai 2000 die Internetfirma und Werbeagentur Moomax GmbH gründete, kamen aus gutbürgerlichen Verhältnissen. Deswegen brachten sie – mit Anfang 20 – nicht nur gemeinsam die 30 000 Euro Startkapital auf, sondern hatten auch Kontakte zu *Enjoyventure*, einem privaten

Investor, der zwei Millionen Euro Risikokapital für Mitarbeitende, Büroausstattung und Technik zur Verfügung stellte.

Ein Großteil dieses Geldes stammte wiederum aus dem Technologie-Beteiligungsprogramm der staatlichen Förderbank KfW. Man musste nur wissen, wie man an solche Fördergelder kam. Dann lief es wie geschmiert. Das Risiko ging zu Lasten der Förderbank. Ging es gut, flossen Zinsen zurück. Ging es schief, blieb die Förderbank auf ihren Auslagen sitzen.

Die von Christian und seinen Freunden investierten 10 000 Euro pro Kopf flossen binnen kurzem als Geschäftsführergehalt wieder an die Boygroup zurück. Das von viel Tamtam begleitete Geschäftsmodell erwies sich jedoch schnell als heiße Luft. Im Januar 2002 wurde das Insolvenzverfahren eröffnet. Moomax war pleite und die zwei Millionen Euro waren futsch.

Verlierer der Insolvenz waren nicht Christian und seine Freunde, sondern neben dem öffentlichen Haushalt vor allem die Mitarbeitenden aus IT, Psychologie und Redaktion, die ihre Jobs verloren und nach so kurzer Zeit nicht mal Anspruch auf Arbeitslosengeld hatten. Beamtensohn Christian hat das aber gewiss alles großen Spaß gemacht. Wirklich existenziell war es für ihn nie. Als der Laden Insolvenz anmeldete, war er (als jüngstes Mitglied in der Geschichte des Landtags) schon ins Düsseldorfer Parlament eingezogen – und lebt seither von Diäten. Wobei er laut Recherchen von *abgeordnetenwatch.de* und *Spiegel* zu den »Spitzennebenherverdienern« des Deutschen Bundestags zählt.[77] In den Jahren 2018 bis 2020 hat er allein durch Vorträge bei privaten Veranstaltungen 424 000 Euro zusätzlich kassiert.

Nur wo Geld ist, ist ein Weg

Björn dagegen, der so gern Unternehmer geworden wäre und keine Werbeagentur, sondern ein Pflegeheim für Obdachlose gründen wollte, das es bis heute in Hamburg dringend bräuchte, bekam nicht mal die 750 Euro Darlehen für seine private Mietkaution. Die Zahl »2 000 000« und die drei Buchstaben »KfW« wären ihm nie in den Sinn gekommen. Von Venture-Capital-Gebern wie *Enjoyventure* hatte er noch nie gehört. Auch hätten sie ihm vermutlich keinen Cent gegeben.

Der Unterschied zwischen Christian und Björn ist nicht die Leistungsbereitschaft, sondern der Zugang zu Darlehen, Krediten und Vorschussvertrauen. Dem einen fehlt es an Zutrauen und Geld; dem anderen fehlt es an gar nichts. Nur an Demut.

»Wo ein Wille ist, ist auch ein Weg!«, sagen Menschen gern, die sich selbst als Macher-Typen bezeichnen würden. Man dürfe sich nicht von Rückschlägen beirren lassen, wird dann gepredigt. Auch Scheitern gehöre zum Erfolg. Wir kennen diese Plattitüden, die allzu oft von hochbezahlten Tschakka-Tschakka-Trainern von der Bühne gerufen werden. Dabei muss man sich Scheitern erst mal leisten können. All die Menschen in *Bürgerhartz* sind vermutlich mit sehr viel kleineren Beträgen »gescheitert« als unser heutiger Finanzminister. Ihnen wird ihr Scheitern aber nicht als wertvolle Erfahrung zuerkannt, sondern als Ursache ihrer Armut. Die Maßstäbe für Leistung und Anerkennung könnten unterschiedlicher nicht sein.

Wer sich rühmt, es »geschafft« zu haben, sollte sich also fragen, ob er oder sie es tatsächlich durch eigene Leistung geschafft hat oder nicht vielleicht doch einfach nur auf der Welle privilegierter Umstände gesurft ist. Damit wollen wir nicht die Leistung an sich schmälern. Wir wollen sie nur in ein realistisches Verhältnis setzen. Mit einem neuen Porsche auf der Autobahn binnen 10 Sekunden auf 200 km/h zu beschleunigen, ist easy. Mit Rollstuhl, Rollator oder zwei kleinen Kindern an der Hand in 20 Sekunden bei Grün über die Straße zu gehen, ist eine sportliche Leistung.

Denn was immer das Leben für Herausforderungen bietet, alle Menschen wollen »es« schaffen. Es fehlt nicht am Willen. Aber Wille allein reicht nicht. Nur wo Geld ist, ist ein Weg.

»Sie können es, glaube ich, nicht verstehen, wie schwer es mit kleinen Kindern ist. Ich kann nachts nicht schlafen, weil ich überlege, wo ich was irgendwie herbekommen kann. Ich habe keinen Cent momentan.«
N., alleinerziehende Mutter aus Sinzig

»Ich habe das Glück, dass bei uns Foodsharing-Ausgabestellen sind, so dass Salat, Obst und Gemüse gratis zu haben sind, damit kann man irgendwie klarkommen.«
J. aus Lübeck

»Nach vielen erfolglosen Bewerbungen ist Hartz IV ein Stigma im Lebenslauf. Erst recht mit über 40. Da geht nichts mehr, selbst mit Hochschulabschluss und Fachweiterbildung. Depressionen, die die Arbeitskraft beeinträchtigen, sind dann vorprogrammiert.«
S. aus Regensburg

»Ich hatte 2 Jahre eine Stromsperre. Im Winter Pullover, 2 Leggings & manchmal auch mit Stoffturnschuhen ins Bett & trotzdem nicht schlafen können, weil die Temperatur im Schlafzimmer nur 10 Grad betrug. Eine warme Dusche habe ich mir einmal die Woche im Schwimmbad geholt, mehr war zu teuer. Gasbrenner gekauft, um mir ab und zu mal was Warmes zu essen zu machen. Handy aufladen in der Bücherei. Wenn ich mal was bügeln musste, z.B. für ein Vorstellungsgespräch, hab ich bei einer Nachbarin gefragt & erzählt, mein Bügeleisen sei kaputt. Freunde wussten davon nichts. Man schämt sich ja schon genug, weil man Hartz bekommt und nicht arbeitet.«

A. aus Solingen

DER VEREIN *SANKTIONSFREI*

Vom Systemhack zum Tritt in den Hintern

Es ist Sommer 2015. Helena hatte ihr Studium der Kulturwissenschaften anderthalb Jahre zuvor abgeschlossen und endlich eine Stelle gefunden. Elf Jahre lang, schon zu Schulzeiten, hatte sie mit Kellnern Geld dazuverdient und viele Jahre auch komplett davon gelebt. Jetzt hatte sie einen Bürojob in einem Kulturprojekt. Assistentin der Geschäftsführung. Leider war der Job trotz Vollzeit so schlecht bezahlt, dass sie weiterhin am Wochenende im Restaurant arbeitete.

Eines Tages hielt sie eine Cola-Flasche in der Hand, darauf der Schriftzug: »Was würdest du tun, wenn für dein Einkommen gesorgt wäre?« Was für eine Frage?! Sie drehte das Etikett zur anderen Seite und tippte weiter auf ihrer Computertastatur herum. Geld zu haben, ohne etwas dafür zu tun – wie sollte das gehen? Was würde sie denn tun, wenn sie nicht Geld verdienen müsste?

Die Fragen beschäftigten Helena. Sie wollte wissen, wer dahintersteckte. Sie fand es heraus: Die Cola-Flasche war Teil einer Kampagne des gemeinnützigen Vereins *Mein Grundeinkommen*. Die Leute dahinter waren Menschen, die das bedingungslose Grundeinkommen erlebbar machen wollten. Dafür sammelten sie Spenden und immer, wenn 12 000 Euro zusammen waren, wurde das Geld verlost: Ein Jahr lang 1000 Euro jeden Monat. Ohne irgendeine Voraussetzung. Ohne jede Gegenleistung. Ohne Bedingung.

Die Idee dazu hatte der Vereinsgründer Michael Bohmeyer

nach der Lektüre eines Buches von dm-Gründer Götz Werner. Das Buch hieß *Tausend Euro für jeden*, erklärte die Idee und mögliche Wirkungsweise eines bedingungslosen Grundeinkommens und Claudia hatte daran mitgearbeitet.[78] Tausend Euro für jeden – diesen simplen Gedanken im Kopf, rief Micha im Internet zum Spenden auf und sammelte binnen weniger Wochen 50 000 Euro. Auf diese Weise konnte er vier Grundeinkommen verlosen. Als immer mehr Medien darauf aufmerksam wurden, nahm das Projekt an Fahrt auf.

Auch über spektakuläre Hartz-IV-Fälle wurde zu dieser Zeit immer wieder in den Medien berichtet. Sie stammten aus einem Internet-Blog, in dem die Jobcenter-Mitarbeiterin Inge Hannemann sich kritisch gegen die Arbeitsmarktpolitik der Agenda 2010 zu Wort meldete. Von den Medien als »Hartz-IV-Rebellin« gefeiert, kritisierte sie öffentlich die technokratische Sanktionspraxis – und verlor daraufhin ihren Job. Unbeirrt ging sie arbeitsrechtlich dagegen vor, startete eine Petition zur Abschaffung der Sanktionen und schrieb ein Buch über *Die Hartz-IV-Diktatur* angereichert mit konkreten Fallbeispielen aus ihrer Jobcenter-Arbeit.[79] Auch sie bewegte sich in der Grundeinkommensszene, in der viele Menschen auf unterschiedlichste Weise aktiv waren.

In dieser Gemengelage entstand der grobe Plan, irgendwie das Sanktionssystem zu »hacken« – also eine Internetplattform zu schaffen, auf der Menschen in Hartz IV easy-peasy Widerspruch gegen Sanktionen einlegen können. Das Beste daran: Über einen spendenfinanzierten Solidartopf sollten die Betroffenen den gekürzten Betrag erstattet bekommen.

Hartz IV war durch Inges starkes Auftreten bereits ein relevantes Medienthema. *Mein Grundeinkommen* verfügte vor allem über ein breites Netzwerk und über Geldgeber:innen, die sich vielleicht auch für einen Systemhack begeistern lassen würden. Wer für ein bedingungsloses Grundeinkommen war, musste doch gegen Sanktionen in der Grundsicherung sein. Vielleicht könnte man eine Art »Grundeinkommen durch die Hintertür« einführen, ein »Grundeinkommen light«. Wenn Hartz IV nicht mehr sanktioniert würde, war es zwar noch immer nicht vollkommen bedingungslos, aber es verlor immerhin etwas von seinem Schrecken.

Es bräuchte bloß ein Widerspruchsverfahren, das so einfach wäre wie Onlineshopping. Und einen Solidartopf, über den die Sanktion blitzschnell ausgeglichen wird.

Die Idee stand im Raum. Es fehlte es nur noch an einer Person, die sie aus dem Nichts heraus umsetzen könnte.

Auftritt Helena.

Zunächst gab es nur die Idee, sonst nichts

Helena ging in den Lead. Sie kündigte ihren Job und startete im September 2015 zusammen mit Micha, Inge und vier Freund:innen die formale Gründung des Vereins *Sanktionsfrei*.

Zunächst gab es nur die Idee, sonst nichts. Keinen Businessplan, kein Funding, kein Team, eine halbgare Vision und die sehr hohe Wahrscheinlichkeit, dass das Projekt scheitern und Helena nach kurzer Zeit vor dem Nichts stehen würde. Das war klar. Und es war auch schnell klar: Das Projekt bräuchte richtig viel Geld.

Für den Start würde sie mindestens 150 000 Euro brauchen – und das war eigentlich schon viel zu knapp kalkuliert. Wer würde ihr so viel Geld geben? Hätte sie die Kenntnisse und Kontakte eines Christian Lindners gehabt, wäre sie zu einer Venture Capital Firma gegangen und hätte am Ende womöglich zwei Millionen Staatskredit bekommen – aber so?

Helena fasste all ihren Mut zusammen. Alles oder nichts.

Glücklicherweise tummelten sich in der Grundeinkommens-Szene auch einige sehr vermögende Menschen. Manche hatten als Erb:innen die Erfahrung gemacht, qua Geburt vollkommen leistungs- und bedingungslos ein lebenslanges Grundeinkommen zu beziehen. Andere waren einfach gestandene Geschäftsleute mit politischem Gespür. Für sie war klar, dass zur demokratischen Grundüberzeugung nicht nur Freiheit und Gleichheit, sondern eben auch »Brüderlichkeit«, sprich ein freies und gerechtes Sozialsystem gehörte. Wie sonst sollten Menschen ihre bürgerlichen Rechte selbstbewusst wahrnehmen, wenn ihre finanzielle Not sie erpressbar machte?

Eine der ersten Amtshandlungen Helenas war ein Gespräch mit einem potenziellen Förderer und Grundeinkommens-Fan – und der war ausgerechnet Managing Partner bei Union Square Ventures, einer in New York ansässigen Risikokapitalgesellschaft mit Investitionen in Tech-Unternehmen. Bei einem gemeinsamen Abendessen stellte sie dem deutsch-amerikanischen Unternehmer Albert Wenger die *Sanktionsfrei*-Idee vor.

In der Venture-Capital-Logik war der Verein natürlich vollkommen uninteressant. Die einzige Rendite, die *Sanktionsfrei* als gemeinnütziger Verein jemals einfahren würde, war gesellschaftlicher Natur: ein besseres Gemeinwesen. Erfreulicherweise verstand Albert sofort, warum der realpolitische Ansatz für ein bedingungsloses Grundeinkommen eine Revolution unseres Sozialsystems sein müsste. Denn ein armutsfestes, demokratisches und faires Sozialsystem war natürlich eine wesentliche Grundlage auch für eine funktionierende Marktwirtschaft, zumindest wenn man nicht einem zynisch-brutalen Raubtierkapitalismus anhing.

Albert wiederum ist verheiratet mit der Tech-CEO Susan Danziger, die als junge Frau durch einen kleinen Treuhandfonds ihrer Tante eine Art bedingungslose Grundsicherung hatte und damit die Möglichkeit, zu reisen und ein eigenes Unternehmen zu gründen. Aufgrund dieser Erfahrung liegt ihr nicht nur die Entstigmatisierung von Armut und Sozialhilfe am Herzen, sondern auch die Förderung von Gründer:innen aus unterrepräsentierten Gruppen, etwa bei der Berliner Frauengenossenschaft *Weiberwirtschaft*.

Albert und Susan spendeten aus ihrem Privatvermögen einen ersten Betrag für den *Sanktionsfrei*-Start. Auch Antonis Schwarz, Erbe der Schwarz Pharma AG und Impact Investor, der heute in der Initiative #TaxMeNow selbst aktiv an die Öffentlichkeit geht, sowie der Verein *Mein Grundeinkommen* gaben erste Finanzspritzen. Ohne diese vertrauensvolle und quasi bedingungslose Startfinanzierung gäbe es *Sanktionsfrei* heute wahrscheinlich nicht.

Helena bezog einen Platz in der großen, lichtdurchfluteten Bürogemeinschaft über der Alten Post in Berlin-Kreuzberg. An den Nebentischen lärmte das wachsende Team von *Mein Grundeinkommen* bei Meetings, Kampagnen, Spaß und Streit. Mit Kopfhörern und Kapuze saß Helena etwas abseits allein an einem riesigen Tisch, um nach kooperationswilligen Anwält:innen und Verstärkung für das Gründungsteam zu suchen. Vor allem aber arbeitete sie an einer tragfähigen Strategie fürs Fundraising.

Unterstützt von Inge, die einmal pro Woche von Hamburg nach Berlin kam, der Anwältin Kristina Sosa Noreña und dem Anwalt Dirk Feiertag, die von Leipzig aus mit Rat und Tat zur Seite standen, bereitete sie die große Feuerprobe »Crowdfunding« vor. Es war Learning by doing. Und ein Riesenchaos. Und Stress. Und superaufregend.

Wenn das Crowdfunding klappte, dann hätte *Sanktionsfrei* eine Chance. Ansonsten wäre alles wieder vorbei.

Sandkörnchen im großen Bürokratie-Getriebe

Anfang Februar 2016 war es so weit: Auf der Vereins-Webseite und parallel auf einer großen Crowdfunding-Plattform startete die Spendenkampagne. Prominente Unterstützung gab es vom Künstlerkollektiv Peng sowie dem Liedermacher und Buchautor Marc-Uwe »Känguru« Kling.

Die Botschaft: »Jobcenter kürzen Menschen millionenfach unter das Existenzminimum. Das ist nicht okay. Lasst uns Hartz IV gemeinsam sanktionsfrei machen!«

Und der kurze Elevator-Pitch-Text ging so:

»Sanktionsfrei ist eine kostenlose Onlineplattform, die Hartz-IV-Sanktionen endgültig abschafft: Wir verpassen den Jobcentern ungefragt ein freundliches Onlineportal, das Betroffene umfassend informiert und kompetent begleitet. So vermeiden wir Sanktionen im Voraus! Mit Widersprüchen und Klagen bekämpfen wir Sanktionen und legen so die Jobcenter lahm. Und wir füllen verhängte Sanktionen aus einem Solidartopf auf. Denn niemand darf weniger haben als das verfassungsgemäße Existenzminimum!«

Die Kampagne lief, und sie lief gut.

Zwar gab es auch kritische Stimmen, die uns vorrechneten, wie viele Millionen es bräuchte, um das System zu sprengen, und versuchten, uns als »Hipster gegen Hartz« zu verunglimpfen. Aber die Videos gingen viral, zahlreiche Medien berichteten über die Vereinsidee. Inge und Micha waren die Gesichter der Kampagne. Medienerfahren wie sie waren, gaben sie auch die allerersten Interviews.

Nach drei Monaten endete das Crowdfunding. Mehr als 4500 Menschen hatten immerhin rund 130 000 Euro gespendet. Hurra, es hatte geklappt! Wir waren sogar eines der erfolgreichsten Crowdfundings überhaupt. Jetzt würde es richtig losgehen!

Zugegeben, heute würde Helena ungefähr alles anders machen. Sie war unerfahren, hatte keine Ahnung von Führung oder Projektplanung und realisierte erst nach und nach ihren Handlungsspielraum und ihren Verantwortungsbereich. Die 130 000 Euro waren für das, was es zu tun gab, kein großes Budget. Eigentlich hätte es viel mehr gebraucht.

Deswegen gingen direkt nach dem Crowdfunding intern die Probleme los. Das Team hatte Angst davor, dem so groß angekündigten »Wir hacken das System« nicht gerecht werden zu können. Manche wollten das Crowdfunding-Geld doch lieber ablehnen und das ganze Projekt einfach abblasen.

An jenem Abend saß Helena in ihrem WG-Zimmer und dachte nach. Es war klar, dass sie das Team neu aufstellen müsste. Es würde Streit, Tränen und Verletzungen geben. Aber das Letzte, womit sie sich abfinden wollte, war, große Reden geschwungen zu haben und jetzt, da es drauf ankam, einen Rückzieher zu machen. Mehr als 4500 Menschen hatten Geld gespendet. Sie erwarteten zu Recht, dass die angekündigte Idee in die Tat umgesetzt würde. Ihre Entscheidung stand felsenfest. Sie meldete sich bei der Crowdfunding-Plattform und veranlasste die Überweisung: Wir nehmen das Geld!

Diese Entscheidung hat sie nie bereut. Auch wenn die nächsten Monate fürwahr kein Zuckerschlecken waren. Unterstützung bekam sie von der Social Entrepreneurin Amira Jehia, die immer wieder für *Sanktionsfrei* arbeitete, wenn Not an der Frau war. Mit ihrer Hilfe baute Helena ein neues Team auf. Sie fand Expert:innen für Campaigning, Support, Grafik und Produktmanagement; sie fand ein IT-Kollektiv, das ein Widerspruchstool programmieren konnte.

Tatsächlich stand schon ein paar Monate später die erste Funktion im Netz, mit der Menschen in *Hartz IV* auf Sanktionsandrohungen wegen eines verpassten Termins antworten konnten. Anfang 2017 ging auch das Tool für den Widerspruch gegen Sanktionen online. Kleine Sandkörner im großen Bürokratie-Getriebe, aber immerhin Sandkörner.

Betroffene können damit ganz einfach und unbürokratisch Widerspruch gegen Sanktionen einlegen. Probieren Sie es gern mal aus! Es ist beeindruckend simpel und am Ende geht an das zuständige Jobcenter ein rechtssicherer Widerspruch in Echtzeit raus – per Fax.

Die *Sanktionsfrei*-Kreislaufwirtschaft

Wer eine Sanktion bekommt, erstellt den Widerspruch mit wenigen Klicks über unsere Plattform. Gleichzeitig kann eine Rückrufanfrage an unsere Anwält:innen gestellt werden. Wenn möglich, schließen die sich dem Widerspruch an und begründen ihn im Einzelfall. In jedem Fall aber gleicht *Sanktionsfrei* den gekürzten Betrag aus dem Solidartopf aus und stellt so das Existenzminimum wieder her.

Ist der Widerspruch oder die Klage erfolgreich, muss das Jobcenter den ursprünglich gekürzten Betrag rückwirkend auszahlen. Erfreulicherweise sagen die meisten Betroffenen: »Das Geld hat mir geholfen, jetzt soll es anderen helfen!«, und spenden das Geld direkt wieder in den Solidartopf. Auf diese Weise ergibt das eine Art »Kreislaufwirtschaft«: Das Jobcenter kürzt; *Sanktionsfrei* füllt aus dem Solidartopf wieder auf; der Widerspruch hat Erfolg; das Geld landet wieder im Solidartopf.

Aber wir befänden uns nicht im deutschen Sozialrechtsdschungel, wenn nicht auch hier wieder Fallstricke lauern würden. Menschen in *Bürgerhartz* dürfen kein Geld geschenkt bekommen. Noch nicht einmal von Oma fünfzig Euro zum Geburtstag. Im Behördendeutsch wird das Geld »angerechnet«. Im Klartext bedeutet das: Das Jobcenter verrechnet das Geld als »Einkommen« mit dem Regelsatz und zieht es zum nächsten Monat wieder ab.

Zwei Schlupflöcher haben wir gefunden:

Entweder, falls juristisch gegen die Sanktion vorgegangen wird, überweisen wir das Geld als zinsfreies Darlehen. Ein Darlehen darf nicht als Einkommen gewertet werden. Die Betroffenen können das Geld nach erfolgreichem Widerspruch einfach zurückzahlen.

Falls die Sanktion juristisch Bestand hat oder wir aus anderen Gründen Geld auszahlen, dann verschenken wir es. Unser Geschenk wird nicht »angerechnet«. Denn im Unterschied zu Oma wenden wir den sogenannten Tafelparagraphen 11a (4) SGB II an. Dieser berechtigt Organisationen der freien Wohlfahrtspflege, wozu *Sanktionsfrei* zählt, Zuwendungen auszuzahlen, solange »sie die Lage der Empfangenden nicht so günstig beeinflussen«, dass daneben Leistungen wie Hartz IV ungerechtfertigt wären.

Darüber im Einzelfall zu bestimmen, ist im Zweifel Sache des Gerichts. Manchmal kommt es tatsächlich vor, dass ein Jobcenter unsere Überweisung doch »anrechnet«, aber bisher konnten unsere Anwält:innen immer erfolgreich dagegen vorgehen.

Die Plattform stand. Die *Sanktionsfrei*-Kreislaufwirtschaft lief rund. Jetzt ging es also endlich mit der Umsetzung der Kernidee los: Wir begannen, Gelder aus dem Solidartopf auszuzahlen, juristisch gegen die Sanktionen vorzugehen und uns mit den Menschen und ihren Geschichten zu beschäftigen.

Sind Sie gespannt, wie es weiterging?

Das waren wir auch. Aber erst mal konnten wir gar nichts mehr machen. Das gesamte Crowdfunding-Geld war für die Programmierung der beiden scheinbar simplen Tools draufgegangen. Von wegen »Wir hacken das System!«.

Was in der Vereinsvision so leicht dahingesagt war, entpuppte sich in der Umsetzung als fast unlösbare, technisch und juristisch extrem komplexe Herkulesaufgabe. Programmieren bedeutet, Wenn-dann-Relationen aufzubauen. Wenn a, dann b. Die Sozialstaats-Regelungen sind aber unendlich verästelt. Wenn es tausend mögliche Wenns und tausend mögliche Danns gibt, hat man im Ergebnis tausend mal tausend, also eine Million Kombinationsvarianten. Anders gesagt: Jedes Sandkorn bestand aus Millionen Atomen. Wir mussten es also zuerst in seine Einzelteile zerlegen und dann neu zusammensetzen, damit es leicht verständlich funktioniert.

Sollte die Bundesagentur für Arbeit ihr »Kundenreaktionsmanagement« doch selbst ins Netz bringen! Zwei Widerspruchstools hatten wir jetzt programmiert. Das müsste fürs Erste reichen. Langfristig wollten wir das System nicht digitalisieren, wir wollten es ändern.

Aber auch dafür brauchten wir Geld.

Clash der Welten und staatlich organisierte Selbstjustiz

Helena versuchte deswegen wieder, bei den Grundeinkommen-Fans anzuklopfen. Das hatte ja schon mal ganz gut geklappt. Micha hatte ihr eine Stiftung empfohlen, die schon andere Projekte finanziert hatte. So fuhr sie mit ihm gemeinsam zu einem Treffen des Stiftungsvorstands in ein beschaulich gelegenes Seminarhaus.

Als Helena den Raum betrat, schoss ihr durch den Kopf: »Wow, das Catering hier auf dem Tisch würde ausreichen, um eine *Hartz-IV*-Familie einen Monat lang zu ernähren.« Aber natürlich sagte sie das nicht. Denn es war ja klar, dass nicht alle Menschen von der Hand in den Mund lebten. Philanthropisches Engagement bedeutete doch nicht, sein Geld nur anderen zu schenken; man darf auch sich selbst etwas gönnen.

Trotzdem war sie überrascht, als sie nach ihrer kurzen Präsentation der Idee und Arbeit von *Sanktionsfrei* erwartungsvoll in die Gesichter der Anwesenden schaute. Denn bis auf drei Personen schüttelten alle anderen den Kopf.

Herr X ergriff das Wort: »Von uns werden Sie kein Geld bekommen.« Sogleich folgte die Begründung: »Wenn wir Ihren Verein unterstützen, dann hieße das ja, dass das deutsche Sozialsystem fehlerhaft ist.« Genau. Helena nickte. »Aber das ist nicht so«, fuhr Herr X fort. »Das System ist aus guten Gründen so, wie es ist. Menschen, die im Supermarkt klauen, müssen schließlich auch für ihre Tat bestraft werden.«

Es war nicht so, dass Helena dieses Argument nicht schon vorher gehört hatte. »Strafe muss sein!«, ist die gängige Reaktion, wenn das Thema Sanktionen aufkommt. Überraschend war nur, dass hier lauter Menschen am reich gedeckten Tisch saßen, die behaupteten, ein – wohlgemerkt – bedingungsloses Grundeinkommen sei eine prima Idee.

Sanktionen im Sozialsystem gab es aber, weil Hartz-IV-Leistungen eben nicht bedingungslos gezahlt, sondern dafür bestimmte Gegenleistungen verlangt wurden, die jemand aus welchen Gründen auch immer nicht erbracht hatte. 70 Prozent der Sanktionen werden aufgrund von Terminversäumnissen verhängt. Einen Termin nicht wahrzunehmen, ist kein Ladendiebstahl, ist keine Straftat.

Zugegeben, es ist anfangs nicht leicht zu verstehen, was so schwierig daran sein soll, einen Termin wahrzunehmen. Schließlich müssen Berufstätige auch pünktlich zur Arbeit erscheinen und können andernfalls von ihren Chef:innen abgemahnt oder sogar gekündigt werden. Sie werden also »bestraft«, wenn sie sich nicht an Verabredungen halten. Aber der Vergleich ist falsch. Äpfel und Birnen.

Fangen wir mal so an: Auch ein Unternehmen kann einer festangestellten Person nicht wegen eines simplen Terminversäumnisses kündigen. Es gibt da sehr klare gesetzliche Regelungen, wie ein Abmahnprozess und eine Kündigung vonstattenzugehen hat. Auch jenseits des strengen Arbeitsrechts ist zum Beispiel ein Vertrag zwischen einem Unternehmen und einem Subunternehmen oder Freelancern nicht einfach wegen eines Terminversäumnisses hinfällig; es sei denn der Termin ist für das Erbringen der Leistung zwingend notwendig. Aber im Jobcenter hängt nichts daran, ob Ilsebill ihren Termin wahrnimmt oder verpasst, ganz unabhängig von den Gründen.

Außerdem gibt es einen großen Unterschied zwischen einem Arbeitsgehalt oder Honorar und einer gesetzlich verankerten Grundsicherung. Wenn der Arbeitgebende mir kündigt, bleibt mir das soziale Sicherungsnetz, durch das ich meine Existenz sichern kann. Genau das ist die Idee. Wenn mir aber *Bürgerhartz* gekürzt wird, ist da nichts, worauf ich sonst noch zurückgreifen kann.

Und last, but not least: Ein Existenzminimum zu kürzen, ist ein Logikfehler in sich selbst. Ein Minimum ist ein Minimum. Weniger als ein Minimum gibt es nicht. Außerdem gibt es in einem ordentlichen Rechtsstaat Gewaltenteilung: Wer klagt, fällt nicht das Urteil. Im Jobcenter aber ist die Person, die das Terminversäumnis beanstandet, identisch mit der Person, die dann die Sanktion ausspricht. Das ist staatlich organisierte Selbstjustiz. Eine Sachbearbeiterin im Jobcenter darf einem Bedürftigen erheblich das Existenzminimum kürzen und zwar für drei Monate, ohne jede unabhängig kontrollierende Instanz.

Obwohl selbst die Bundesregierung auf ihrer Webseite in Leichter Sprache Sanktionen als »Strafe« erklärt, ist eine

Sanktion in *Bürgerhartz* juristisch aber nicht eine »Strafe« wie etwa ein Knöllchen. Eine Sanktion ist ein »Beugemittel«, ein Zwangsgeld, wie es zum Beispiel auch eingesetzt wird, um die Abgabe einer Steuererklärung oder das Erscheinen vor Gericht zu erzwingen.

Bürgerhartz-Sanktionen sollen die Erfüllung von Mitwirkungspflichten durchsetzen. Etwa das persönliche Erscheinen im zuständigen Amt, das Schreiben von acht Bewerbungen im Monat oder die Aufnahme einer bestimmten Tätigkeit. Deswegen wird auch immer davon gesprochen, dass Sanktionen zur Arbeitsaufnahme oder zur Teilnahme an einer Jobcenter-Maßnahme »motivieren« sollen.

Es wird aber kaum darüber gesprochen, *warum* die Menschen ihre »Mitwirkungspflichten« nicht erfüllen, was ihre Lebensrealitäten sind und was die Sanktionen und der Druck für Auswirkungen auf ihre Lebenssituationen haben. Stattdessen verschleiern Zahlen und Statistiken die realen Dramen, die sich rund um Sanktionen abspielen. So muss sich niemand emotional auf die traurige Wirklichkeit einlassen. Noch dazu lenken Erzählungen von Menschen, die nicht wollen, zu faul sind oder einfach einen »Tritt in den Hintern« brauchen, davon ab, dieses System auch nur andeutungsweise zu hinterfragen.

So nahm auch der elitäre Philanthropen-Kreis im malerischen Seminarhaus trotz aller Begeisterung fürs Grundeinkommen solche Sozialstaatsdetails nicht zur Kenntnis. Das war erschütternd. Sie waren ja weder dumm noch böse. Sie schauten nur einfach nicht hin.

Ausdruck von Desinteresse war es auch, als Herr Y in seiner schwarz glänzenden Luxuslimousine Helena und Micha zum Bahnhof fuhr und während der ganzen Fahrt ungefragt über seine üppige Lebenserfahrung informierte. Zugleich lobte er die beiden für ihren Idealismus und den Mut, sich auch für niedliche

Nischenthemen einzusetzen. Als junger Mann habe auch er selbst noch völlig ungefiltert und naiv abstruse Geschäftsideen verfolgt, um sie kurze Zeit später wieder zu verwerfen. Sturm und Drang eben.

Helena verkniff sich jeden Kommentar. Nein, von denen würden sie keinen Cent bekommen. Das stand fest. Am Bahnhof kaufte sie billigen Fusel und stieß mit Micha auf den zu erwartenden Untergang an. Erst im Zug rekapitulierten sie die Erlebnisse. Nach und nach wurde ihnen die Absurdität klar. Der Clash der Welten war eklatant.

Interessanterweise gab es in diesem »Pitch« auch einen Moment von Demütigung, der Helena erst bei der Arbeit für dieses Buch wirklich bewusst wurde. »Immer noch ist es mir extrem unangenehm, wenn ich mich an diesen Moment erinnere«, schrieb sie in einer Mail an Claudia.

Ein »Einzelfall!« – plakativ, platt und emotional!

Zur Erinnerung: Kurz vor dem Termin beim Stiftungsvorstand war das automatisierte Widerspruchstool online gegangen. Mit dem Launch der Plattform hatte nun unsere tägliche Kernarbeit für die von Sanktionen betroffenen Menschen in *Bürgerhartz* begonnen. Um diese Erfolge zu dokumentieren, hatten wir ein kurzes Fallbeispiel-Video gedreht.

Darin erzählt Elena Rubina, wie es war, als das fehlende Geld bedingungslos vom Verein überwiesen wurde: »Wie ein Märchen« habe es sich angefühlt, sagte sie.

Als Helena dieses Video im Seminarhaus zeigte, gab es spontan Empörung in der Runde. Dies sei ein Appell an niedere Instinkte. Stattdessen solle man das Thema besser gedanklich durchdringen. Dieser Film sei nur plakativ, platt, emotional und ein »Einzelfall!«. Da müssten wir uns schon was Besseres einfallen lassen!

Helena verstummte entmutigt. Deswegen probierte Micha das zum Kentern verurteilte Schiff doch noch in einen sicheren Hafen zu bringen. Er gab wirklich alles, griff mit Einfühlungsvermögen die Zweifel auf und versuchte mit Diplomatie, noch letzte Sympathien für den Verein zu gewinnen. In seinem Ringen um Argumente sagte er plötzlich: »Auch sie hat zeitweise von Hartz gelebt. Auch aus ihr ist was geworden, weil sie Unterstützung und Vertrauen erfahren hat.« Dabei deutete er mit großer Geste auf Helena. Eine Aufstiegsgeschichte, hurra!

In diesem Moment wäre Helena gern im Boden versunken. Es war eine besondere Form der Kränkung. Nicht böse gemeint, aber vielleicht gerade deswegen so demütigend.

Auch viele Medien hängen ihre Texte oder Beiträge daran auf, dass Helena selbst in ihrer Jugend mal Hartz IV bekommen hat. Sie weiß, wovon sie spricht, soll das vermutlich sagen. Aber es sagt eben sehr viel mehr als das. Es etikettiert Helena auch als »Fremde«, als »Exotin«, als eine, der man gar nicht ansieht, dass sie »anders« ist. Aber jetzt, wo man's weiß, sieht man's doch. Es ist schlicht deklassierend, wenn jemand, der selbst als privilegiertes Kind einer bürgerlichen Familie aufgewachsen ist, auf eine Person zeigt und sie als »Schaut mal: nicht-privilegiert!« markiert.

Natürlich ist Armutserfahrung als Kind oder Jugendliche prägend. Indem das, was geschieht, am helllichten Tag, vor aller Augen, in großer Öffentlichkeit passiert, wird eine Normalität und Natürlichkeit behauptet, die das System in Wahrheit gar nicht hat. Ein Sozialstaat muss seine Bürger:innen nicht am langen Arm verhungern lassen. Es ist ein unterstützender Sozialstaat vorstellbar. Unsere Gesellschaft ist nicht so, weil sie so ist. Sie ist so, weil wir sie so gestalten – und weil wir einen Rechtsapparat drum herum bauen, der dieses System legalisiert.

Genau wegen dieser unverfrorenen Selbstverständlichkeit, mit der das System seinen bürokratischen Demütigungs-Automatismus fast ohne jede Verschleierung tagtäglich abspult, stellen die meisten Menschen das Hartz-IV-System nie grundsätzlich in Frage. Kaum eine der kränkenden Erfahrungen, die Betroffene im Jobcenter machen, ist ein Erweckungserlebnis oder der Impuls zum Widerstand. Im Gegenteil: Alle spüren das Stigma. Alle haben Angst vor der Post und vor Terminen. Aber so war es eben. Es ging ja »allen« so. Es war »normal«.

Man muss für Geld etwas tun. Termine wahrnehmen, Bewerbungen schreiben, Maßnahmen antreten. Und es ist auch völlig akzeptiert, dass das Geld hinten und vorne nicht reicht. Menschen ohne diese Erfahrung mögen abstrakt über gesetzliche Regelungen sprechen oder das Thema Sozialstaat gedanklich durchdringen. Manche tun das voller Mitleid, manche mit Verachtung. Die allermeisten tun es gar nicht.

Am schlimmsten aber sind die Momente, in denen Menschen, die als klug, kritisch und reflektiert gelten, in der konkreten Konfrontation mit der Realität arrogant ihre Ignoranz zur Schau stellen. Wenn sie den märchenhaften Moment einer Rettung als Kitsch abtun und das individuelle Schicksal und emotionale Erleben einer Frau als »Einzelfall!« abtun.

Doch verdammt nochmal: Unser Sozialstaat ist fehlerhaft und braucht ein Update! Er muss nicht in erster Linie gegen einige wenige Betrüger oder »Sozialschmarotzer« gewappnet werden. Nein. Er soll 5,4 Millionen Menschen das Überleben sichern. Von ihnen sind 1,9 Millionen Kinder, 1,6 Millionen nicht erwerbsfähig und fast 1 Million Aufstockende. Nur 1,1 Millionen sind tatsächlich erwerbsfähig. 907 000 Alleinerziehende, vor allem Frauen. Sie alle sind »Einzelfälle!«, die sehr wenig Chancen haben, zeitnah aus diesem System herauszukommen, das ihnen einen dauerhaften materiellen Mangel konstruiert. Und wenn man sich – gedanklich, aber versuchsweise auch emotional – darauf einlässt, was Sanktionen, die Menschen unter das Existenzminimum bringen, wirklich bedeuten, dann ist das einfach nur traurig.

HartzPlus – ein zivilgesellschaftliches Experiment

Sanktionsfrei machte nicht Pleite. Die Spenden in den Solidartopf flossen zwar als kleines Rinnsal, aber sie flossen. Immer mehr Menschen entschieden sich zu einer monatlichen Dauerspende. Wir nennen sie »Hartzbreaker«. Bisher konnten wir schon 600 000 Euro an gut 4000 Menschen in *Bürgerhartz* umverteilen. Auch wenn unsere Hilfe in der Fünf-Millionen-Menschen-Gesamtheit nur scheinbar lächerliche Tropfen auf einen riesigen heißen Stein sein mögen: Jeder gerettete »Einzelfall!« ist ein Glücksfall, ein kleines Märchen.

Im Winter 2017 gelang uns die *#HappyHartz*-Kampagne, mit der wir ein neues Standing bekamen. Sie war kein Selbstzweck. Sie diente erneut dem Fundraising, diesmal für eine Weiterentwicklung unserer Ursprungsidee.

Denn in unserer wiederkehrenden Arbeit, Sanktionen auszugleichen, merkten wir, dass wir zwar den Menschen im wahrsten Sinne des Wortes die Existenz retteten, aber wir waren wie der Notarztwagen, der erst dann kommt, wenn der Unfall schon passiert ist. Wir klebten ein Pflaster auf die Wunde, aber die Verletzung war schon da. Sie bestand nicht allein im fehlenden Geld, sondern zusätzlich in der Demütigung durch die Sanktion an sich. Wir konnten das Finanzloch stopfen, aber nicht das Erlebte rückgängig machen oder verhindern.

Deswegen änderten wir unsere Vorgehensweise: Nach der *#HappyHartz*-Kampagne starteten wir nun *HartzPlus*. Unser Versprechen: Wir sichern Menschen in Hartz IV ein ganzes Jahr lang vorsorglich gegen Sanktionen ab. Für diesen Zeitraum garantierten wir jedem und jeder einen finanziellen Ausgleich, sollten die Leistungen nicht voll ausgezahlt werden.

Es war ein kleines Forschungsprojekt. Wir wollten herausfinden, was sich verändert, wenn die *HartzPlus*-Versicherten keine Angst vor Sanktionen haben mussten.

Eigentlich hatten wir gehofft, genug Geld zu sammeln, um sowohl den Solidartopf, als auch die dafür notwendige Vereinsarbeit zu finanzieren. Doch wir schafften es nur so gerade eben, knapp 20 000 Euro zu crowdfunden. Das war die Summe, die wir für den Solidartopf kalkuliert hatten, um 25 Menschen garantiert ein Jahr lang gegen Sanktionen und andere Leistungskürzungen abzusichern. Der Verein selbst ging leer aus.

Das Team hatte einen guten Job gemacht. Aber das Budget war aufgebraucht. Wir gingen in die Weihnachtspause und ohne offen darüber zu reden, war allen klar, dass die Arbeit von Nona und Christian – Grafik-Design, Campaigning und Social Media – nicht mehr finanzierbar war. Beim Teamtag zum Jahresbeginn 2018 nahmen wir Abschied, glücklicherweise im Einvernehmen und ohne Vorwurf oder Drama.

So waren wir von jetzt auf gleich nur noch halb so viele. Robert, der bis dahin den Support gemacht hatte, ist seitdem für Social Media, Design und Campaigning verantwortlich, Helena übernahm den Support und »den Rest«. Tommy machte weiter auf Abruf IT und Claudia wurde zu Helenas Sparringspartnerin.

Unser *HartzPlus*-Experiment lief besser als befürchtet. Die Sorge, dass sich mit der *HartzPlus*-Versicherung im Rücken nun alle Beteiligten permanent sanktionieren lassen würden, weil sie ja unbeschadet ihre »Mitwirkungspflichten« verweigern konnten, blieb unbegründet. Unser Solidartopf wurde nicht geplündert.

Die *HartzPlus*-Versicherten waren nicht renitent, sondern sie gingen gestärkt ins Jobcenter. Das fanden wir bei unseren regelmäßigen Befragungen heraus. Das Wissen über die Sanktionsversicherung ließ sie besser schlafen. Durch die Kommunikation mit dem Verein fühlten sie sich gesehen und unterstützt. Das war der erste Hinweis darauf, dass es weniger um Geld ging, als um das Gefühl, Sicherheit zu haben und auch als Menschen wahrgenommen zu werden.

Die finanzielle Situation des Vereins war aber unverändert notdürftig. Uns allen war klar, dass es nach der *HartzPlus*-Aktion nicht weitergehen würde. In dieser Situation kam Claudia der Gedanke, dass sich unser kleines *HartzPlus*-Experiment wunderbar als Ausgangspunkt für eine große wissenschaftliche Langzeitstudie nutzen ließe. Was wir zunächst für kaum machbar hielten, entpuppte sich als zündende Idee für den nächsten Entwicklungsschritt von *Sanktionsfrei*.

Aus dem kleinen Experiment wird eine große Feldstudie

Mindestens 500 Menschen sollten mitmachen! Kleiner wollten wir nicht anfangen. 250 davon wären gegen Sanktionen versichert. Die anderen 250 bildeten die Kontrollgruppe, bei der alles beim Alten blieb und somit weiter sanktioniert werden konnte. Die Studie sollte über einen Zeitraum von drei Jahren laufen. Die 500 Menschen sollten regelmäßig befragt und die Ergebnisse von einem wissenschaftlichen Institut ausgewertet werden. So würden wir vielleicht beweisen können, dass Sanktionen alles waren, nur nicht motivierend.

Das war die Idee. Dafür brauchten wir Geld.

Zu dritt – Claudia, Robert, Helena – machten wir monatelang nichts anderes, als Termine zu koordinieren, Anträge zu schreiben und Pitch Decks zusammenzustellen. Das Geld zusammenzukriegen war ein Spektakel. Aber es gelang. Rückwirkend klingt es einfach.

So waren es wieder Albert Wenger und Susan Danziger, die uns pro Studienjahr einen festen Betrag zusagten. Genauso Paul Grunow von der Haleakala Stiftung, die Stiftung Grundeinkommen sowie Götz und Beatrice Werner. Ein aktivistischer Freund von Helena schmiss für das erste Jahr auch noch was in den Topf – und so hatten wir zusammen mit den Dauer- und Einzelspenden tatsächlich die Mittel, um eine dreijährige Studie in Auftrag zu geben. Das hatten wir kaum zu träumen gewagt. Aber wir hatten es geschafft. Besonders schön daran war, dass wir unsere Förder:innen wirklich mochten. Helena hatte nie das Gefühl, jemandem Honig ums Maul schmieren zu müssen. Ganz im Gegenteil, sie zu treffen, war immer wieder inspirierend und lehrreich.

Auf diese Weise überführten wir unser kleines *HartzPlus*-Experiment nahtlos in eine große wissenschaftliche *HartzPlus*-Feldstudie.

Im September 2018 bekam Robert eine volle Stelle, um den Launch der Studie vorzubereiten. So entstand im Laufe der nächsten Wochen in Kooperation mit der Universität Wuppertal ein Studiendesign, das durch die drei kommenden Jahre tragen sollte. Es entstand eine Webseite, auf der alle Infos zur Studie verständlich und im Design ansprechend erklärt wurden. Gleichzeitig programmierte Tommy Zusatzfunktionen auf unserer Onlineplattform, über die sich die potenziell Teilnehmenden anmelden und die Auswahlfragen beantworten konnten.

Genau ein Jahr nach dem Start unserer *#HappyHartz*-Kampagne riefen wir auf einer Pressekonferenz zur Teilnahme an der Studie auf.

Um es kurz zu machen: Die Medien sind durchgedreht! Deutschlands größtes Online-Nachrichtenformat *t-online* veröffentlichte gleich morgens um 7 Uhr einen Artikel, in dem unsere

Studie vorgestellt und auf die entsprechende Webseite verlinkt wurde.[80]

Die *Welt* titelte »Verein testet Grundeinkommen«.[81] Na ja, das stimmte zwar nicht, aber es klang trotzdem cool. Sogar international erschienen Artikel dazu, dass *Sanktionsfrei* die erste wissenschaftliche Studie zu einer bedingungslosen Grundsicherung in Deutschland startete.[82]

Infolgedessen wollten über 4500 Menschen an der Studie teilnehmen. Das Forschungsteam war begeistert. So ließ sich analog zum sozio-ökonomischen Standard SOEP ein repräsentatives Forschungspanel herstellen. Großes Wissenschaftskino also!

Am 1. Februar 2019 startete damit die erste experimentelle Längs- und Querschnittstudie zur Wirksamkeit von Sanktionen im Hartz-IV-System.

Plötzlich stand wieder Hoffnung in Großbuchstaben auf unserer Stirn: Wenn wir wissenschaftlich belegen könnten, dass Sanktionen kontraproduktiv sind, hätten wir ein wirklich starkes Argument, und zwar auf wissenschaftlichem Fundament.

Doch bevor Sie mit uns in die aufregenden Tiefen der Wissenschaft eintauchen, gönnen wir Ihnen eine Verschnaufpause in der sozialen Hängematte. Folgen Sie uns auf eine Expedition in die faszinierende Welt der Jobcenter. Genießen Sie das Nichtstun, lassen Sie sich auf Staatskosten verwöhnen. Anschließend gondeln Sie mit uns zum höchsten deutschen Gericht und erleben das Panorama eines Jahrhunderturteils. Zum Abschluss kehren Sie zurück zu unserer einzigartigen *HartzPlus*-Beobachtungs- und Forschungsstation am Boden unseres Sozialstaat-Ozeans.

»Hallo liebe Helena, die Sanktionen gegen mich nehmen kein Ende. Dank euch und der Anwälte habe ich meinen Lebensmut nicht verloren. Die ständigen Sanktionen und die Bearbeitung derer sind weiterhin sehr belastend für meine Psyche. Also auf ein weiteres Mal die Berechnungsbögen, diesmal für September, als Anhang. Ganz lieben Gruß an dich und das Team, Hochachtungsvoll«
T. aus Memmingen

»Er soll einen richtigen Schulranzen bekommen mit Spiderman drauf. Unsere anderen Kinder mussten oft mit einem einfachen Beutel die Schule besuchen, weil das Geld nicht gereicht hat, und in Syrien durften sie gar nicht zur Schule gehen. Das ist unsere erste Einschulung in Deutschland, und er soll wie jedes Kind ein tolles Fest bekommen und ein ganz normales Kind sein.«
M. und K. aus Paderborn, Gewinner:innen vom Schulbonus

F., Mutter mit zwei Kindern aus Schkeuditz, wurden Hartz-IV-Zahlungen eingestellt, da der Kindsvater zu Unterhaltsnachzahlungen verpflichtet wurde, auf die sie seither wartet. Seit drei Monaten steht sie fast mittellos da. Im Jobcenter wurde sie abgewiesen mit den Worten, sie sähe »nicht hungrig« aus.

J. aus Annaburg, alleinerziehende Mutter einer behinderten Tochter, wurde die Kostenübernahme für einen Führerschein abgelehnt, obwohl ihr bestätigt wurde, dass sie mit Führerschein eine volle Stelle bekäme. Sanktionsfrei hat die Kosten durch eine Sonderspende übernommen.

»Noch mal vielen Dank für die Aktion und Eure Anstrengungen. Schon dadurch, dass es diese gibt, fühle ich mich mehr als Mensch wahrgenommen. Zu gewinnen ist natürlich noch besser!«

J. aus Ratzeburg, Gewinner Weihnachtsbonus

JOBCENTER
Expedition ins Unbekannte

Eins vorab: Viele Beschäftigte in den Jobcentern machen einen schwierigen und guten Job! Ihr Alltag ist ganz anders, als die meisten sich einen Behördenalltag vorstellen. Wir haben großen Respekt davor. Nur damit das klar ist: Wir kritisieren hier vor allem das System.

Jetzt geht es los! Auf der achten Etappe unserer Sozialstaats-rundreise sind Sie reif und hoffentlich gewappnet für einen Besuch im Jobcenter. Sie haben ohnehin keine Wahl. Wir nehmen Sie mit, ob Sie wollen oder nicht! Auch als »Hilfsbedürftige:r« werden Sie nicht gefragt, ob oder gar wann Sie einen Termin wahrnehmen können. Es wird davon ausgegangen, dass Sie immer Zeit haben. Also wird Ihnen nicht ein Termin angeboten, es wird Ihnen ein Termin mitgeteilt. Und wehe, Sie nehmen ihn nicht wahr!

Wir können Ihnen nur eine leise Ahnung davon vermitteln, wie es sich anfühlt, »Kunde« oder »Kundin« in einem der 408 bundesweiten Jobcenter zu sein, in denen 42 900 Mitarbeitende in unzähligen Bereichen arbeiten, zum Beispiel in der Leistungsabteilung, der Arbeitsvermittlung, im Fallmanagement oder im Kundenreaktionsmanagement.[83]

Stellen Sie sich vor, Sie befinden sich in einer Notlage. Sie können sich finanziell, warum auch immer, nicht mehr selbst versorgen. Ihnen wurde gekündigt, Sie pflegen Ihre alten Eltern, Sie sind alleinerziehend mit zwei Kleinkindern. Sie haben gerade fertig studiert und finden nicht sofort einen Job. Sie haben einen Schicksalsschlag erlitten, sei es der Tod eines geliebten Menschen, eine schlimme Krankheit oder eine andere Tragödie. Jedenfalls verdienen Sie gerade kein oder nicht genug Geld – und haben auch keine Reserven mehr.

Sie wissen: Jetzt ist der Moment gekommen, in dem Sie doch »Bürgergeld« brauchen.

Sie haben herausgefunden, wo und wie man das beantragt. Sie haben sich durch die Informationen, Anlagen und Formulare gearbeitet und den Antrag ausgefüllt. Mit etwas Glück stecken Sie nicht in einer allzu komplexen Situation, die Sie dem Jobcenter darlegen müssen. Besonders viel gespart haben Sie auch nicht oder haben die Rücklagen bereits aufgebraucht.

Sie sind also grundsätzlich »leistungsberechtigt« und auch so weit »erwerbsfähig«, dass Sie nicht gleich Erwerbsunfähigkeitsrente beantragen müssen. Jedenfalls haben Sie vom zuständigen Jobcenter eine »Kundennummer« bekommen. Jetzt sind Sie eine »Bedarfsgemeinschaft«, auch wenn Sie eine alleinlebende Person sind. Muss man nicht verstehen. Ist einfach ein Begriff, mit dem Sie bald ganz selbstverständlich umgehen werden.

So weit, so gut.

Mit etwas Glück wurde Ihr Antrag ohne allzu große Wartezeit bewilligt. Stellen Sie sich aber auch darauf ein, dass es Wochen, wenn nicht gar Monate dauert. Es haben vielleicht Unterlagen gefehlt, über dessen Fehlen Sie aber gar nicht informiert wurden. Oder Sie konnten das erforderliche Dokument nicht einreichen, weil Ihr Ex-Arbeitgeber das entsprechende Schreiben auch nach gefühlt tausend Nachfragen nicht geschickt hat. Oder weil der Vater Ihrer Kinder in der Pampa verschwunden und nicht erreichbar ist. Oder weil Ihre sonst so sympathische Vermieterin gerade keine Zeit hatte, die Nebenkostenabrechnung aufzuschlüsseln.

Man erfährt nicht unbedingt, woran es bei der Antragstellung gerade hapert. Dann surfen die unerfahrenen Jobcenter-Neu-Kund:innen durchs Internet und finden neben Horrorgeschichten auf windigen Plattformen auch seriöse Tipps auf Webseiten von Arbeitsloseninitiativen oder Sozialverbänden.

Jobcenter selbst sind übrigens keine ganz sichere Auskunftsquelle. Das hat sogar das Bundesverfassungsgericht festgestellt. Manchmal ändert sich die Rechtslage schneller als die Weisungen der Bundesagentur für Arbeit. Sollten Sie also Absagen oder Ablehnungen bekommen, lohnt es sich, nochmal Expert:innen um Rat zu fragen.

So erfährt man dann, falls die Bearbeitung des Antrags auf »Bürgergeld« zu lange dauert, dass es die Möglichkeit gibt, einen Antrag auf »Bürgergeld«-Vorschuss zu stellen. Genau: Sie stellen einen Antrag zur Überbrückung eines Antrags. Das ist nicht lustig. Denn die Bewilligung des Vorschusses liegt im »Ermessen« der zuständigen Person im Jobcenter.

Stellen Sie keine Fragen. Das geht Sie nichts an

Wenn Ihre Sachbearbeiterin oder Ihr Sachbearbeiter kein Verständnis für Ihre Situation hat, sitzen Sie am kürzeren Hebel. Sie können beharren und widersprechen. Theoretisch genügt ein formloses Schreiben. Dafür müssen Sie allerdings wissen, wie man formlos schreibt, und gleichzeitig passende Worte finden, damit das Gegenüber im Jobcenter Ihre blanke Not ermessen kann.

Allmählich kommen Sie an den Punkt, an dem Sie mit einer gewissen nostalgischen Sehnsucht an die Personalabteilung Ihres früheren Unternehmens zurückdenken. Selbst die einst so nervige Reisekostenabrechnung erscheint Ihnen jetzt komfortabel und leicht. Sie erfahren die Gegensätze von Freiheit und Abhängigkeit, Macht und Ohnmacht, Selbstwirksamkeit und Selbstzweifel in einer völlig neuen Dimension.

Nie haben Sie sich so über Ihren Lohn gefreut, wie über den Eingang der 502 Euro auf Ihrem Konto. Das Geld kommt zwei Tage vor Monatsanfang. Es wird nicht bis zum Ende reichen. Die Freude auf die nächste Zahlung wächst also von Monat zu Monat. Noch dürfen Sie in Ihrer Wohnung wohnen bleiben. Sie können weiterhin Ihre Miete bezahlen. Aber irgendwie geht Ihre nette Vermieterin nicht mehr ganz so freundlich mit Ihnen um wie früher. Vielleicht bilden Sie sich das nur ein. Nicht gleich übertreiben!

Sie sollten auch nicht zu intensiv darüber nachdenken, was Sie tun, sobald Sie aufgefordert werden umzuziehen, weil Ihre Wohnung nicht »angemessen« ist. Und schon gar nicht sollten Sie sich ausmalen, was es bedeutet, wenn Sie den »nicht angemessenen Teil« der Miete aus dem Regelsatz selbst bezahlen müssen, weil Sie leider nicht rechtzeitig einen neue »angemessene« Wohnung gefunden haben.

Konzentrieren Sie sich auf das Wesentliche: Suchen Sie einen Job – und beginnen Sie parallel mit der Wohnungssuche. Kann kompliziert werden, wenn Sie für den neuen Job an einen anderen Ort ziehen müssen. Dann müssen Sie eben eventuell gleich wieder umziehen. Vielleicht beteiligt sich der neue Arbeitgeber an den Umzugskosten. Aber nicht zu weit ins Voraus denken … Mit der Zeit lernen Sie von Tag zu Tag und von der Hand in den Mund zu leben. Die Postkarte mit dem Spruch »Carpe diem – Genieße den Tag!«, die Sie bislang voller Vorfreude auf den nächsten Urlaub betrachtet hatten, wird nun zum Motto Ihres Alltags. Denke nicht an morgen, jeder Tag hat seine eigenen Sorgen.

Sorgen haben Sie sicher genug. Denn schon der Antrag hatte Zeit und Nerven gekostet. Sie fühlen sich zudem unwohl, weil Sie nicht gewohnt sind, »auf Kosten anderer« zu leben. Sie müssen mit einem seltsamen Schuldgefühl klarkommen, das im kollektiven Unterbewusstsein wabert und plötzlich nicht andere, sondern Sie betrifft. Das belastet und beschämt. Es kostet Sie Kraft, Ihren Optimismus zu behalten.

Noch können Sie von dem zehren, was Sie in der Speisekammer haben. Die technischen Geräte funktionieren. Mit den 502 Euro klarzukommen, nehmen Sie als Challenge. Wäre doch gelacht! Ja gut, verdammt wenig Geld ist es trotzdem. Aber besser als nichts ist es allemal!

Jeden Morgen starten Sie mit Zuversicht. Sie haben Ideen, wie und wo Sie sich beruflich nützlich machen könnten oder wissen, welche Aus- oder Weiterbildung gut wäre. Im »Bürgergeld« soll es dafür ja Geld geben, haben Sie irgendwo gelesen. Hoffentlich hat Ihr Jobcenter das auch gelesen.

Sie geben sich Mühe, Ihre Sachbearbeiterin sympathisch zu finden. Die macht schließlich auch nur ihren Job, so gut sie kann. Kleiner Tipp: Vergeuden Sie nicht allzu viel Energie in diese neue Bekanntschaft.

In jedem Dienstleistungsgewerbe, egal ob Gastronomie oder Bank, versuchen Unternehmen, ihrer Kundschaft zuverlässig immer dieselbe Ansprechperson zur Seite zu stellen. Wir freuen uns über den vertrauten Kellner in unserem Stammlokal, der uns unaufgefordert zuallererst das Lieblingsgetränk an den Tisch bringt.

Im Jobcenter dagegen gibt es häufige Wechsel. Warum auch immer. Irgendwelche organisatorischen Gründe. Änderungen in Verwaltungsabläufen. Personalmangel. Das Übliche wahrscheinlich. Aber stellen Sie keine Fragen. Das geht Sie nichts an. Es wird gemunkelt, durch die stetigen Wechsel solle verhindert werden, dass die Beschäftigten eine allzu große persönliche Bindung zu ihren »Kund:innen« aufbauen.

Falls Sie eine krasse Antipathie spüren – soll ja auch vorkommen –, hat so ein Wechsel auch sein Gutes.

Wer nicht lernt, um Hilfe zu bitten, ist dem Untergang geweiht

Die Vorfreude auf die persönlichen Termine wird Ihnen so oder so bald vergehen. In den Einladungsschreiben oder anderen Bescheiden steht oft nicht einmal eine konkrete Ansprechperson, sondern nur ein Team und eine Call-Center-Nummer.

Viele Briefe sind unverständlich. Sie wissen nicht so richtig, wohin mit Ihren Fragen. Selber einen Termin vereinbaren können Sie nicht. Wenn Sie bei der Hotline anrufen, müssen Sie auf einen Rückruf warten – den Sie dann vielleicht verpassen, weil Sie gerade im Bad sind oder beim Discounter in der Kassenschlange stehen.

Warum Sie schon wieder zu einem Termin erscheinen sollen, wird Ihnen aus dem Anschreiben nicht ganz klar. Was genau verbirgt sich hinter einem Betreff »leistungsrelevante Fragen« oder »berufliche Situation«?

Die Formulare, die Informationen im Internet – allein diese Sprache! Es ist alles in kompliziertem Behördendeutsch formuliert. Sie wünschen sich eine Dolmetscher-App *Jobcenter-Klartext / Klartext-Jobcenter*.

Sie können von Glück sagen, wenn Sie Deutsch sprechen, lesen und schreiben können, Internetzugang haben und zwischen Müll und Content zu unterscheiden wissen oder Leute finden, die Sie um Rat fragen können. Wer sich Hilfe organisieren kann, ist klar im Vorteil. Wer aber zu den 7,5 Millionen Analphabet:innen in Deutschland gehört, wer psychisch verwirrt, wer krank, alt, völlig überlastet oder anderweitig beeinträchtigt ist, wer auf der Flucht vor Krieg und Gewalt in einem fernen Land traumatisiert zufällig in Deutschland gestrandet ist – all solche Menschen sind aufgeschmissen. Es sei denn, es findet sich jemand, der oder die hilft.

Schnellstmöglich überwinden sollten Sie Ihre liebenswerte Hemmung, fremde Menschen nach dem Weg zu fragen. Wer nicht lernt, um Rat zu fragen und um Hilfe zu bitten, ist dem Untergang geweiht.

Hach, so schlimm wird's schon nicht sein!, denken Sie jetzt vielleicht. Schließlich sind Sie schon mit ganz anderen Sachen fertiggeworden. Gratulation! Diese Energie sollten Sie festhalten. Sie werden sie brauchen!

Keine Partystimmung im Jobcenter

Eine so harmlos klingende »Termineinladung« zum Beispiel kann eine völlig neue Bedeutungsdimension entwickeln. Sie dürfen sich das nicht vorstellen wie eine Einladung zum Geburtstag. Nicht mal wie eine Verabredung zu einem Business-Meeting. Nein.

Sie bekommen ohne Absprache einen Termin im zuständigen Jobcenter diktiert. Im selben Schreiben werden Sie ausführlich darüber informiert, was passiert, falls Sie nicht zu dem Termin erscheinen. »Rechtsfolgenbelehrung« heißt das und nimmt mehrere Seiten in Anspruch. Natürlich ist das in einem Deutsch verfasst, das die Wenigsten Lust haben zu lesen, geschweige denn verstehen.

Das Schreiben ist keineswegs unhöflich. Es steht sogar relativ oft das Wort »bitte« im Text. Da heißt es zum Beispiel. »Bitte bringen Sie das Einladungsschreiben zum Termin mit.«

Aber schon diese allererste Bitte dürfte Sie irritieren. Warum bitte, soll man bitte die Einladung zum Termin mitbringen, bitte? Nie wird man gebeten, zu einem Termin die Einladung mitzubringen, nicht beim Friseur, nicht bei der Zahnärztin, nicht beim Vorstellungsgespräch, nicht bei irgendetwas.

Bitte schön! Wir können es Ihnen erklären:

Die Einladung muss mitgebracht werden, damit Sie im Zweifelsfall am Eingang des Jobcenters überhaupt eingelassen werden. Dort steht nämlich bulliges Sicherheitspersonal in schwarzer Uniform einer privaten Wach- und Schließgesellschaft und entscheidet, wer Einlass bekommt und wer nicht. Nein, es herrscht keine Partystimmung in den Jobcentern, so dass alle da reinwollen. Im Gegenteil, es ist der pure Stress.

Immer wieder kommt es sogar zu Attacken auf Beschäftigte in den Jobcentern. Boulevardmedien berichten dann in großen Buchstaben von schlimmen Gewalttaten, leider oft mit rassistischen Framings. Solche Attacken sind überhaupt nicht zu rechtfertigen. Deswegen haben wir grundsätzlich auch keine Einwände gegen das Wachpersonal. Allerdings hoffen wir, dass die Wachleute wenigstens dort anständig bezahlt werden. Sicher sind wir jedoch nicht. Der Entgeltübersicht des Bundesverbandes der Sicherheitswirtschaft lässt sich entnehmen, dass eine Fachkraft für Schutz und Sicherheit je nach Bundesland ab 12,57 Euro pro Stunde erhält.[84] Das ist nicht unbedingt armutsfest. Zumindest in Bayern, Nordrhein-Westfalen und Baden-Württemberg, wo es rund 18 Euro Stundenlohn gibt, sind die Wachleute hoffentlich nicht selbst Aufstocker-Kundschaft des Jobcenters, das sie bewachen.

Wir wollen keine Schuldumkehr betreiben. Die Tatsache jedoch, dass es dieses Wachpersonal braucht, dürfte niemanden verwundern, der weiß, wie nervenaufreibend ein Jobcenter-Besuch werden kann. Wir erinnern uns: In ein Jobcenter gehen häufig Menschen, die sich in schweren Krisen und Notsituationen befinden.

Man muss sich nur die angespannte Stimmung am Samstagvormittag an der Waschanlage der Tankstelle vor Augen führen, wo es um vergleichsweise wenig existenzielle Bedürfnisse geht, nämlich nur um ein sauberes Auto und ausgeklopfte Fußmatten. Und schon kann man sich vorstellen, welche emotionalen Auswirkungen es haben kann, wenn man in einer Situation, in der man bereits mit jeder Lebensfaser einem Stressbelastungstest ohne Gleichen ausgesetzt ist – wenn man also in einer solchen Situation hoffnungsfroh zu einem Termin erscheint, bei dem »leistungsrechtliche Sachverhalte« besprochen werden sollen, die hoffentlich, hoffentlich endlich die Notlage verbessern.

Man hat sich abgehetzt, um rechtzeitig da zu sein.

Und dann blockiert der uniformierte Sicherheitstyp den Zutritt, weil man das Einladungsschreiben vergessen hat. Oder man hat daran gedacht und steht pünktlich am richtigen Tag zur richtigen Uhrzeit im richtigen Raum am richtigen Serviceplatz und erfährt dort, dass ohne Personalausweis die Identitätsprüfung nicht möglich ist und dass deswegen, weil nicht alle erforderlichen Unterlagen, Schrägstrich, Nachweise vorliegen, auch keine Bearbeitung möglich ist und dass ein neuer Termin per Post in den nächsten Tagen an Sie verschickt wird.

Auch wenn die Jobcenter-Servicekraft diese sachlich korrekte Botschaft freundlich mitteilt, ist zu erwarten, dass selbst eine ansonsten tiefenentspannte und ausgeglichene Person Schwierigkeiten hätte, ebenso freundlich sachlich lächelnd einfach nach Hause zu gehen. Niemand kommt aus Vergnügen ins Jobcenter. Armut ist nicht lustig. Hilfsbedürftigkeit ist kein Spaß. Und es kann sehr wütend machen und einen verzweifeln lassen, wenn man in einer Notlage und Ohnmachtssituation keine Hilfe bekommt.

Wir wünschen Ihnen von ganzem Herzen, dass Sie in Ihrem Jobcenter stets auf nette, kompetente und verständnisvolle Menschen treffen. Aber wenn nicht, haben Sie halt Pech. Von wem Sie betreut werden, ist Glücksache. Mitbestimmen können Sie jedenfalls nicht.

Nur unter ganz bestimmten Umständen können Sie einen Wechsel verlangen und einen entsprechenden Antrag stellen. Der wird dann geprüft und beschieden. Positiv oder eben nicht. Aber auch diese rechtliche Möglichkeit müssen Sie erst mal kennen und dann auch noch – womöglich gegen den Widerstand der Behörde – durchsetzen. Die Allerwenigsten haben die Kraft dafür.

Sozialstaat im Ernst – oder doch Satire?

Die Rechtsfolgenbelehrung müssen Sie übrigens nicht zum Termin im Jobcenter mitbringen. Sie ist zwar fast immer Teil der Einladung, aber für die Besprechung Ihrer beruflichen Situation gehört sie nicht zu den notwendigen Unterlagen. Man sollte sie dennoch gut aufbewahren.

Das empfiehlt nicht das Jobcenter, das empfehlen wir. Denn es gibt viele Fälle, bei denen die Rechtsfolgenbelehrung rechtswidrig war.

Ja, das klingt absurd. Wir wiederholen den Satz sicherheitshalber nochmal: Die Rechtsfolgenbelehrung kann rechtswidrig sein. Es gibt sogar ein Urteil des Sozialgerichts Leipzig von 2016 dazu: In der Rechtsfolgenbelehrung der Einladung muss darauf hingewiesen werden, dass ein Termin *nicht* als versäumt gilt, wenn der Betroffene sich noch am selben Tag beim Jobcenter meldet. Dieser Hinweis fehlt aber auf vielen, wenn nicht sogar auf den meisten Einladungen, weswegen sie dann rechtswidrig sind.[85] Die Einladungen nennen sich übrigens auf Rechtsdeutsch »Meldeaufforderungen«.

Mit solchen Petitessen müssen sich deutsche Gerichte herumschlagen, während es bei der Aufarbeitung des Cum-ex-Skandals, der größten Steueraffäre in der Geschichte Deutschlands, nicht vorwärtsgeht, weil zum Beispiel die Staatsanwaltschaft Köln, bei der allein 68 Cum-ex-Fälle lagern, völlig unterbesetzt ist.

Während unser Bundeskanzler sich an nichts erinnert, was mit den Cum-ex-Versäumnissen in Hamburger Behörden zu tun hat, sammeln sechs Millionen Menschen in *Bürgerhartz* brav sämtliche Jobcenter-Schreiben inklusive Rechtsfolgenbelehrung.

Und niemand fragt sich, ob das alles Satire ist und wer dahintersteckt. Es beginnt keine ehrgeizige Medienjagd auf die »Hintermänner«, die sich diese zynische Kampagne ausgedacht haben. Niemand ruft bei Böhmermann oder der Anstalt an. Keine Dementis nirgendwo.

Das ist auch gar nicht nötig. Wir kennen die »Hintermänner«. Sie sitzen in unseren Parlamenten. Wir haben sie selbst gewählt. Wir sind Teil davon. Es bräuchte nicht viel, um das zu ändern. Wir müssten bloß das Kreuzchen bei der nächsten Wahl woanders machen. Die Frage ist nur, wo. Wir könnten mal mit unserem lokalen Bundestagsabgeordneten darüber sprechen, wie sich das ändern ließe. Wir könnten uns selbst politisch engagieren. Wir könnten Geld spenden. Wir könnten helfen. Wir könnten hinsehen und darüber sprechen.

Nur Sie jetzt gerade nicht. Sie haben genug anderes zu tun. Sie müssen Ihr Überleben sichern. Sie vollbringen das Kunststück, sich von 5,61 Euro am Tag zu ernähren. Sie suchen einen Job und eine Wohnung. Und machen so einen Crashkurs in deutscher Sozialpolitik.

Einfach menschlich sein

Ihr Besuch im Jobcenter ist nicht nur für Sie als »Kund:in« eine Herausforderung, sondern auch für die zehntausenden Beschäftigten, die in den Jobcentern arbeiten. Sie müssen eine Balance finden zwischen einerseits strengen juristisch komplizierten Regularien und andererseits anspruchsvollen emotional herausfordernden Einzelschicksalen. Der Brückenschlag zwischen Apparat und Mitgefühl ist schwer genug und fällt vermutlich nicht nur von Mensch zu Mensch, sondern auch von Tag zu Tag unterschiedlich aus.

Menschlichkeit braucht Zeit. Braucht Kraft. Braucht Supervision. Im Stress gehen auch mal die Nerven durch. Im Stress zieht man sich zurück auf Formalitäten, auf dies und das. Zum Stress mit »schwierigen« Kund:innen kommt auch noch der Stress mit »schwierigen« Vorgaben. Natürlich gibt es Schulungen. Aber wo lernt man den Umgang mit Überforderung? Wie kann man mit den Menschen rechtssicher und trotzdem so sprechen, dass sie sich von dem Juristen-Kauderwelsch nicht eingeschüchtert fühlen? Wie kann man sie mit den eingeschränkten Mitteln einer Behörde kurzfristig stärken und langfristig ihre Kompetenzen erweitern?

Wir von *Sanktionsfrei* haben gut reden. Wir müssen keine oder kaum Rücksicht auf Regularien nehmen. Wir können einfach menschlich sein. Wir können einfach sagen: Dein Kühlschrank ist kaputt? Hier sind 200 Euro. Du kannst deine Stromrechnung nicht zahlen? Wir übernehmen!

Auf unserer Webseite steht an prominenter Stelle: »Leider sind Jobcenter häufig Orte der Angst und behördlicher Willkür.« Das »leider« meinen wir ernst. Wir würden uns freuen, wenn Jobcenter Orte der Ermutigung und behördlicher Sicherheit wären.

Dieses »leider« ist der Ausgangspunkt für unsere tägliche praktische Arbeit. Denn *Bürgerhartz* begünstigt ein extremes Machtgefälle und kann dem Missbrauch von Macht in vielen Fällen nicht vorbeugen. Der niedrige Regelsatz, die Sanktionen, die Bestimmungen in Kombination mit dem gesellschaftlichen Stigma verstärken bei den Betroffenen das Ohnmachtsgefühl.

Wer zu uns kommt, ist dankbar für jedes freundliche Wort.

Also sind wir freundlich. Dazu braucht es nicht viel. Wir sind menschlich. Wir sind aufrichtig. Wir bewerten nicht. Wir helfen, so gut wir können. Pragmatisch. Unkompliziert. Wenn wir zwischenzeitlich kein Geld haben, haben wir eben keins. Das nimmt uns niemand übel. Manche sind enttäuscht. Aber sie verstehen, dass wir auf Spenden angewiesen sind und daher auch nur begrenzte Mittel haben.

Auch Sie als Jobcenter-Neuling wären erleichtert, wenn Sie zufällig auf *Sanktionsfrei* stoßen – etwa, wenn Sie Ihre Jahresabrechnung für Strom bekommen und keine Ahnung haben, wovon Sie die bezahlen sollen.

Dabei haben Sie natürlich direkt am ersten Tag Ihres neuen *Bürgerhartz*-Lebens mit dem Stromsparen angefangen. Sie sind ja nicht doof. Die Standby-Funktionen gibt's nicht mehr in Ihrer Bedarfsgemeinschaft. Alles wird ausgeschaltet. Ladekabel lassen Sie nicht mehr in der Steckdose. Föhn und Trockner nutzen Sie gar nicht mehr, Backofen und Herd so selten wie möglich. Kalte Küche schont das Strombudget. Sie wissen von jedem Gerät, wie viel Energie es braucht. Zum Glück zeigt nur Ihre Waschmaschine auf dem Energieausweis die Stufe D. Das wird Ihnen ja wohl nicht das Genick brechen.

Oder doch?

»Wir lassen niemanden im Dunkeln!«

Fakt ist: Schon seit Anfang der Pandemie schlugen sich 5,8 Millionen Menschen in Hartz IV mit ständig steigenden Kosten herum. Mit dem russischen Angriffskrieg auf die Ukraine im Februar 2022 explodierten jedoch die Energiekosten und mit ihnen alle weiteren Preise.

Tragischerweise bekamen Menschen in Hartz IV jedoch von den staatlichen Hilfen am allerwenigsten ab. Manche haben den Sommer über vom 9-Euro-Ticket profitiert, weil sie endlich mal für relativ kleines Geld ein bisschen mobil waren. Aber die meisten hatten eher damit zu tun, die rasant gestiegenen Lebensmittelkosten zu stemmen und währenddessen Geld für die zu erwartende exorbitante Stromnachzahlung zurückzulegen.

Im Mai 2022 – sicher erinnern Sie sich – waren die Sorgen groß und zwar weit bis in die Mittelschicht hinein. Deswegen beschloss die Bundesregierung das »Entlastungspaket I« und schüttete in den darauffolgenden Monaten insgesamt mehr als 15 Milliarden Euro aus. Ende September 2022 wurde eine einmalige Energiepreispauschale von 300 Euro an sozialversicherungspflichtig Beschäftigte gezahlt. Völlig egal, wie viel sie verdienten oder wie viel Vermögen sie besaßen. Vollkommen ohne jede Überprüfung, ohne jeden Antrag.

Diesen Moment nutzten wir.

Kurzerhand riefen wir dazu auf, die Energiepreispauschale an uns zu spenden – wir würden sie weiterleiten an die, die sie wirklich brauchten. Denn das Verrückte in Zeiten der Pandemie und Krise war, dass die Preissteigerungen natürlich vielen zu schaffen machten, aber für viele waren sie auch schlicht egal. Trotzdem bekamen sie eine Sonderzahlung nach der anderen.

Mit dem Slogan »Wir lassen niemanden im Dunkeln!« ermutigten wir Menschen in Hartz IV, sich bei uns zu melden, wenn sie mit einer Stromnachzahlung zu kämpfen hatten. Wir würden die eingehenden Mails nach und nach abarbeiten. Solange Geld in unserem Solidartopf war, würden wir jede Stromnachzahlung ausgleichen.

Völlig überraschend kamen in kürzester Zeit 180000 Euro Spenden zusammen, die wir an über 500 Haushalte umverteilen konnten. Das brachte uns an die Grenzen unserer Kapazitäten.

Unser Postfach quoll über. Wir arbeiteten zu dritt im Akkord von morgens früh bis tief in die Nacht. Denn jede Stromnachzahlung, die bei uns eintrudelte, musste einzeln erfasst, jeder Betrag einzeln angewiesen und am Ende alles akribisch dokumentiert werden. Und vor allem haben wir sämtliche Mails mit teilweise zutiefst erschütternden Geschichten gelesen und beantwortet.

Am Ende waren wir ein bisschen stolz, ziemlich erschöpft, aber auch verdammt frustriert. Denn es war ein Kampf gegen Windmühlen. Nicht nur, weil die Anzahl der Anfragen das Spendenvolumen bei weitem überstieg. Vor allem führte uns jede einzelne Mail schonungslos vor Augen, was auf die Menschen in *Bürgerhartz* zukam: Die Abschläge waren bei vielen so erheblich gestiegen, dass sich ein Monat für Monat wachsender Schuldenberg vor ihnen auftürmte. Unser Geld reichte bei den meisten Menschen allerhöchstens dafür, die Katastrophe ein kleines bisschen hinauszuzögern.

Ja, wir konnten etwas Aufmerksamkeit auf dieses Thema und diesen vergessenen Teil unserer Gesellschaft lenken. Ja, es meldete sich ein Unternehmer bei uns, der großzügig in den Solidartopf einzahlte. Und, ja, seither bekommen wir insgesamt etwas mehr Spenden als vorher.

Wir wissen das alles sehr zu schätzen.

Gleichzeitig sind wir zwischenzeitlich einfach nur wütend darüber, dass wir diesen Job machen müssen. Leben wir nicht in einem »Sozialstaat«? Wo ist der denn, wenn man ihn mal braucht?!

Was sind schon 500 Haushalte, in denen zusammen vielleicht 1800 Menschen leben, gegenüber 5,4 Millionen Menschen in *Bürgerhartz* und 17,3 Millionen armutsgefährdeten Menschen in Deutschland? Unsere Aktion war bloß ein Tropfen auf den heißen Stein.

Wieso lässt man ein Fünftel der Gesellschaft im Regen stehen oder im Dunkeln sitzen, während Menschen, die es nicht halb so nötig haben, mit Entlastungspaket I und Entlastungspaket II und weiß der Teufel was noch besänftigt und beschenkt werden? Und wieso müssen ausgerechnet die, die ohnehin nichts haben, noch kürzertreten, während das Geld sich fröhlich immer weiter dort vermehrt, wo es bereits in Massen vorhanden ist?

Dabei gibt es Lösungen. Es gibt Ideen und Konzepte. Wie sie zum Beispiel das Institut für Solidarische Moderne oder das Momentum Institut vorschlagen oder das Forum Ökologisch-soziale Marktwirtschaft oder sogar das Umweltbundesamt.[86] Es gibt Modellrechnungen für Klima-Dividenden, Reformvorschläge für das Steuer-, Entgelte-, Abgaben- und Umlagensystem oder sozial- und klimagerechte Energiepreismodelle. Es gibt Möglichkeiten, diese andauernde und wachsende Krise der von Armut betroffenen Menschen zu lösen. Diese Situation ist kein Naturgesetz. Sie ist eine politische Entscheidung. Sie ist eine politische Entscheidung. Sie ist eine politische Entscheidung.

Darüber könnte und sollte man intensiv und öffentlich diskutieren. Stattdessen musste Helena den ganzen November 2022 gefühlt jeden Tag irgendwelche Medienanfragen beantworten, Interviews geben und Gastbeiträge schreiben, in denen sie sich zum »Lohnabstandsgebot« äußern sollte, das es nur in der Phantasie erzkonservativer Multimillionäre gibt, aber in der deutschen Gesetzgebung allerhöchstens in den Bestimmungen zur Beamtenversorgung. Das Recht auf ein angemessenes Existenzminimum ist jedoch im Grundgesetz verankert.

Jobcenter-Schreiben – künftig freundlich und klar

Aber jetzt mit dem Bürgergeld wird ja alles anders. Das steht im Koalitionsvertrag. Und das hat die Regierung versprochen. Kommunikation auf Augenhöhe.

»Künftig werden alle von den Jobcentern in freundlichen, klaren Sätzen angeschrieben«, verkündete hoffnungsfroh Andreas Audretsch, der Fraktionsvorsitzende der Grünen, im September 2022.[87] Er ist Teil der Ampelregierung. Er hat das »Bürgergeld« mit beschlossen.

Nur, wann genau ist dieses »künftig«?

Mitte 2023, also weit nach Einführung des »Bürgergelds«, bekommen Sie auf Ihrer Expedition ins unbekannte Leben sozialer Hilfsbedürftigkeit den folgenden »Änderungsbescheid«, eine schmackhafte Kostprobe der viel gepriesenen »Bürgergeld«-Augenhöhe. Entscheiden Sie selbst, wie freundlich und klar Sie das Anschreiben finden:

»Mit Bescheid vom 28.12.2022 wurden für Sie Leistungen nach dem SGB II bewilligt. Dieser Bescheid wird mit Wirkung vom Zeitpunkt der Änderung der Verhältnisse nach § 48 Abs. 1 SGB X aufgehoben. Wir machen Sie darauf aufmerksam, dass Leistungen nach dem SGB II keine rentengleichen Dauerleistungen mit Versorgungscharakter darstellen. Die Höhe der Leistungen richtet sich nach Ihrem individuellen Bedarf und dem Vorliegen der Voraussetzungen.«

Puh. Kurz Luft holen. Weiter geht's:

»Sie müssen immer unter der von Ihnen benannten Adresse erreichbar sein. Sollten Sie eine Ortsabwesenheit planen, sind Sie verpflichtet, den Zeitraum und die Dauer der Ortsabwesenheit mit Ihrem persönlichen Ansprechpartner vorab abzustimmen. Eine unerlaubte Abwesenheit kann zum Wegfall und Rückforderung des Bürgergeldes führen.«

Nicht zu früh freuen. Das Schreiben geht noch weiter.

»Auf Ihre Mitwirkungspflichten nach §§ 60–64 des Ersten Buches Sozialgesetzbuch (SGB I) weisen wir Sie ausdrücklich hin.«

Und jetzt kommt das Grande Finale:

»Die Neuberechnung erfolgt aufgrund der Betriebskostenabrechnung für den Abrechnungszeitraum 01.04.2021 bis 31.03.2022. Bereits mit Schreiben vom 9.4.2021 und 15.12.2021 wurden Ihnen die maximal verbleibenden Beträge zur Begleichung einmalig kalter Nebenkosten mitgeteilt. Diese betragen im Abrechnungszeitraum 407,40 Euro. Tatsächlich entfällt ein Betrag i.H.v. 441,54 Euro auf die kalten Nebenkosten. Die Nachzahlung ist somit zu 34,14 Euro unangemessen, es kann lediglich der angemessene Betrag i.H.v. 407,40 Euro als Bedarf anerkannt werden.«

Haben Sie einen blassen Schimmer, worum es geht? Falls ja: Bravo, bravissima! Wenn nicht, keine Sorge. Wir übersetzen.

Dolmetscher Jobcenter-Klartext

Der »Änderungsbescheid« sagt inhaltlich ungefähr dies:

»Die Höhe Ihres Bürgergeldes hat sich verändert, da sich Ihre Lebenssituation verändert hat. Bürgergeld ist nicht das Gleiche wie Rente. Wie viel Bürgergeld Ihnen zusteht, ergibt sich aus Ihrer persönlichen Lebenssituation.

Sie dürfen Ihre Stadt/Gemeinde über Nacht nicht verlassen, ohne vorher die Erlaubnis von Ihrem Arbeitsvermittler einzuholen. Wenn Sie das nicht machen, kann das Bürgergeld zurückgefordert und/oder gar nicht mehr gezahlt werden.

Sie müssen Ihren Pflichten nachkommen, sonst kann Ihr Bürgergeld gekürzt oder vorübergehend nicht ausgezahlt werden.

Letztes Jahr hatten Sie Kalt-Nebenkosten in Höhe von 441,54 Euro. Das sind 34,14 Euro mehr, als im Bürgergeld als angemessen betrachtet wird. Dieses Geld müssen Sie daher aus dem Regelsatz selber aufbringen.«

Das sind die Fakten in klarer Sprache. Aber richtig freundlich ist der Text nicht. Im Gegenteil: In dem juristisch korrekten

Amtsdeutsch war der emotionale Subtext etwas untergegangen. Jetzt liegt die Tonalität des Schreibens klar vor Augen: Der Brief besteht aus Belehrungen, Drohungen und einer klaren Ablehnung.

Ginge das auch freundlicher? Wir können es mal versuchen. Menschlich oder freundlich wäre vielleicht eine Formulierung wie:

»Wir danken Ihnen für Ihr Vertrauen und möchten Ihnen gern helfen.«

Wow. Das klingt fast wie ein Hotelprospekt.

»Die Höhe des Bürgergeldes ergibt sich aus Ihrer individuellen Lebenssituation. Damit verbunden sind einige Regeln, die wir Ihnen auf Wunsch gern erläutern. Wir bitten Sie dringend, sich daran zu halten. So erleichtern Sie uns die Arbeit und ermöglichen, dass unsere Unterstützung Sie schnell und sicher erreicht.«

Immer noch streng, aber zugewandt. Finden Sie nicht?

»Bitte informieren Sie uns unbedingt vorab, wenn Sie unsere Stadt/Kommune verlassen möchten, und sei es auch nur für eine Nacht. Vielleicht haben wir nämlich spontan einen tollen Job für Sie oder wollen etwas anderes mit Ihnen besprechen. Dann wäre es blöd, wenn wir Sie nicht sofort erreichen könnten.«

Hm, so langsam ist zu ahnen, wohin uns Klarheit und Freundlichkeit führen:

»Leider sehen die Regeln vor, dass wir nur Kosten in Höhe von xy übernehmen. Wir versuchen gern, mit Ihnen Lösungen zu finden, wie Sie den Restbetrag aufbringen können.«

Nämlich an die unverschleierte Substanz der »Bürgergeld«-Regelungen:

»Aber große Hoffnung können wir Ihnen leider nicht machen. Das Sozial-Budget ist nämlich äußerst knapp bemessen. Dafür gibt es in unserem Land keine Erbschaftssteuer und wir subventionieren fossile Energien mit Milliardenbeträgen. Freuen Sie sich: Denn wenn Sie eines Tages zufällig doch noch sehr reich werden, werden auch Sie davon profitieren.«

So klar wird es die Bundesagentur für Arbeit auch künftig nicht formulieren, selbst wenn »künftig« erst in sehr weiter Zukunft liegt.

Sprache schafft Rechtssicherheit und sichert Macht

Es geht nicht um Freundlichkeit, nicht um Menschlichkeit. Es geht um Rechtssicherheit. Mit komplizierter Sprache wird versucht, mögliche Widersprüche im Keim zu ersticken und Menschen abzuschrecken, ihre Ansprüche geltend zu machen. Man muss schon juristisch versiert sein, um die übermächtige Sprache überhaupt zu verstehen, geschweige denn sich gegen sie aufzulehnen.

Die unverständlichen Briefe sind nicht grundsätzlich böse Absicht Ihrer Sachbearbeiterin. Aber sie sind grundsätzlich im Interesse der Institution Jobcenter und des übergeordneten Ministeriums. Es geht um Machterhalt und darum, die Machtstrukturen zu verschleiern.

»Man muss Gesetze kompliziert machen; dann fällt das nicht so auf«[88], sagte der damalige Innenminister Horst Seehofer lachend im ARD-Interview am 6. Juni 2019. Unverhohlen gab er damit zu, dass Sprache ein Herrschaftsinstrument ist. Durch bestimmte Sprachstile, Fachjargon oder akademische Diskurse werden Machtpositionen abgesichert und der Zugang zu Wissen und Einfluss kontrolliert.

Aber Demokratie, die »Herrschaft des Volkes«, ist nur dann möglich, wenn auch komplexe Regulierungen von den Betroffenen verstanden werden. Nicht ohne Grund heißt es in der Gemeinsamen Geschäftsordnung der Bundesministerien (GGO):

»Gesetze müssen sprachlich richtig und möglichst für jedermann verständlich gefasst sein.«[89]

Muss das nicht auch für jedes Behördenschreiben gelten?!

Vor dem Gesetz sind wir alle gleich. Das ist der Anspruch. Aber ohne juristischen Ver- oder Beistand stimmt das leider nicht. Man muss wissen, wie man seine Rechte auch tatsächlich durchsetzen kann. Die ausreichenden finanziellen, sozialen und kulturellen Ressourcen dafür hat aber nur eine von Reichtum betroffene Minderheit der Gesellschaft. Alle übrigen brauchen Unterstützung. Und die kommt zum Glück aus der Zivilgesellschaft.

Auch Sie haben auf Ihrer Expedition bereits Situationen erlebt, in denen Sie Hilfe in Anspruch genommen haben, sei es von der Arbeitsloseninitiative oder von *Sanktionsfrei*. Stellen Sie sich jetzt folgende Situation vor:

Sie bekommen bereits über ein Jahr »Bürgergeld«. Als Ihre Waschmaschine kaputtging, mussten Sie ein Darlehen aufnehmen. Bis das Darlehen abgezahlt ist, fällt Ihr Regelsatz um 10 Prozent geringer aus. Ihre Wohnung ist nicht angemessen, aber Sie finden keine neue, weswegen Sie jetzt 50 Euro Nebenkosten selbst zahlen müssen. Sie legen zudem jeden Monat 12 Euro beiseite für die kommende Stromnachzahlung. Kurz: Sie müssen seit Monaten mit 390 Euro klarkommen. Jetzt müssen Sie zum Termin ins Jobcenter. Ihr Fahrrad ist kaputt. Sie nehmen den Bus.

Ach, denken Sie, die paar Stationen; das Ticket spare ich mir! Zack, werden Sie erwischt. Blöderweise zum zweiten Mal. Jetzt müssen Sie wieder 60 Euro »erhöhtes Beförderungsgeld« bezahlen. Mist. Wo sollen Sie das Geld diesmal hernehmen? Aber es kommt noch dicker.

Unfassbare Härte gegenüber Menschen, die einfach nichts haben

Die »Erschleichung von Leistungen« ist eine Straftat. Eine Straftat ist keine Ordnungswidrigkeit, erst recht kein »Kavaliersdelikt«. Eine Straftat wird von der Staatsanwaltschaft verfolgt. Sie wird bestraft. Sie müssen also eine Geldstrafe an den Staat bezahlen – und die ist aus Ihrer neuen Jobcenter-Kunden-Perspektive mehr als horrend.

Als Person ohne Einkommen liegt Ihr Tagessatz bei 10 Euro und Sie werden zu 60 Tagessätzen verurteilt. 600 Euro also. Das können Sie nicht bezahlen. Ihnen droht, dass Ihre Tagessätze in 60 Tage Ersatzfreiheitsstrafe umgemünzt werden. 60 Tage Haft für lächerliche 600 Euro. Für Fahren ohne Fahrschein.

Sie haben Glück. Sie haben Ihren Optimismus, Ihren Verstand, Ihre Gesundheit über die Zeit gerettet. Deswegen bekommen Sie die Möglichkeit, durch Ratenzahlung oder durch Sozialstunden die Strafe abzuleisten.

Vielleicht macht es Ihnen sogar ein wenig Freude, einige hundert Stunden irgendwo im gemeinnützigen Sektor arbeiten zu müssen. Sie freuen sich, mal wieder gebraucht zu werden und etwas beitragen zu können. Kommen unter Menschen, haben eine Aufgabe, ein Ziel, geregelte Arbeitszeiten. Sie können vielleicht anderen Menschen helfen. So was stärkt das Selbstbewusstsein und die Hoffnung, dass irgendwann auch wieder bessere Zeiten kommen.

Diese Alternativen kommen für Menschen in multiplen Krisen oft aber leider nicht in Frage. Rund 7000 arme und kranke Menschen landen jedes Jahr wegen »Erschleichen von Leistungen« monatelang im Gefängnis.

Die Einzelschicksale hinter dieser Zahl sind erschütternd und durch die Inhaftierung wird ihre Lebenssituation unermesslich verschlechtert. Es ist eine unverhältnismäßige Härte gegenüber Menschen, die sich nichts »erschleichen«, sondern einfach nichts haben. Zum Beispiel eine junge Mutter aus Leipzig: Für Fahren ohne Ticket sollte sie – drei Jahre später! – die Ersatzfreiheitsstrafe antreten. Ihr zehn Wochen altes Baby wäre währenddessen fremdbetreut worden.

Für solche Fälle gibt es den *Freiheitsfonds*, eine gemeinnützige und spendenfinanzierte Organisation, die seit Dezember 2021 über 700 Gefangene freigekauft und damit rund 140 Haftjahre aufgelöst hat.[90] Absurder Nebeneffekt: Gekostet hat das die spendenwillige Zivilgesellschaft rund 670 000 Euro, während der Staat dadurch fette 10 Millionen Euro »gespart« hat.

Weder Wissenschaft noch Praxis finden Argumente für die Inhaftierung von Menschen ohne Fahrschein. Selbst die Gefängnisse sind heilfroh, dass es den *Freiheitsfonds* gibt und melden sich sogar proaktiv dort, damit neu Eingetroffene möglichst schnell wieder den Weg nach draußen finden. Trotz naheliegender Lösungen herrscht ein erschreckender politischer Unwille, dieses System zu verändern.

Die Gemeinsamkeiten zwischen *Sanktionsfrei* und dem *Freiheitsfonds* liegen auf der Hand: Die Mehrzahl der unterstützten Personen sind erwerbslos. Die Einzelfallhilfe wird über einen spendenfinanzierten Solidartopf finanziert. Das übergeordnete Ziel ist politische Veränderung, ein Paradigmenwechsel. Wir wollen sinnlose und kontraproduktive Strafen abschaffen.

Ihre Expedition ins Jobcenter ist hiermit zu Ende. Wir hoffen, Sie nehmen bleibende Eindrücke mit.

Wir kehren nochmal kurz zurück in das Jahr 2019, als wir im Februar unsere Studie zur Wirksamkeit von Hartz-IV-Sanktionen starteten. Überraschenderweise kündigte kurz darauf das Bundesverfassungsgericht ein Urteil in einem Verfahren an, auf das die interessierte Öffentlichkeit schon 5 Jahre gewartet hatte. Es ging um die Frage, ob Sanktionen mit dem Grundgesetz im Einklang stehen. Würde das Bundesverfassungsgericht uns unverhofft zur Seite springen und nach all den Jahren diese sinnlosen Strafen ein für allemal abschaffen?

»Ihr Antrag auf darlehensweise Übernahme der Kosten für einen Kühlschrank vom 28.12.2021
Sehr geehrte Frau I.,
Ihrem Antrag auf darlehensweise Übernahme der Kosten für einen Kühlschrank kann leider nicht entsprochen werden.
Gem. §24 Abs. 1 Zweites Buch Sozialgesetzbuch kann lediglich dann ein Darlehen erbracht werden, wenn ein unabweisbarer Bedarf nicht gedeckt werden kann und die Bedarfsdeckung nicht auf andere Weise erzielt werden kann.
In Ihrem Fall kann die Bedarfsdeckung auf andere Weise erzielt werden.
Sie sind gem. §20 Abs. 1 S. 4 2. Halbsatz SGB II gehalten, aus Ihrem monatlichen Regelbedarf Ansparungen für unregelmäßig anfallende Bedarfe vorzunehmen. Vorübergehend können Sie aufgrund der Witterungsverhältnisse Lebensmittel auch z. B. auf dem Balkon lagern und parallel Ansparungen für die Anschaffung eines Kühlschrankes vornehmen. Hierbei ist es Ihnen ebenfalls zuzumuten, einen gebrauchten Kühlschrank zu beschaffen.
Die Voraussetzungen für eine darlehensweise Bewilligung sind damit nicht gegeben.«

Jobcenter in Bayern lehnt Kostenübernahme für Schimmelspray und Luftentfeuchter ab. Begründung: »In der Regel entsteht bei normalem Wohnen keine Schimmelbildung. Die Wohnung weist keine baulichen Mängel auf.«

B. aus Lübtheen braucht Insulin, das muss im Kühlschrank gelagert werden. Ihr Strom wurde abgestellt. Vorher hat das Jobcenter ein Darlehen telefonisch abgelehnt.

T. aus Göttingen ist blind. Das Jobcenter weigert sich, ihm seine Post barrierefrei zukommen zu lassen. Es droht immer wieder mit Sanktionen, wenn er Termine nicht wahrnimmt, von denen er teilweise gar nichts weiß, weil er die Post nicht lesen kann.

BUNDESVERFASSUNGSGERICHT

Jahrhundert-Urteil mit halbherzigen Folgen

Die Nachricht war ein Hammer: Am 5. November 2019 entschied das Bundesverfassungsgericht, dass die bisherige Sanktionspraxis in Hartz IV verfassungswidrig war.[91] Wow! Das muss man sich mal auf der Zunge zergehen lassen:

15 Jahre lang haben Millionen Menschen in Hartz IV ihre Existenzgrundlage, ihre Wohnungen, ihre Würde verloren, weil sie den Vorgaben einer Behörde nicht gefolgt waren. Kein Essen, kein Trinken, kein Wohnen. Alles wegen Ungehorsam. Selbst Eltern mit Kindern waren davor nicht geschützt. Und ausgerechnet junge Erwachsene wurden mit besonderer Härte behandelt. 15 Jahre lang hatte diese Hartz-IV-Praxis gegen die Verfassung verstoßen. Und damit war jetzt endlich Schluss!

Der 5. November 2019 war so etwas wie der Sturm auf die Bastille des deutschen Sozialsystems.

Dass es solche Sanktionen überhaupt gab – und um es vorwegzunehmen: lediglich etwas abgemildert weiterhin gibt –, hat eine lange Tradition. Das oberste deutsche Gericht macht sich in seinem 62 Seiten langen Sanktions-Urteil von November 2019 die Mühe, die wesentlichen Stationen der deutschen Rechtsgeschichte zu skizzieren. Diesen historischen Parcours absolviert das Bundesverfassungsgericht mit Akribie. Falls Sie keine Zeit für den gesamten Urteilstext haben, fassen wir im Folgenden schnell das Wesentliche zusammen.

Sanktionen haben eine lange düstere Geschichte

Schon im Sozialrecht der Weimarer Zeit hat es sanktionierte Verhaltenspflichten gegeben. Sie richteten sich gegen »Arbeitsscheue«, aber auch gegen Menschen, die Anordnungen der zuständigen Stellen »beharrlich zuwiderhandelten«. Deren Hilfsbedürftigkeit war dann »aufs Strengste zu prüfen sowie Art und Maß der Fürsorge auf das zur Fristung des Lebens Unerlässliche zu beschränken«. Immerhin, das Unerlässliche wurde dann doch noch zugebilligt. Wir ahnen aber, wie wenig das war. Vor allem in der Fortschreibung dieser Regelung in der Zeit des Nationalsozialismus. Der Begriff »arbeitsscheu« bot dem NS-Regime eine Grundlage für willkürliche Verfolgung. Ab 1933 praktizierten zahlreiche Städte die Internierung in bereits existierenden Arbeitshäusern oder in speziellen »Lagern für geschlossene Fürsorge«, die später als Konzentrationslager betrieben wurden.

Die Regelungen der NS-Zeit galten in der BRD weiter, bis 1961 das neue Bundessozialhilfegesetz in Kraft trat. Neu war einiges, aber nicht alles. Der Leitbegriff »arbeitsscheu« jedenfalls blieb erhalten. Und wer sich weigerte, »zumutbare« Arbeit zu leisten, hatte weiterhin keinen Anspruch auf Hilfe zum Lebensunterhalt. Die nächste Reform fand 1974 statt – und änderte so gut wie nichts: Lediglich die »Unterbringung in Arbeitseinrichtungen« wegen »beharrlicher« Weigerung zumutbarer Arbeit wurde aufgehoben.

Bei der nächsten Gesetzesänderung 1996 hatte man vor allem Klarheit in der schwammig formulierten Regelung geschaffen: Unterlag es vorher dem Ermessensspielraum der Sozialbehörden, um wie viel die Fürsorgeleistung abgesenkt wurde, wenn zumutbare Arbeit verweigert wurde, gab es nunmehr eine klare Regelung: Es wurde zunächst um 25 Prozent und bei wiederholter Ablehnung in Stufen um jeweils weitere 25 Prozent gemindert. Maximal durfte die Hilfe zum Lebensunterhalt auf das »Unerlässliche« beschränkt werden. Das allerdings nur, wenn gezielt Vermögen vermindert wurde, um Leistungen zu erlangen. Oder wenn trotz Belehrung »unwirtschaftliches Verhalten« fortgesetzt wurde.

Das wurde, so erklärt es das Bundesverfassungsgericht 2019, »eng ausgelegt«. Es musste schon einiges zusammenkommen, damit diese Begründung greifen konnte. Einfach ein Terminversäumnis reichte da nicht aus. Auch fehlende eigene Bemühungen um Arbeit rechtfertigten nicht per se eine Reduzierung. Die Bewerbung musste persönlich und finanziell zumutbar sein und auch konkrete Erfolgsaussichten haben.

2005 änderte sich das mit der Einführung von Hartz IV durch die rot-grüne Koalition drastisch. Die Schwelle der Versäumnisse wurde klar abgesenkt. Jetzt reichte schon das erstmalige Versäumnis eines Termins, um durch Leistungskürzungen sanktioniert zu werden. Statt der Stufen 25–50–75 Prozent, gab es nun die Stufen 10–30–60 Prozent, aber vor allem das war neu: Es gab das Maximum 100 Prozent. Erstmals seit der Zeit des Deutschen Kaiserreichs wurde nicht mal mehr das »Unerlässliche« zugestanden. Außerdem wurden die Sanktionen automatisch und unwiderruflich auf drei Monate festgesetzt. Es gab also keine einmalige Leistungskürzung, sondern eine dreimalige!

Ein simples Terminversäumnis bedeutete also drei Monate lang 10 Prozent unter dem Existenzminimum leben zu müssen. Wiederholte Regelverletzungen wie die Ablehnung einer »zumutbaren« Arbeit oder Maßnahme konnten bis zu drei Monate ohne jeden Cent, ohne Geld für die Wohnung und die Krankenkasse zur Folge haben. Sie wissen bestimmt: Wer drei Monate seine Miete schuldig bleibt, kann fristlos gekündigt werden.

Außerdem galt jetzt: Arbeit musste nur noch »zumutbar« sein. Was zumutbar war, entschied mehr oder weniger das Jobcenter.

Zugleich waren die Ein-Euro-Jobs erfunden worden. Sie wurden vom Jobcenter zugewiesen und sie abzulehnen, war eine Pflichtverletzung.

Die Hartz-IV-Gesetze zeugten von einem Geist der Schonungslosigkeit, der eigentlich längst überwunden schien. Wer jetzt sagt: »Streng mag's schon sein, aber es ist keine Gewalt!«, der sei daran erinnert, dass wir in einer Gesellschaft leben, in der alles einen Preis hat. Niemand kann einfach auf die Pirsch gehen und sich einen Hasen jagen. Wer kein Geld hat, hat weder zu essen noch ein Dach über dem Kopf. Wer drei Monate kein Geld hat, verhungert – es sei denn, er schlägt sich irgendwie anders durch. Nur wie? Das war in jeder Hinsicht so skandalös, wie es klingt. Erst recht, wenn man sich vor Augen führt, dass diese Regelung – auch das war neu – schnell und besonders streng bei Unter-25-Jährigen angewandt wurde.

Leider interessierte sich die breite Öffentlichkeit nicht für diese Regeln. Die großen Demonstrationen 2004 rund um die Einführung von Hartz IV richteten sich vor allem gegen die massiven finanziellen Kürzungen, die durch die Zusammenlegung von Sozialhilfe und Arbeitslosengeld II entstanden. Welche Folgen die verschärften Sanktionsregelungen haben würden, ahnten offenbar die wenigsten oder sie störten sich nicht daran.

Wenn es im Laufe der nächsten Jahre überhaupt mal gelang, die Aufmerksamkeit auf dieses Thema zu lenken, dann hieß es immer: Sanktionen beträfen nur eine kleine Gruppe von etwa 3 Prozent der Menschen in Hartz IV, die es obendrein nicht anders verdient hätten. Nur zur Verdeutlichung: 3 Prozent von 5,3 Millionen sind 159 000 Menschen. Das ist die Einwohnerzahl von Heidelberg oder Darmstadt. Das ist nicht niemand und auch keine klitzekleine Minderheit.

Es sind und waren vor allem Menschen davon betroffen, die gerade ohnehin in einer Extremsituation stecken. Die also beispielsweise aufgrund von einer Angststörung oder einer Depression ihre Post nicht öffnen. Oder die eine Arbeit nicht annehmen können, weil sie spielsüchtig sind, und es ausgerechnet um einen Job im Casino geht. Oder die den Job im Altenheim nicht annehmen, weil er sich nicht mit der Betreuung ihrer Kinder vereinbaren lässt.

Es sind Menschen, die nicht deswegen einen Termin verpassen oder einen Job ablehnen, weil sie das Sozialsystem ausnutzen möchten, sondern weil sie in multiplen Problemlagen stecken. Wer betrügen oder sich Leistungen erschleichen möchte, sucht sich gewieft einen schlauen Weg. Es gibt sie zweifellos: Menschen, die betrügen. Aber genau die sind in der Minderheit. An ihnen das System auszurichten, ist Ausdruck von Verfolgungswahn. Von Ungerechtigkeit gar nicht erst zu sprechen.

Sofort Schluss! Regeln für den Übergang

Leider hatte das Bundesverfassungsgericht in seinem Urteil 2019 *nicht* geschrieben, dass die Hartz-IV-Sanktionspraxis als Ganzes in den letzten 15 Jahren »nicht verfassungsgemäß« war. Es hatte in seiner Pressemitteilung geschrieben, die Hartz-IV-Sanktionspraxis wäre »teilweise verfassungswidrig«.

Das Wort »teilweise« hatte eine ähnliche Wirkung wie das Wort »eigentlich«. Das sollte man nie sagen, wenn man etwas verbindlich meint. Es öffnet gedanklich nämlich sofort die Tür zur Ausnahme. »Eigentlich esse ich vegetarisch« heißt so viel wie »Ich nehme die Suppe gern mit Bockwurst!«.

Auf diese Wörtchen stürzten sich die üblichen Verdächtigen, bevor sie auch nur eine Seite des 62-seitigen Urteils gelesen hatten. Natürlich nicht ohne das Wörtchen »nur« davor zu stellen. Womit dann feststand, dass »eigentlich« alles in Ordnung war.

Das bisschen Sanktions-Bockwurst in der Hartz-IV-Suppe konnte also bleiben.

Das fand jedenfalls der Bundesarbeitsminister Hubertus Heil (SPD). Das fand auch der altgediente Chef der Bundesagentur für Arbeit Detlef Scheele (SPD), der noch im Oktober 2020 den Regelsatz im europäischen Vergleich für »großzügig« hielt. Das fanden auch alle diejenigen, die Sanktionen im Sozialsystem immer schon für eine prima Idee gehalten hatten. Und als die Union später die große Bedingungsloses-Grundeinkommen-Bürgergeld-Kampagne startete, war die Botschaft, dass Erbsensuppe *ohne* Bockwurst gar keine Suppe mehr sei, sondern eine Art Schlemmerfilet.

Ein sanktionsfreies Sozialsystem erschien gewissermaßen als Inbegriff der Todsünden Faulheit und Völlerei, während die Gier zur ökonomischen Vernunft umdefiniert wurde. Als Motor der freien Marktwirtschaft war sie per se eine Tugend. Denn: »Sozial ist, was Arbeit schafft!«

Aber ganz so easy war es dann doch nicht, das Urteil abzuräumen. Immerhin gab es ja zumindest *ein* verfassungswidriges Detail. Und dieses Detail war offenbar nicht ganz unbedeutend winzig klein. Im Gegenteil. Es war so relevant, dass das Gericht eben nicht gesagt hat: Ihr könnt im Prinzip so weitermachen wie bisher. Es hat gesagt: Ihr müsst sofort damit aufhören! Und es hat gesagt: Okay, ihr habt Zeit, euch eine Neuregelung zu überlegen, aber bis dahin müsst ihr eine Übergangsregelung schaffen.

Einige aufmerksame Sozialverbände und Medien waren durchaus in der Lage, zu lesen und zu verstehen, was das höchste deutsche Gericht da in juristisch filigraner Sprache zum Ausdruck gebracht hatte.

Die *Tagesschau* übersetzte es auf dieses sachlich korrekte Niveau:

»Kürzungen von 30 Prozent sind unter bestimmten Bedingungen in Ordnung. Kürzungen von 60 oder gar 100 Prozent aber ab sofort nicht mehr.«[92]

Und wie die *Tagesschau* ebenfalls sehr korrekt erklärte, waren auch die 30-Prozent-Kürzungen nur ausnahmsweise erlaubt:

»Eine Kürzung von 30 Prozent der Leistungen ist im Prinzip zulässig mit zwei Einschränkungen: Es muss möglich sein, dass die Behörden von dieser Sanktion absehen, wenn bei Betroffenen eine ›außergewöhnliche Härte‹ vorliegt. Und es ist auch nicht in Ordnung, dass die Kürzung immer erst nach drei Monaten endet. Wenn jemand nachträglich doch noch kooperiert, muss die Kürzung gestoppt werden können.«

Extra für Sie präsentieren wir auch noch die Suppen-Analogie: Keine Bockwurst bei Allergie! Und: Die Suppe muss nicht aufgegessen werden!

Dabei könnten wir es belassen. Aber es wäre schade um all die vielen Seiten, die das Bundesverfassungsgericht da in mühsamer Kleinstarbeit vollgeschrieben hat.

Minimum ist Minimum. Weniger geht nicht

Ein solches Urteil wird es so schnell nicht wieder geben. Man kann nämlich nicht einfach »nach Karlsruhe ziehen«, wie es in den Nachrichten so lapidar heißt. Also, man kann natürlich schon, aber um tatsächlich ein Verfahren in Gang zu bringen, muss der beklagte Rechtsanwendungsfehler einen spezifischen Bezug zu den verfassungsmäßigen Grundrechten haben. Und das klingt schon so unverständlich, dass es fast einfacher wäre, das Einladungsschreiben eines Jobcenters ins Altgriechische zu übersetzen. Aber noch viel entscheidender ist, dass »die beschwerdeführende Person selbst, gegenwärtig und unmittelbar in ihren Rechten betroffen« sein muss. Es muss also eine Person in *Bürgerhartz* erst sanktioniert werden, dann dagegen Widerspruch einlegen und dann dagegen juristisch vorgehen. Das kommt immerhin vor. Doch jeder zweite Widerspruch endet sehr schnell, weil er Erfolg hat. Insofern entsteht daraus kein Fall fürs Bundesverfassungsgericht. Die Widersprüche durch *Sanktionsfrei* sind sogar zu 90 Prozent erfolgreich. Es bleiben also sehr wenige Fälle, bei denen man weiter klagen könnte.

Es muss sich erst ein »Einzelfall!« finden, bei dem alles im Prinzip korrekt verlaufen ist. Weder das Jobcenter noch die sanktionierte Person darf irgendeinen Fehler gemacht haben, der den Fall schon vor einem Sozialgericht entscheidet. Nur dann kann dieser »Einzelfall!« als Grundsatzfrage in Karlsruhe landen. Der betroffene Mensch dahinter, nennen wir ihn David, muss obendrein den Mut, die Kraft und vor allem die Ausdauer haben, den Kampf gegen das scheinbar übermächtige Goliath-System bis zum Ende durchzuziehen. Das kann nämlich sehr sehr lange dauern. In diesem konkreten Fall fast sechs Jahre.

Die Geschichte begann im Februar 2014. Der 32-jährige David bezog vom Jobcenter Erfurt damals 391 Euro. Nachdem er einen Job als Lagerarbeiter abgelehnt hatte, weil er eine Tätigkeit im Vertrieb anstrebte und auch entsprechende Bewerbungen versandte, wurde ihm der Regelsatz um 30 Prozent, also um 117,30 Euro monatlich gekürzt. Als David auch eine vom Jobcenter angeordnete Probetätigkeit im Lager ablehnte, wurde ihm die Leistung um weitere 30 Prozent gekürzt, insgesamt also nun um 234,60 Euro pro Monat.

Dagegen reichte David im November 2014 Klage am zuständigen Sozialgericht Gotha ein. Das Gericht jedoch stand vor einem Dilemma: Einerseits war der Regelverstoß offenkundig. Dem Jobcenter waren keine Verfahrensfehler vorzuwerfen. Andererseits stand in den Augen des Gerichts eine 60-prozentige Kürzung des Existenzminimums im Widerspruch zu einem Grundsatzurteil des Bundesverfassungsgerichts von 2010, in dem es hieß: »Der gesetzliche Leistungsanspruch muss so ausgestaltet sein, dass er stets den gesamten existenznotwendigen Bedarf jedes individuellen Grundrechtsträgers deckt.«[93]

Das Gothaer Gericht stellte dieselbe Frage, die sich jeder vernünftige Mensch stellt: Wie soll es logisch möglich sein, das vom Gesetzgeber festgelegte Existenzminimum noch zu unterschreiten? Minimum ist Minimum. Weniger als Minimum geht nicht.

Zudem verwies es auf ein weiteres Grundsatzurteil von 2014, in dem es hieß, der neu gestaltete Regelsatz sei »noch« mit dem Grundgesetz vereinbar. Dieses »noch«, analysierte die *Süddeutsche Zeitung* damals aufmerksam, »klang nicht so, als gäbe es noch Luft nach unten«.[94]

Zudem störte sich das Gothaer Gericht daran, dass das bei einer 30- oder 60-prozentigen Sanktion übrig bleibende Geld »nicht bedarfsorientiert berechnet, sondern willkürlich bestimmt« sei.

Wie sollte man dieses Dilemma zwischen *»formal alles richtig«*, aber *»unlogisch und grundrechtlich zweifelhaft«* auflösen?

Das Gothaer Gericht wandte sich Ende Mai 2015 ans Bundesverfassungsgericht. Und dann vergingen viereinhalb lange Jahre. In dieser scheinbar endlosen Wartezeit wurden rund viereinhalb Millionen weitere Sanktionen ausgesprochen, alle auf Basis einer grundsätzlich fragwürdigen Rechtslage. Leider aber offenbar alles Fälle, die keine zusätzliche Verstärkung für David hervorbrachten. Der behielt seine kleine Steinschleuder im Wert von dreimal 234,60 Euro dennoch wacker in der Hand.

Es brauchte seine Zeit, bis verschiedene Institutionen und Verbände zu dem »Vorlagebeschluss« des Gerichts inhaltlich Stellung genommen hatten. Erst gab es schriftliche Erklärungen, im Januar 2019 dann auch noch eine mündliche Anhörung. Die einen sagten so, die anderen sagten so. Die Details kann man alle nachlesen, sie stehen im 62-seitigen Urteil.

Auf dieser Basis kam das oberste deutsche Gericht am 5. November 2019 zu seinem Beschluss und – hurra! – bestätigte die Einschätzung des Gothaer Gerichts: »Es widerspräche dem nicht relativierbaren Gebot der Unantastbarkeit, wenn nur ein Minimum unterhalb dessen gesichert würde, was der Gesetzgeber bereits als Minimum normiert hat.« Im Klartext: Auch ein Existenzminimum ist ein Minimum. Und ein Cent weniger ist zu wenig.

Hausaufgabe: Wissenschaftliche Belege!

Zugleich aber betonte das oberste Gericht ausdrücklich, dass es für die »Bemessung des Existenzminimums« nicht zuständig sei. »Darum zu ringen ist vielmehr Sache der Politik.«

Und deswegen, kann man gedanklich fortsetzen, ist es nicht das Problem des Bundesverfassungsgerichts, wenn die Bevölkerung eine Regierung wählt, die mit trickreichen Methoden errechnet, dass ein paar lausige Taler zum Leben reichen. Dann ist das Volk selbst schuld, wenn es am Ende hungert und friert. Darüber könne man klagen, aber nicht dagegen – jedenfalls nicht vor dem Bundesverfassungsgericht.

Zuständig fühlte sich das oberste Gericht allerdings für das Thema Sanktionen. Für die Frage also, ob das Grundgesetz es grundsätzlich erlaube, dass der Staat seine existenzsichernden Leistungen mit gewissen Mitwirkungspflichten verknüpft, und ob er Leistungsminderungen vornehmen darf, um diese Pflichten durchzusetzen.

Ja, darf er, sagt das Bundesverfassungsgericht, allerdings nur eingeschränkt. Denn Leistungskürzungen bedeuten, dass Menschen weniger als das Existenzminimum bekommen. Und das sei zwar erlaubt, aber nur kurzzeitig und mit größtem Bedacht!

Der Karlsruher Senat muss geahnt haben, dass seine Entscheidung auf eine solch schwammige Kurzfassung reduziert würde und dann die Gefahr lauerte, dass womöglich die »ausnahmsweise« für den Übergang konkret formulierten Regeln zum Dauerzustand würden. Um die Details zu ringen, blieb erneut Sache der Politik. Und die Bundesregierung, also das zuständige Bundesarbeitsministerium und die Bundesagentur für Arbeit, hatten schon bei der Anhörung sehr deutlich gemacht, wie wenig sie geneigt waren, auch nur irgendetwas zu ändern.

Doch das Gericht trug den Bockwurstfans auf, die Rezeptur für die Erbsensuppe gründlich zu überdenken. Um diesen Prozess in die richtige Richtung zu lenken, formulierte es einige wesentliche Orientierungspunkte, die weit über das Bisherige hinausgingen. Demnach muss der Staat in seiner Sanktionspraxis drei grundsätzliche Bedingungen erfüllen. Schließlich darf der Staat seine Bürger:innen nicht willkürlich mit überharten oder sinnlosen Maßnahmen quälen.

Die Sanktionen müssen 1. geeignet, 2. erforderlich und 3. zumutbar sein. Es stellen sich also drei Fragen:

Geeignet: Inwiefern erreicht die Leistungsminderung den Zweck, Betroffene zu motivieren? Erforderlich: Gibt es nicht andere gleich geeignete, aber mildere Maßnahmen, um den Zweck zu erreichen? Zumutbar: Sind die Regeln flexibel genug, um auf den jeweiligen »Einzelfall!« angemessen reagieren zu können?

Und noch etwas hat das Bundesverfassungsgericht der Regierung ins Hausaufgabenbuch geschrieben. Nämlich, dass nach 16 Jahren Praxis die Regelungen nicht allein auf gefühlter Plausibilität basieren dürfen, sondern wissenschaftlich belegt sein müssen.

Nun gibt es in der Bundesagentur für Arbeit höchstselbst eine eigene Forschungsstelle, das »Institut für Arbeitsmarkt- und Berufsforschung – IAB«. Sie wird mit etwa 15 000 000 (15 Millionen!) Euro pro Jahr ausgestattet. Das ist eine Menge Geld, damit kann man eine Menge erforschen. Deshalb hatte es bereits vor 2019 durchaus Forschungsarbeiten nicht nur des IAB selbst, sondern auch anderer Forschungseinrichtungen gegeben. Das wissenschaftliche Interesse des IAB daran, ob und wie Sanktionen wirken, war allerdings, nun ja, bescheiden.

Glücklicherweise aber hatte *Sanktionsfrei* bereits ein Jahr vor dem Karlsruher Urteil die wissenschaftliche *HartzPlus*-Studie in Auftrag gegeben. Und die passte wie der Topf auf den Deckel zu den Anforderungen des obersten deutschen Gerichts.

Voilá: Unsere einzigartige *HartzPlus*-Studie!

Unsere, in Deutschland einmalige, experimentelle Feldstudie *HartzPlus* war wie geplant im Januar 2019 gestartet – zum Zeitpunkt des Urteils lief sie also bereits ein Jahr – und hatte eine Laufzeit von drei Jahren. Das unabhängige Institut für empirische Sozial- und Wirtschaftsforschung, INES Berlin, das im Sommer 2020 die Studienleitung übernommen hatte, würde den Endbericht also erst im Sommer 2022 vorlegen können. Deswegen hatten wir zwischenzeitlich die Sorge, dass unsere Studienergebnisse zu spät kämen, um die Diskussion um die juristisch nunmehr notwendige Hartz-IV-Reform zu prägen.

Aber erst kam im Frühjahr 2020 Corona, dann begann der Wahlkampf für die Bundestagswahl im Herbst 2021. Und so verging die Zeit mit provisorischen Regelungen für die Sanktionen. Während der Pandemie gab es plötzlich zweitweise keine Termine mehr in den Jobcentern und damit auch viel weniger Sanktionen wegen versäumter Termine. Überhaupt wurden zahlreiche Restriktionen, Prüfungen und bürokratische Verfahren außer Kraft gesetzt.

Der Sozialstaat zeigte sein großzügiges Gesicht. Im Nachhinein kam zwar heraus, dass Axel-Springer-Eigner und Milliardär Mathias Döpfner sich für sein Privatmuseum, einer Sammlung von pornographischen Bildern, Corona-Hilfen über 7291,75 Euro auszahlen ließ,[95] aber von systematischem und massenhaftem Missbrauch durch die »Leistungsempfänger:innen« in Hartz IV konnte keine Rede sein. Selbst die zwischenzeitliche Aussetzung der Sanktionen hatte keine alarmierenden Folgen gehabt. Die 30-Prozent-Sanktionen wurden schon nach kurzer Zeit wieder eingeführt, und zum Ende 2022 liefen auch die restlichen etwas laxeren Pandemie-Regeln aus.

Die Ampelregierung vereinbarte im Koalitionsvertrag Anfang Dezember 2021 ein einjähriges Sanktionsmoratorium. Die Zeit, bis das ebenfalls im Koalitionsvertrag anvisierte »Bürgergeld« in Gesetzesform gegossen würde, sollte für eine Evaluation genutzt werden. Das stimmte manche Aktivist:innen hoffnungsvoll. Sie sahen darin ein leises Vorzeichen, dass die »Fortschrittskoalition« die durchaus positiven Erfahrungen der sanktionsfreien Pandemie-Monate zum Anlass nähme, das Sanktionsregime bzw. die Sanktionsfreiheit wissenschaftlich überprüfen zu lassen. Gespannt warteten auch wir auf die ersten konkreten Reformvorschläge.

Aber dann dauerte es Monate, bis man sich auch nur auf das Moratorium verständigt hatte und es endlich umgesetzt wurde. Es trat erst im Juni 2022 in Kraft und damit ein halbes Jahr später als versprochen. Das war dann aber auch schon der Monat, in dem Bundesarbeitsminister Hubertus Heil den ersten Textentwurf des »Bürgergeld«-Gesetzes ankündigte und ausgewählten Sozialverbänden und Facheinrichtungen zur kritischen Erstlektüre vorlegte. Es war absehbar, dass bis zum Jahresende das neue »Bürgergeld« beschlossen werden sollte, schon allein, weil die kriegsbedingte Inflation eine erhebliche Regelsatzerhöhung dringend gebot. Wie man bis dahin das einjährige Moratorium evaluieren wollte, erschien uns rätselhaft. Wir waren eben naiv und glaubten, was wir lasen.

Trotzdem witterten wir Morgenluft und eine Chance, dass die Ergebnisse unserer *HartzPlus*-Feldstudie auf Gehör und vielleicht auch Interesse stoßen würden. Nach Abschluss der letzten Befragungen hatten uns die Studienleiterinnen Verena Tobsch und Tanja Schmidt von INES Berlin nämlich bereits grob die Studienbefunde skizziert. Sie waren anders als erwartet; wirklich überraschend, aber auch überraschend eindeutig.

Das Institut würde seinen Endbericht im Spätsommer vorlegen. Solche wissenschaftlichen Ausführungen brauchen ihre Zeit. Es wurde zum Wettrennen mit der öffentlichen Debatte, die im Frühjahr langsam Fahrt aufnahm.

Wir fragten bei der Bundesagentur für Arbeit an, ob dort Interesse an unseren Studienergebnissen bestünde. Überraschenderweise bekamen wir sehr schnell eine Einladung nach Nürnberg. Die designierte neue Vorstandsvorsitzende der Bundesagentur für Arbeit, Andrea Nahles, lud uns für den 11. Juli 2022 zu einem dreistündigen Gespräch ein. Drei Stunden Zeit, die Chefin höchstpersönlich und das drei Wochen vor dem offiziellen Amtsantritt – das erschien uns als superstarkes Signal!

Kein echtes Interesse in Nürnberg

Als SPD-Parteivorsitzende hatte Andrea Nahles am 16. November 2018 einen ganzseitigen Gastbeitrag in der *Frankfurter Allgemeinen Zeitung* zum Thema Hartz IV veröffentlicht. »Abstieg verhindern, Aufstieg ermöglichen« lautete die Überschrift, und die zentrale Forderung fand sich schon in den ersten Zeilen: »Wir brauchen einen Mentalitätswechsel in der Grundsicherung. Die Sanktionen gegenüber ihren Beziehern wirken, als würde ihnen unterstellt, betrügen zu wollen. Das ist für alle ehrlichen Personen frustrierend.«[96]

Wir könnten den ganzen Artikel hier abdrucken – und es gäbe keinen Satz, von dem wir uns distanzieren müssten. Ein paar Beispiele:

»Obwohl wir so viel Geld für die soziale Sicherung ausgeben, empfinden viele Menschen den Sozialstaat nicht als Unterstützung, sondern als Hindernislauf.«

»Wenn das Vertrauen in den Sozialstaat verloren geht, ist das eine große Gefahr für die Demokratie.«

»Wir müssen die vielen Menschen in den Blick nehmen, die seit vielen Jahren keine Chance hatten oder sogar seit der Einführung von Hartz IV in dem System verharren. Ihre Hilfebedürftigkeit hat nichts mit persönlichem Scheitern zu tun.«

»Die Erfahrung von Hilfebedürftigen im Hartz-IV-System ist geprägt von einer anonymen Bürokratie und der permanenten Drohung mit Sanktionen. Es sind oft gar nicht die Leistungen selbst, die für Verdruss sorgen, sondern die erfahrenen Demütigungen und Stigmatisierungen.«

»Zum Symbol für das Misstrauen des Staates gegenüber den Grundsicherungsbeziehern sind die Sanktionen geworden.«

»Wir müssen diese Reform aus der Perspektive derer machen, die den Sozialstaat brauchen, nicht aus der Perspektive derer, die ihn missbrauchen.«

»Das Existenzminimum eines Menschen darf niemals in Frage gestellt werden.«

»Dieser Gedanke muss der gesamten Sozialstaatsreform zu Grunde liegen: Der Sozialstaat muss einfacher und verlässlicher werden. Ansprüche müssen klar und auskömmlich sein. Rechte müssen schnell und unbürokratisch in Anspruch genommen werden können. Eine solche Sozialpolitik schafft Perspektiven und stärkt damit den sozialen Zusammenhalt in unserem Land.«

Wir freuten uns auf das Gespräch. Zwei Wochen vor dem Termin bekamen wir eine Mail, dass sich das Treffen auf anderthalb Stunden verkürze. Unsere Superspartickets für den Zug waren schon gebucht; wir hatten also ein bisschen mehr Zeit für einen Bummel durch Nürnberg. Anderthalb Stunden schienen uns immer noch wertvoll. Doch als wir uns dann endlich – mit gebührendem Corona-Abstand – um den riesigen Konferenztisch versammelten, drehte sich das Gespräch um dies und jenes, aber nicht ums Kernthema Sanktionen. Es wurde Vertraulichkeit vereinbart, aber es wurde nichts Vertrauliches besprochen. Professioneller Smalltalk, politisch antrainierter Worthülsenmonolog auf der einen und höfliches Zuhören auf der anderen Seite. Nach etwa einer Dreiviertelstunde wagte Claudia unverblümt den Vorstoß: »Interessiert Sie gar nicht, was bei unserer Studie herausgefunden wurde?« Doch, doch, natürlich! Selbst geheucheltes Interesse wirkt überschwänglicher.

Im Nachhinein fragen wir uns natürlich, warum wir überhaupt eingeladen worden waren. Das Gespräch war eine Farce. Unsere Bilanz: Außer Spesen nix gewesen. Aber auch die anwesenden Mitarbeitenden der Bundesagentur dürften aus dem Treffen keinen Mehrwert gezogen haben.

Hatte Andrea Nahles ihre Haltung tatsächlich genauso schnell gewechselt wie das Amt? Oder hatten nur engagierte Mitarbeitende übereifrig den Termin mit uns ausgemacht, weil sie aufgrund des zitierten Zeitungsbeitrags annahmen, dass unsere Vereinsarbeit die künftige Chefin sehr interessieren würde? Oder war der beherzte Beitrag 2018 vielleicht auch nur von irgendwelchen Parteischergen geschrieben worden und trug deshalb den Namen der Vorsitzenden, weil es politisch opportun war?

Einladung in die Bundespressekonferenz

Jedenfalls war uns jetzt klar, dass sich in der Politik niemand ernsthaft für unsere Studienergebnisse interessierte. Helena hatte zwar zahlreiche Einzelgespräche mit Bundestagsabgeordneten so gut wie aller Parteien geführt. Aber nach jedem Gespräch spürte sie: Wissenschaftliche Erkenntnisse spielten im politischen Alltag eher keine Rolle.

Doch so ganz für den Papierkorb hatten wir die drei Jahre nicht gearbeitet. Unsere Studie fand kein unmittelbares Echo in der Politik, aber überraschenderweise dann doch in den Medien.

Zu unserer großen Freude bekamen wir von der Bundespressekonferenz die Einladung, unsere Studienergebnisse in ihren Räumlichkeiten vorzustellen. Hinter der »Bundespressekonferenz« steht nicht, wie viele irrtümlicherweise denken, die Bundesregierung, sondern ein unabhängiger Zusammenschluss von rund 900 Journalist:innen, die hauptberuflich für deutsche Medien aus der Bundeshauptstadt berichten. Dieser eingetragene Verein lädt dreimal die Woche Vertreter:innen aus Ministerien, Parteien oder Verbänden ein, die hier nach festen Regeln zu Wort kommen und sich kritischen Fragen stellen müssen. Die Bundespressekonferenz ist also kein Sprachrohr der Regierung, sondern im Gegenteil eine kritische Befragung der Mächtigen.

Und hierhin nun wurden wir eingeladen, unsere Studienergebnisse den an Sozialpolitik interessierten Medienprofis vorzutragen, quasi als inhaltliches, wissenschaftlich fundiertes Empowerment für deren weitere Berichterstattung. Wider Erwarten hatten wir mit unserer Studie ein geradezu perfektes Timing und die hochaktuellen Forschungsergebnisse durften nun den Auftakt für die Grundsatzdebatte unseres Sozialsystems bilden. Was für eine Ehre!

Am 12. September 2022 um 10 Uhr saß Helena zusammen mit der Studienleiterin und renommierten Arbeitsmarktexpertin Verena Tobsch, mit dem Leiter des Deutschen Instituts für Wirtschaftsforschung DIW Marcel Fratzscher und dem Präsidenten des Paritätischen Wohlfahrtsverbandes Ulrich Schneider vor der berühmten blauen Wand im Haus der Bundespressekonferenz. Zeitgleich mit Start der Pressekonferenz war auf der *Sanktionsfrei*-Webseite auch der komplette wissenschaftliche Endbericht der Studie öffentlich zugänglich. Falls es Sie interessiert, finden Sie dort auch unser »Policy Paper«, in dem die wichtigsten Ergebnisse allgemein verständlich zusammengefasst sind.[97]

Deutliche Ergebnisse, aber völlige Ignoranz

Die Ergebnisse waren überraschend deutlich. Auf drei Sätze eingedampft, lauten sie: 1. Sanktionen motivieren nicht dazu, die »Bedürftigkeit« zu überwinden bzw. eine Arbeit aufzunehmen. 2. Jede Sanktion, unabhängig von Höhe und Dauer ist kontraproduktiv. 3. Sanktionen können schwerwiegende psychosoziale Folgen nach sich ziehen.

Während die Studienteilnehmenden die Betreuung durch das Jobcenter oft als Stress und Bevormundung erleben, wurde allein schon die Teilnahme an der Studie als positiv und unterstützend wahrgenommen, unabhängig davon, welcher Gruppe jemand angehörte. Insbesondere Personen aus der Interventionsgruppe gaben an, dass ihnen durch die Teilnahme die Angst vor Sanktionen genommen worden sei und sie sich von dem Zwang befreit fühlten, alles tun zu müssen, was das Jobcenter verlange. Das Wissen um die »Sanktionsversicherung« habe das empfundene Machtgefälle verringert und einen selbstbewussteren Kontakt ermöglicht.

Die Forderung unseres Policy Papers lautete demnach:

»Um Hartz IV im Kern zu überwinden, müssen die Repressalien durch Sanktionen unbedingt abgeschafft und der Regelsatz deutlich erhöht werden. Ein echtes Bürgergeld, das den Namen verdient, muss den Bürgerinnen und Bürgern gegenüber Respekt ausstrahlen. Die Kommunikation mit den Behörden muss in erster Linie verständlich und idealerweise ermutigend sein. Menschen müssen in ihrer individuellen Situation gesehen und unterstützt werden, sie müssen dem Personal in den Jobcentern vertrauen können. Dazu gehört selbstverständlich, dass alle Gelder verlässlich ausgezahlt werden.«

Aufbauend auf unserer zivilgesellschaftlich organisierten und finanzierten *HartzPlus*-Studie, so empfahlen wir abschließend, sollte eine staatlich getragene wissenschaftliche Studie durchgeführt werden, etwa im Zeitraum des Sanktionsmoratoriums oder langfristig in einer Pilot-Kommune. Im Rahmen einer solchen Studie könnte man nicht nur auf Sanktionen selbst, sondern auch auf ihre Androhung völlig verzichten, um zu ermitteln, inwiefern bereits die Androhung einer Sanktion negative Wirkung hat.

Der Paritätische Wohlfahrtsverband drängte in der Bundespressekonferenz genau wie wir auf deutlich höhere Regelsätze und eine sofortige Abschaffung aller Sanktionen. Das DIW unterstrich die Bedeutung unserer Studie und empfahl ebenfalls vertiefende staatlich durchgeführte Studien. Doch, wie zu erwarten, passierte trotz der großen Bühne der Bundespressekonferenz und trotz der prominenten Unterstützung nichts dergleichen.

Selbst die Forschungsleitung der Bundesagentur für Arbeit in Nürnberg nahm die *HartzPlus*-Studie nur unwillig bis gar nicht zur Kenntnis. Dabei war es das IAB, das mit der im Koalitionsvertrag vereinbarten »Evaluation« beauftragt war.

Unsere Vorstellungen von einer Evaluation des Sanktionsmoratoriums entpuppten sich schlicht als falsch. Wir hatten angenommen, das Moratorium würde durch eine umfassende systematische und empirische Analyse begleitet. Wir waren davon ausgegangen, dass im Vorfeld einer solchen Evaluation Bedingungen und Prozesse, aber auch Aktivitäten und Wirkungen konkret definiert und in erwünschte Beziehungen gesetzt würden. Und wir hatten angenommen, dass man am Ende detailliert bewertet, in welcher Weise und in welchem Ausmaß sich durch welche Maßnahmen die angestrebten Ziele erreichen ließen.

Das war leider nur unsere Phantasie. Eine Evaluation kann nämlich auch einfach darin bestehen, dass man vorhandene Daten und Studienergebnisse zusammenträgt und daraus Folgerungen zieht mit empfehlendem Charakter.

Und genau das war die einzige Form von »Evaluation«, die unseres Wissens stattgefunden hat.

Am 24. Oktober 2022 veröffentlichte das IAB einen »Forschungsbericht«, in dem drei IAB-Mitarbeitende die Befunde vergangener Studien mit Fokus auf Sanktionswirkungen und Sanktionswahrscheinlichkeit sammelten.[98] Es sind schmale 28 Seiten Text herausgekommen.

Die Ergebnisse unserer *HartzPlus*-Studie fanden keine Erwähnung, was durchaus erstaunlich ist. Schließlich hatten wir als Auftraggeberinnen der Studie nicht nur den persönlichen Besuch in Nürnberg absolviert, bei dem auch ein leitender Mitarbeiter des IAB mit am Tisch saß. Nein, die *HartzPlus*-Studie hatte auch eine enorme Medienresonanz gefunden, die nur wenige Forschungsarbeiten bekommen. Hier nur ein paar Headlines vom Tag unserer Pressekonferenz:

Tagesschau: »Sanktionen bei Hartz IV verfehlen ihr Ziel«[99]

Spiegel: »Sanktionen verursachen eine Kultur des Misstrauens«[100]

Frankfurter Rundschau: »Hartz-IV-Studie: Sanktionen verfehlen Wirkung und machen Menschen krank«[101]

Die Wissenschaft kannte die Negativeffekte schon lange

Aber auch ohne unseren Beitrag reiht sich in der »Evaluation« oder dem »IAB-Forschungsbericht« auf wenigen Seiten – trotz der üblichen wissenschaftlichen Nüchternheit – bei Licht betrachtet ein Skandal an den anderen.

Schon allein, dass – wie vom Bundesverfassungsgericht bemängelt – tatsächlich keine einzige detaillierte Forschungsarbeit zur tatsächlichen Wirkung von Sanktionen durchgeführt worden war, ist ein Unding. Es gab Studien, aber keine fundierten, wie das IAB in seinem Forschungsbericht selbst eingesteht.

Da wurden ab und an – 2008, 2013 und 2015 – vereinzelt etwas mehr als tausend Personen befragt, ob sie nach einer Sanktion ihre Bewerbungsaktivitäten erhöht hätten. Es wurden Statistiken ausgewertet, wie viele Personen nach einer Sanktion aus dem ALG-II-Bezug ausgeschieden waren. Immerhin hat man hier unterschieden, ob die Menschen in eine Arbeitsstelle gewechselt sind oder sich einfach aus dem Arbeitsmarkt zurückgezogen haben. Aber es wurde nicht differenziert, ob die Betroffenen jung oder alt waren, welchen beruflichen Hintergrund sie hatten oder welches ihre Lebensbedingungen waren. Es wurde nicht unterschieden, ob es 10-, 30-, 60- oder 100-Prozent-Sanktionen waren.

Offenbar wurde hier nach einer großzügigen »Passt schon!«-Devise geforscht, als wenn es egal wäre, wie hoch die verhängten Sanktionen ausfielen. Aus unserer Perspektive, die wir uns für einen gewaltfreien Sozialstaat starkmachen, ist es in der Tat egal. Schon die Androhung von Sanktionen hat fatale Auswirkungen und ist deswegen abzulehnen. Aber aus der Perspektive einer staatlichen Behörde, die mit großer Akribie unterschiedliche Sanktionsinstrumentarien ersonnen und durchbürokratisiert hat, müsste es doch von besonderem Interesse sein zu sehen, welche der Maßnahmen besonders wirkungsvoll ist. Und ob die Staffelung nicht eventuell anders gewichtet sein müsste.

Doch selbst in der groben Analyse war das Ergebnis nicht besonders vorteilhaft für das Sanktionssystem. Dummerweise taucht nämlich selbst in diesem dünnen Forschungsbericht zweimal explizit die aus Sicht der Sanktionsfans sicher ungeliebte Wortkombination »keine Wirkung« auf:

»In diesen Studien konnten keine Wirkungen auf Arbeitssuchintensität und Anspruchslöhne nachgewiesen werden.« (S.9) Und: »Für Männer in Mehrpersonen-Bedarfsgemeinschaften waren keine Wirkungen nachweisbar.« (S.11)

Doch viel skandalöser ist, dass die wissenschaftliche Forschung nicht nur keine, sondern sehr früh sogar die Negativfolgen von Sanktionen erkannt hatte. Der IAB-Forschungsbericht erwähnt selbst einen Bericht des Wissenschaftlichen Dienstes des Deutschen Bundestags aus dem Jahr 2017. Darin wurde der damals aktuelle Stand über qualitative Studien in Deutschland zu den Auswirkungen von Sanktionen im SGB II dokumentiert. Das Ergebnis musste eigentlich erschüttern:

»In ›einigen Fällen‹ hatten die Sanktionen ›schwerwiegende negative Folgen für die Lebenslagen‹ der Sanktionierten. Es trat häufig eine ›lähmende Wirkung‹ ein; nur in seltenen Fällen hatten die Sanktionen eine erhöhte Anpassungsbereitschaft zur Folge. Die ›erzieherischen‹ Wirkungen von Sanktionen auf das Verhalten und die Verhaltensdispositionen ließen sich nicht als ›Aktivierung‹ oder als Stärkung von ›Eigenverantwortung‹ interpretieren.«

Das klingt nicht so, als wären Leistungsminderungen im Sinne des Bundesverfassungsgerichts »geeignete« Maßnahmen, um die eigene Bedürftigkeit zu überwinden.

Doch absurderweise wurden diese wissenschaftlichen Erkenntnisse mit der Metapher »Nebenwirkungen« quasi als Beleg der Wirksamkeit gewertet. Nach dem Motto: Wo gehobelt wird, fallen Späne.

Sexistisch, rassistisch, bildungs-, sozial- und altersdiskriminierend

Trotz all dieser wissenschaftlichen Erkenntnisse wird im IAB-Forschungsbericht mehrfach mit spürbarem Nachdruck hervorgehoben, Sanktionierung hätte positive Wirkung. Schließlich führe sie zu einem »beschleunigten« Übergang in Beschäftigung. Das habe sich in verschiedenen Studien immer wieder nachweisen lassen. Dieser Beschleunigungseffekt wird als Wert an sich herausgestellt und in den erwähnten Studien auch sogar feinteilig betrachtet, in welchem der Monate nach der Sanktion diese Beschleunigung am stärksten nachweisbar ist.

Dabei belegen mehrere Studien, dass schneller nicht unbedingt besser ist. Sie tragen diese Erkenntnis sogar schon im Titel: »Schnellere Arbeitsaufnahme, aber auch Nebenwirkungen« oder: »Schneller ist nicht immer besser«.

Zwar hätten Sanktionierte »eine höhere Beschäftigungswahrscheinlichkeit« als die Kontrollgruppe. Kehrseite der schnellen Vermittlung war allerdings, dass die Sanktionierten »verstärkt in Beschäftigung mit vergleichsweise geringem Tagesentgelt« gingen. Der staatliche Druck sorgte also für eine höhere Akzeptanz geringerer Löhne.

Eine Studie, die auch die arbeitsmarktpolitischen Langzeiteffekte untersuchte, stellte sogar weitere negative Auswirkungen der Sanktionen fest: »Vier Jahre nach der Sanktion entsprach der Effekt einer um 5 Prozent für Frauen und 3,5 Prozent für Männer niedrigeren Beschäftigungswahrscheinlichkeit.«

Das war nicht irgendeine Studie, die derlei feststellte. Es waren sogar mehrere IAB-Studien. Und sie wurden im IAB-Forschungsbericht, der zur Evaluation der Studienergebnisse der vergangenen 16 Jahre Sanktionspraxis diente, aufgeführt.

Die Nürnberger Forschungsergebnisse genießen eine sehr hohe Reputation. Schließlich hat das IAB nicht nur viel Geld, sondern auch direkten Zugriff auf sämtliche Arbeitsmarktdaten der Bundesregierung und zwar über Jahrzehnte hinweg. Gerade die quantitativen IAB-Studien gelten deswegen als besonders belastbar.

Dieses hochrenommierte Institut für Arbeitsmarkt- und Berufsforschung also hatte selbst wissenschaftlich nachgewiesen, dass Sanktionen Menschen nur in schlechter bezahlte Jobs drückten und das auch nur kurzfristig, und dass Sanktionen damit die Menschen auf einen beruflichen Pfad führten, der schon nach wenigen Jahren wieder in der Arbeitslosigkeit endete – und zwar bei deutlich mehr Personen als in der nicht sanktionierten Kontrollgruppe.

Dasselbe IAB berichtet in seiner Zusammenfassung der relevanten Studienergebnisse, dass weniger hoch Gebildete häufiger sanktioniert werden. Es berichtet, dass Jüngere häufiger sanktioniert werden als Ältere. Es berichtet, dass Männer doppelt so häufig sanktioniert werden als Frauen und dass ihnen aber häufiger Förderangebote unterbreitet werden. Es berichtet, dass Migrantinnen und Migranten zwar mit geringerer Wahrscheinlichkeit sanktioniert werden als Personen, die in Deutschland geboren wurden, dass sie aber auch seltener durch Maßnahmen der aktiven Arbeitsmarktpolitik gefördert werden. Und es berichtet, dass Alleinstehende häufiger von Sanktionen betroffen sind als Personen, die in einer »Bedarfsgemeinschaft« leben.

Um es deutlich zu fassen: Es ist also wissenschaftlich nachgewiesen, dass die Sanktionspraxis sexistisch, rassistisch, bildungs-, sozial- und altersdiskriminierend ist. Und es ist wissenschaftlich nachgewiesen, dass Sanktionen eine kontraproduktive Wirkung haben, weil auf lange Sicht mehr Menschen langzeitarbeitslos sind, wenn sie sanktioniert wurden, als wenn sie nicht sanktioniert wurden.

Gelinde gesagt erscheint es rätselhaft, wie die IAB-»Evaluation« nach all diesen Studien am Ende zu dieser Empfehlung kommt: »Die Folgerungen aus den bislang vorliegenden wissenschaftlichen Erkenntnissen würden nicht ein Sanktionsmoratorium oder eine Abschaffung der Sanktionen begründen.«

Die seltsam komplizierte Negativformulierung muss stutzig machen: »Die Folgerungen … würden nicht … eine Abschaffung der Sanktionen begründen.« Warum so kompliziert? Warum nicht einfach: »Die vorliegenden wissenschaftlichen Erkenntnisse begründen die Notwendigkeit und Wirksamkeit von Sanktionen«?

Danach hatte das Gericht doch gefragt. Das war die Hausaufgabe an die Politik gewesen. Die Sanktionspraxis musste begründet werden. Nicht die Abschaffung. Dass die Abschaffung von Sanktionen angeblich »nicht begründbar« war, hieß ja nicht, dass die Durchführung von Sanktionen begründbar war.

Die wissenschaftliche Evaluation, die das Bundesverfassungsgericht der Politik aufgetragen hatte, fand, wenn überhaupt, offenkundig nur sehr halbherzig statt. Der IAB-Forschungsbericht, den wir wohlwollend als Versuch einer Evaluation werten, wurde Ende Oktober veröffentlicht, also erst *nach* der Abstimmung im Bundesrat und erst kurz vor der finalen Bundesratsentscheidung. Man hatte also seit dem Koalitionsvertrag knapp zehn Monate dafür Zeit. Dafür fällt die Zusammenfassung des Forschungsstandes auffällig knapp aus. Sie hatte nicht mal den Umfang oder die Tiefe einer studentischen Bachelorarbeit.

Studien der Vergangenheit wurden zwar erwähnt, aber die Erkenntnisse schlicht vernachlässigt. Unsere komplexe dreijährige

HartzPlus-Studie, die wir persönlich in Nürnberg vorgestellt hatten und über die flächendeckend medial berichtet worden war, wurde mit geradezu infamer Dreistigkeit völlig ignoriert. Selbst eigene Forschungsergebnisse zu Negativfolgen von Sanktionen wurden heruntergespielt, während kurzfristige statistische Erfolge über die Maßen aufgewertet wurden.

Die eigentlich aus den vorliegenden Forschungsarbeiten abzuleitende Empfehlung – man muss es so deutlich sagen – war mutwillig ins Gegenteil verkehrt worden. Eigentlich sprach alles, was der IAB-Forschungsbericht auflistete, für einen sofortigen Stopp aller Sanktionen. Was sonst sollte denn noch passieren, um eine Abschaffung der Sanktionen zu begründen?

Aber so hatten die Behörden-Mitarbeiter:innen ihre Pflicht getan, ohne allzu offenkundig wissenschaftliche Ansprüche zu verletzen. Am Ende war es sowieso egal. Die Öffentlichkeit schaute eh nicht so genau hin. Der Schein war gewahrt. Und die Regierung konnte machen, was sie wollte.

Mutwillig verkehrt, fadenscheinig verharmlost

Mit dieser zweifelhaften »Evaluation« wurde dem Urteil des höchsten deutschen Gerichts pro forma Genüge getan. Nur um dann wider besseren Wissens an den Sanktionen – laut Bundesverfassungsgericht »schwerwiegende Eingriffe« in existenzielle Grundrechte – festzuhalten.

Obwohl alle Fakten längst auf dem Tisch liegen, hört man auch jetzt nicht mit den unwürdigen, sinnlosen und kontraproduktiven Strafen auf. Stillschweigend wird das jahrelange Sanktionsregime gegenüber Millionen Menschen (überwiegend Kinder, Alleinerziehende, Aufstocker:innen, Kranke) fortgesetzt, obwohl es »teilweise verfassungswidrig« und, wie nunmehr auch von einer staatlichen Forschungsstelle ermittelt, sogar nachweislich schädlich war.

Und nicht nur das!

Mit geradezu perfider Akribie wurden die Strafen erneut in »die größte Sozialreform seit der Agenda 2010«, das »Bürgergeld«, implementiert.

Statt von »Sanktionen« spricht das Gesetz von »Leistungsminderungen«. Aber es ist dasselbe. Denn obwohl das Wort nicht im Gesetz steht, ist doch auf der offiziellen Webseite www.buergergeld.org der Bundesregierung weiterhin unverhohlen von Sanktionen die Rede.

»Die Sanktionen sind im Rahmen der Neuregelung des Bürgergeldes neu strukturiert und angepasst, d. h. wesentlich gelockert worden. Hintergrund war der Wunsch des Gesetzgebers, eine vertrauensvolle Zusammenarbeit zwischen Bürgern und Behörden.«

Als wenn Sanktionen, deren schädigende Wirkung mehrfach nachgewiesen ist, durch »Lockerungen« ihren Charakter verändern würden.

Nein, die vertrauensvolle Zusammenarbeit auf der versprochenen Augenhöhe ist weiterhin gestört durch ein massives Machtgefälle zwischen juristisch, bürokratisch bevollmächtigter Behörde und abhängigen, ohnmächtigen Hilfsbedürftigen. Nach wie vor hat das Jobcenter die Möglichkeit, das ohnehin schon geringe »Bürgergeld«-Budget um bis zu 30 Prozent zu kürzen. Die Sanktionsregelungen werden fadenscheinig verharmlost. Ihr demütigender Charakter ist trotzdem erkennbar:

»Eine Minderung wegen Pflichtverletzungen ist beim ersten Verstoß auf 10 (statt zuvor 30) Prozent begrenzt. Leistungsminderungen wegen wiederholter Pflichtverletzungen und Meldeversäumnisse betragen höchstens 30 Prozent des maßgebenden monatlichen Regelbedarfs.«

Als wenn der demütigende, strafende und bedrohliche Charakter dadurch gemindert würde, dass er erst nach und nach seine volle Kraft entfaltet. Menschen in Armut und Not brauchen Hilfe, keine langsam eskalierende Kaskade an Strafandrohungen und Strafmaßnahmen.

»Eine Leistungsminderung erfolgt nicht, wenn dies im konkreten Einzelfall zu einer außergewöhnlichen Härte führen würde.«

Als wenn nicht das Leben in Armut allein schon eine außergewöhnliche Härte darstellt. Jede egal wie kleine Sanktion und auch schon die Möglichkeit einer Sanktion verschlimmert das Leben. Dieser Widerspruch in sich gehört endlich aufgelöst.

»Leistungsminderungen müssen aufgehoben werden, wenn die Leistungsberechtigten die Mitwirkungspflichten erfüllen oder nachträglich glaubhaft erklären, ihren Pflichten nachzukommen.«

Als wäre ein solches sofortiges Sanktionsende eine Geste der Großzügigkeit und nicht gesetzliches Mindestmaß. Das Bundesverfassungsgericht hatte diese Regelung für die Übergangszeit erlaubt. Aber das heißt doch nicht, dass es als Dauerlösung taugt.

Das oberste Gericht hatte grundlegend geurteilt. Die Wissenschaft hatte geforscht und berichtet. Doch den zu Grunde liegenden Geist dieser demokratischen Institutionen negierend, entschied sich die Ampelregierung für eine Fortsetzung einer Überwachen-und-Strafen-Praxis, die doch eigentlich längst überwunden schien. Mit Wortklauberei und populistischen Kampagnen wurde vom Wesentlichen abgelenkt.

Kein Wunder, dass niemand den 25. November 2022, jenen Tag als das »Bürgergeld« beschlossen wurde, als erinnerungswertes Datum abgespeichert hat. Nein, dies war keine historische Reform. Dies war eine niederträchtige Pseudoreform.

»Ich wurde zu 100 Prozent sanktioniert, weil ich einen Termin verpasst haben soll, zu dem ich nie eine Einladung bekommen habe. Meinen Eltern wird anteilig die Miete nicht ausgezahlt und versichert bin ich auch nicht mehr. Uns bleiben zu dritt noch 70 Euro zum Leben. Das Datum, an dem ich angeblich den Termin verpasst habe, fällt auf einen Sonntag.«

L. aus Plauen

»Aktuell klage ich beim Sozialgericht wegen nicht einmal 48 Euro für Heizkosten, weil das Jobcenter die nicht (mehr) in tatsächlicher Höhe übernehmen will. Dieses Problem habe ich jetzt seit 2019; davor wurden meine Heizkosten immer komplett übernommen. Seit 2019 muss ich jede Heizperiode Widerspruch einlegen und/oder klagen. Dabei hatte ich früher teilweise höhere Heizkosten als in den vergangenen drei Jahren. So fehlt es an jeder Ecke, was für jemanden mit chronischer Erkrankung ein zusätzliches Problem ist.«

A. aus Merseburg

»Mir wurde im Oktober 22 der komplette Hartz-IV-Regelsatz entzogen. Ich habe ein zweijähriges Kind, das Essen braucht, und das andere Kind in mir muss auch etwas essen.«
S., alleinerziehende und werdende Mutter aus Eutin

Ihr Lieben, das Geld ist schon da! Ich kann es gar nicht fassen. Dankeschön! Das rettet mich dieses Jahr über die Feiertage. Ich hatte, wie eigentlich immer um den 20. herum nur noch 1,78 Euro auf dem Konto und 1,80 Euro im Portemonnaie.«
S. aus Bernau, Gewinnerin Weihnachtsbonus

UNSER SCHLUSS – JETZT SIND SIE DRAN!

Nach 18 Jahren Hartz IV heißt unsere Grundsicherung jetzt also »Bürgergeld«. Die DNA ist unverändert. Die schwarz-pädagogische Devise »Fordern und Fördern«, aber vor allem die brutal kleingerechneten Regelsätze bilden weiterhin ein zynisches, pseudorationales, menschenverachtendes System, das zunächst juristisch unangreifbar scheint. Es dient nicht den Menschen, nicht der Gesellschaft. Es dient allein einer abgehobenen Wirtschaftselite. Und ist einer gestandenen Demokratie gänzlich unwürdig.

Seit fast zwei Jahrzehnten halten wir Menschen am unteren Ende unserer Wohlstandsgesellschaft klein. Die Chancen, dem Bereich des Existenzminimums zu entkommen, sind extrem gering. Millionen Kinder, die seither in Hartz IV aufgewachsen sind, haben es nur vereinzelt – mit Glück und sehr sehr viel Anstrengung – besser als ihre Eltern. Im Ergebnis haben wir eine manifestierte Unterschicht, die nichts anderes kennt als Armut und soziale Ausgrenzung.

Klar, Ausnahmen gibt's immer; aber diese *Generation Hartz* hat kaum etwas anderes konsumiert als billige Massenware. Die inzwischen erwachsenen Mädchen und Jungen haben nie ein anderes Brot gegessen als das mit Enzymen und Zusatzstoffen aufgepimpte Industriebrot.

Wie soll jemand, der oder die das ganze Leben in Billigmöbeln aus Plastik und Presspappe verbracht hat, auf die Idee kommen, Tischler:in zu werden und sich mit Holzsorten von Ahorn bis Nussbaum zu beschäftigen? Aber das Bürgertum beklagt, dass die Handwerksbetriebe keine Lehrlinge finden.

Wie soll jemand, der oder die in heruntergekommenen Stadtteilen und Siedlungen aufwächst, in verwahrlosten Schulgebäuden in übergroßen Klassen als Individuum nicht wahrgenommen wird, im Alltag Rassismus und klassistische Arroganz erleben muss und die weite Welt nur aus dem Internet kennt – wie soll so jemand auf die Idee kommen, sich für mehr zu interessieren als das eigene unmittelbare Überleben? Aber das Bürgertum wundert sich über sinkende Wahlbeteiligung und schwindendes Engagement.

Während die deutsche Upper Class mit Fastenkuren, Fitnesstrainings und Wellnesspaketen jährlich über 100 Milliarden für Fitness und Schönheit ausgibt[102], sind wir als Gesellschaft zu geizig, um dem ärmsten Fünftel der Bevölkerung ausreichend gesunde Lebensmittel zu gönnen. Wenn wir derart ignorant Menschen in Armut aufwachsen und leben lassen, dann sollten wir uns nicht wundern, wenn sie über kurz oder lang die Schönheit und den Reichtum unserer Welt ignorieren. Denn diese Schönheit, dieser Reichtum ist nicht für sie gemacht. Sie dürfen nicht Anteil daran haben. Ihre Welt ist die Armut oder – falls sie sich ausreichend anstrengen – der Niedriglohnsektor. Armut auf demselben Niveau, nur etwas weniger stigmatisiert.

Wer selbst nicht dazugehört, hat die Möglichkeit, die große Armut in Deutschland nicht zu sehen, nicht zu hören und nicht darüber zu reden. Solche Drei-Affen-Haltung mag bequem sein, aber sie ist folgenschwer und unverantwortlich.

Der künstlich boomende Niedriglohnsektor, der trotz sinkender Arbeitslosenquote ständig weiterwächst, hat die Bundesrepublik auf einen unrühmlichen Spitzenplatz in Europa geführt. Was den Anteil des Niedriglohnsektors am Arbeitsmarkt angeht, spielt Deutschland in einer Liga mit Staaten wie Polen, Bulgarien und den baltischen Staaten.[103]

Auch wenn anfangs versprochen wurde, Langzeitarbeitslose fänden im Niedriglohnbereich eine Chance zum Wiedereinstieg in den regulären Arbeitsmarkt, wissen wir heute: Bullshit! Durch Niedriglöhne werden Langzeitarbeitslose zu Langzeitarmen. Alleinerziehende Eltern finden im Niedriglohnsektor lediglich dauerhafte Armut, die sie mir nichts, dir nichts an ihre Kinder weitergeben. Regulär Beschäftigte finden im Niedriglohnsektor nichts als eine Billigkonkurrenz, die ihnen die Argumente bei den Tarifverhandlungen raubt.

Ist das gut für unsere Gesellschaft? Ist das gut für unsere Volkswirtschaft? Oder ist das nur gut für solche Unternehmen, denen unsere Volkswirtschaft und unsere Gesellschaft am Hinterteil ihrer Bilanz vorbeigeht?

Klar ist: Niedriges »Bürgergeld« ist schlecht für alle. Die staatlich organisierte Armut führt zu einer negativen Preisspirale, bei der am Ende der Niedriglohnsektor als Marktnotwendigkeit erscheint.

Millionen Menschen müssen sich von Billigware ernähren. Discounter argumentieren mit der Preissensibilität ihrer Kundschaft, wenn sie im Einkauf ihr Preisdumping an die Lieferfirmen weitergeben. Wir kennen die spektakulären Nachrichtenbilder von Bauern, die ihre Milch aus Protest lieber wegschütten als sie spottbillig an Supermärkte zu verkaufen. Dasselbe gilt für Backwaren, Obst und Gemüse. Immer heißt es: Die Leute wollen eben nicht mehr Geld für Lebensmittel ausgeben. Falsch! Die Leute können nicht mehr Geld für Lebensmittel ausgeben!

Was würde passieren?

Was würde passieren, wenn wir die Grundsicherung nicht politisch auf ein Niveau fixieren, das ein würdevolles Leben nur theoretisch erlaubt?

Was würde passieren, wenn wir den Regelsatz ohne statistische Manipulationen und wirklich im Sinne des Grundgesetzes armutsfest und menschenwürdig so gestalten, dass er soziale, kulturelle und politische Teilhabe ermöglicht?

Was würde passieren, wenn wir die Regelsatzleistungen auf 725 Euro anheben und damit wirksam vor Armut schützen würden?

Was würde passieren, wenn dann der Grundfreibetrag im Steuersystem entsprechend auf 1300 Euro steigen würde? Ginge die Welt unter? Oder nur der Börsenkurs von diesem oder jenem Unternehmen?

Okay. Der Niedriglohnsektor würde deutlich schrumpfen, vielleicht sogar zusammenbrechen. Betroffen davon wären Transport- und Logistikunternehmen oder internationale Fleischkonzerne. Vielleicht würden die Preise steigen für Wurst und Fleisch, vielleicht damit aber auch die Qualitätsansprüche der Verbraucher:innen. Dann wären womöglich plötzlich kleine Handwerksbetriebe wieder konkurrenzfähig.

Klar, wenn der steuerliche Grundfreibetrag steigt, hätten alle, also auch Menschen mit geringerem Einkommen mehr Netto vom Brutto. Sie würden, wenn sie könnten und die fiese Ausbeutungsmühle durchschauten, dieses System endlich beenden. Sie würden nicht länger ihr viel zu knappes Geld in pseudobillige Discounter schleppen. Diese gehören nämlich ausgerechnet den reichsten Familien in Deutschland, die Cent für Cent die Armen gleich doppelt schröpfen. Erst erwirtschaften sie durch deren erzwungene Billigleistung einen vergleichsweise hohen Warenwert, den sie dann zu vergleichsweise überteuerten Preisen genau wieder an diese Armen verkaufen. Dieser Kreislauf der Wertschöpfung durch Armut wäre beendet, wenn wir sie nicht länger staatlich befeuern würden.

Ganz sicher gäbe es keine kostenlosen Lieferungen mehr beim Onlineshopping. Wir Konsument:innen müssten wieder das Haus verlassen, wenn wir keine Lust zum Kochen oder Shoppen haben. Und Reinigungs- und Sicherheitskräfte würden für ihre harte körperliche Arbeit zu jeder Tages- und Nachtzeit, an Wochen- und an Feiertagen nicht nur angemessen bezahlt, sondern könnten sich auch auf ein erholsames Alter freuen, in dem sie nicht auch noch ihre karge Rente mit weiteren Drecksjobs aufbessern müssten.

Vermutlich müssten wir mehr bezahlen für den Haarschnitt und die Maniküre. Mehr für Treppenhausreinigung und Müllabfuhr. Mehr für Kinderbetreuung und die Pflege unserer Angehörigen. Aber vielleicht wären diese dienstleistenden Berufe dann auch respektierter und attraktiver; die Qualität würde steigen und die Versorgungssicherheit. Es wäre doch schön und klug und wichtig, die Pflege- und Gemeinwohlarbeit, die Kultur-, Sozial- und Bildungsarbeit anständig zu bezahlen, oder nicht?

Stimmt schon, die Steuereinnahmen des Staates fielen deutlich kleiner aus. Wie könnte man gegensteuern? Irgendeine Idee? Wie wäre es, wenn wir statt den vielen kleinen Einkommen fortan mal die wenigen großen Einkommen höher besteuern? Derzeit bezahlt man ab 55 000 Euro Jahreseinkommen 42 Prozent Lohnsteuern. Ab 260 000 Euro zahlt man den höchsten Steuersatz von 45 Prozent. Danach kommt nix mehr. Kann man das nicht anders staffeln? Vor allem: könnte man nicht ab einer halben Million Euro einfach 5 Cent mehr von jedem Euro für die Gemeinschaft in Anspruch nehmen? Und ab einer ganzen Million noch ein paar Cent mehr?

Wie wäre es, wenn man nicht nur Arbeitseinkommen besteuert, sondern auch und vor allem Luxus, Immobilien und sonstiges Vermögen? Und wie wäre es, wenn man Millionen- oder Milliardenerbschaften nicht als privilegiertes »Schonvermögen« behandelt, sondern stattdessen einfach mal überhaupt mit Steuern belegt?

Es mag Ökonom:innen geben, die uns vorhalten, wie naiv solche Vorschläge sind und welchen wirtschaftlichen Schaden solche – o Gott! – »Umverteilungen« anrichten. Aber ist es wirklich naiv, wenn wir wollen, dass Kinder in unserem Land einen gesunden und unbeschwerten Start ins Leben haben? Ist es wirklich ein Schaden für unser Land, wenn ein Fünftel der Bevölkerung nicht in Scham und mit Stigma behaftet hausen muss, sondern ein würdevolles Leben führen kann – auch wenn der geleistete Beitrag sich nicht als Zahl im Geschäftsbericht irgendeines Unternehmens wiederfindet?

Was gewinnen wir eigentlich?

Was gewinnen wir eigentlich, wenn andere weniger haben als wir selbst? Oder anders gefragt: Wie wichtig ist uns das soziale Miteinander, die Gemeinschaft, das Gemeinwohl? Wie viel Demokratie wollen wir wagen?

Demokratie und Sozialstaat beginnen im Kopf. Es gibt so viele Entscheidungen in unserem Land, die wir auch anders treffen könnten. Es ist eine Entscheidung, Privilegien einzuräumen oder bestehen zu lassen. Es ist eine Entscheidung, Milliardensubventionen für fossile Industrien und Technologien auszuschütten. Es ist eine Entscheidung, wiederholtes Fahren ohne Fahrschein mit Haftstrafen zu belegen. Wir könnten auch anders! Wir könnten beschließen, uns für alle Menschen einzusetzen. Gewinnausschüttungen und Bonuszahlungen zu besteuern. Massive Steuerhinterziehungen entsprechend zu ahnden. Milliarden in eine Kindergrundsicherung investieren.

Verständnis, Menschlichkeit, Zusammenhalt. Wenn wir das alle verinnerlichen – was wäre dann möglich?!

In einer funktionierenden Demokratie sind Bürger:innen mehr als Konsument:innen. Politische Entscheidungen gibt es nicht im Supermarkt, auch wenn uns professionelle Medienkampagnen derlei vorgaukeln. Mitwirkung und Mitbestimmung gibt es nicht per Mausklick. Macht braucht physische Präsenz, gemeinschaftliches Miteinander und solidarische Geselligkeit.

Deswegen: Gehen Sie raus auf die Straße, auf die Plätze, zu Orten der Begegnung und öffnen Sie Augen und Ohren. Sprechen Sie mit den Menschen, die Sie dort treffen. Und wenn Sie feststellen, dass es solche Orte nicht (mehr) gibt, dann fordern Sie sie ein! Wir brauchen nicht nur ein Zuhause oder Arbeitsplätze, nicht nur Einkaufszentren und Verkehrsinseln; wir brauchen soziale Inseln und Bürgerzentren, Gemeinschaftsgärten und Treffpunkte für die Nachbarschaft. Niedrigschwellig, kostenlos, geschützt.

Interessieren Sie sich füreinander! Sehen Sie den Menschen, nicht die Fassade. Lassen Sie sich nicht aufhetzen gegeneinander, denn von jedem Streit profitiert nur ein unsichtbar lachender Dritter. Während die obere gegen die untere Mittelschicht hetzt, und die untere Mittelschicht die Allerärmsten beschimpft, sonnen sich die Reichen auf dem Oberdeck und baden die Superreichen in ihren Goldmünzen-Jacuzzis.

Gewöhnen Sie sich nicht an Elend, gewöhnen Sie sich nicht an Missstände. Lassen Sie sich nicht durch komplizierte Regelungen für dumm verkaufen, sondern verlangen Sie eine verständliche Erklärung. Nicht Sie sind schuld an der Verwirrung, sondern Ihr Gegenüber, das sich (bewusst?) verwirrend ausdrückt.

Schauen Sie hin, wenn Ihnen jemand mit blumigen Worten Schönheit und Wohltaten verspricht. Machen Sie die Nagelprobe und Sie werden merken: »Niedriglohn« ist Ausbeutung. »Mitwirkungspflichten« sind eine Drohung. »Schonvermögen« ist die Vorstufe von bitterer Armut. Eine »Bedarfsgemeinschaft« ist Sippenhaft. Und »Bürgergeld« ist offener Strafvollzug.

Bilden Sie inklusive Gruppen nicht nur mit »Ihresgleichen«, sondern bewusst mit Menschen, die »anders« sind. Reflektieren Sie Ihre Privilegien und öffnen Sie sich für weniger privilegierte Menschen. Üben Sie im Kleinen, was wir im Großen brauchen; verteilen Sie um, zum Beispiel indem Sie Schwächeren den Vortritt lassen, indem Sie freiwillig mehr zahlen als andere und nicht nur die Wirtschaft, sondern auch die Zivilgesellschaft finanzieren.

Werden Sie aktiv. Denn es braucht nicht nur in Diktaturen, sondern auch und gerade in einer funktionierenden Demokratie eine lebendige, aktive Zivilgesellschaft, um Regierungsentscheidungen kritisch zu hinterfragen, Zusammenhänge, Hintergründe und Auswirkungen transparent zu machen und öffentlichen Druck auf die Mächtigen auszuüben.

Nur deswegen gab es bereits Anfang 2016 unter der Schirmherrschaft des damaligen Bundespräsidenten Joachim Gauck eine Kampagne, in der sich das Bundesministerium für Arbeit und Soziales selbstkritisch zu Wort meldete.

»Deutschland sagt Sorry!«

Unter dem Slogan »Deutschland sagt Sorry!« lobte das Ministerium die Agenda 2010 und die Hartz-IV-Reformen, ohne die Deutschland wirtschaftlich schlechter dastehen würde. Zugleich gestand es in einem Video ein: »Wir möchten uns bei den Verliererinnen und Verlierern dieser Reform entschuldigen!« und bot an, sich ein vom Bundespräsidenten persönlich signiertes Entschuldigungsschreiben zusenden zu lassen.

Echt? Schön wär's!

»Deutschland sagt Sorry!« war leider bloß Satire. Das Künstlerkollektiv Peng! hatte damit das initiale Crowdfunding von *Sanktionsfrei* unterstützt.

Dabei wäre es tatsächlich an der Zeit, »Sorry!« zu sagen. Deutschland hat Millionen von Menschen eine adäquate Grundsicherung verweigert. Deutschland hat das Existenzminimum vorsätzlich und bewusst zu niedrig bemessen. Deutschland hat profitgierigen Unternehmen mehr Bedeutung zugemessen als dem Grundgesetz. Deutschland hat noch im 21. Jahrhundert längst veraltete Methoden der Schwarzen Pädagogik angewandt. Deutschland hat 15 Millionen Mal Sanktionen verhängt, die teilweise verfassungswidrig waren, nachweislich kontraproduktiv sind und Menschen nicht in Arbeit, sondern akut in noch größere Not, kurzfristig in unterbezahlte Jobs und langfristig verstärkt in die Arbeitslosigkeit bringen.

Angesichts einer solchen Bilanz ist eine Entschuldigung mehr als überfällig.

Was wäre es für ein Zeichen, wenn ausgerechnet Frank-Walter Steinmeier, also der Mann, der im Jahr 2004 als Kanzleramtschef federführend Hartz IV entwickelt hat, im Jahr 2023 als amtierender Bundespräsident höchstpersönlich allen von Hartz IV und »Bürgergeld« geschädigten Menschen ein signiertes Entschuldigungsschreiben zusenden würde.

Nur drei Worte. Das wäre ein guter Start. Ein überlebensgroßes Banner auf dem Platz der Republik mitten in Berlin. Darauf der Schriftzug »Deutschland sagt Sorry!«

Wir wissen: Dazu wird es nie kommen. Aber wir wünschen uns, dass es nicht wieder 18 Jahre dauert, bis die nächste »größte

Sozialreform« in Angriff genommen wird. Wir wünschen uns, dass der Druck aus der Zivilgesellschaft so groß wird, dass gleich heute oder spätestens morgen unser Sozialstaat einer wirklichen Reform unterzogen wird. Demokratisch, fair und armutsfest.

Dafür braucht es nicht viel. Aber es braucht viele.

BÜRGERHARTZ – DAS QUIZ

Wie sieht's aus: Kennen Sie sich mit unserem Sozialsystem aus? Stellen Sie Ihr Wissen auf die Probe!

8 Fragen, 8 Antworten, 8 Überraschungen?

1. Wie viel bekommt ein Single im »Bürgergeld« monatlich für Bildung?

a) 94,32 Euro
b) 12,54 Euro
c) 1,81 Euro

2. Kommen »Bürgergeld«-Beziehende mit ihrem Anteil für Lebensmittel von 174,19 Euro zurecht?

a) Ja, das ist absolut ausreichend für Lebensmittel. Das wurde gewissenhaft ausgerechnet.
b) Ja, wenn sie richtig haushalten.
c) Nicht immer. Rund 1,6 Mio. nutzen zusätzlich die Essensausgabe der Tafeln, um monatlich über die Runden zu kommen.

3. Welche Quadratmeterzahl gilt im »Bürgergeld« für einen Vier-Personen-Haushalt als angemessener Wohnraum?

a) 110 Quadratmeter
b) 90 Quadratmeter
c) 60 Quadratmeter

4. Werden die Wohnkosten vom Amt übernommen?

a) Ja, da muss man sich keine Sorgen machen.

b) Ja, aber nur angemessene Wohnkosten werden übernommen.

c) Ja, aber nur mit Wohnberechtigungsschein oder für sehr günstige Wohnungen.

5. Bekommen »Bürgergeld«-Familien auch Kindergeld?

a) Ja klar, wie alle anderen auch.

b) Ja, aber das Kindergeld wird vollständig mit dem »Bürgergeld« verrechnet.

c) Nein, der Kinderbedarf ist über den Regelsatz vollumfänglich abgedeckt.

6. Können Erwachsenen die Leistungen gekürzt (sanktioniert) werden, wenn Kinder im Haushalt leben?

a) Ja, auch Eltern sind häufig von Sanktionen betroffen.

b) Ja, aber sie dürfen nur um maximal zehn Prozent gekürzt werden.

c) Nein, Haushalte mit Kindern genießen einen besonderen Schutz.

7. Wie viel Vermögen darf man pro Lebensjahr angespart haben, wenn man »Bürgergeld« bekommt?

a) 15 000 Euro pro Person

b) 40 000 Euro pro Person

c) 150 Euro pro Person und Lebensjahr

8. Dürfen sich »Bürgergeld«-Beziehende frei in Deutschland bewegen?

a) Klar, alle Bürger:innen genießen Freizügigkeit im gesamten Bundesgebiet. Das ist im Grundgesetz mit Artikel 11 fest verankert.

b) Ja, wer dem zuständigen Jobcenter rechtzeitig Bescheid gibt, kann sich frei bewegen, egal wohin.

c) Nein. Die »Ortsabwesenheit« muss grundsätzlich beantragt und bewilligt werden. Dazu gehört auch, dass man sich danach rechtzeitig zurückmeldet.

Antworten

1. Wie viel bekommt ein Single im »Bürgergeld« monatlich für Bildung?
Richtig ist Antwort c) 1,81 Euro

Mythos: »Bürgergeld« reicht zum Leben. 1,81 Euro für Bildung, das ist kein Scherz. Seit Jahren wird der Regelsatz systematisch kleingerechnet. Am Ende des Geldes ist dann häufig noch sehr viel Monat übrig. Für Nahrungsmittel etwa hat ein alleinstehender Erwachsener mit »Bürgergeld« im Monat nur 174,19 Euro zur Verfügung, nicht einmal 5,61 Euro am Tag.[104]

Für Café- oder Restaurantbesuche sind monatlich 13,11 Euro vorgesehen, für Gesundheitspflege gerade mal 19,16 Euro. Auf welchen Posten man auch schaut: Das reicht hinten und vorne nicht.

2. Kommen »Bürgergeld«-Beziehende mit ihrem Anteil für Lebensmittel von 174,19 Euro zurecht?
Richtig ist Antwort c) Nicht immer.

Derzeit gibt es etwa 940 Tafeln mit mehr als 2000 Ausgabestellen. Um die Tafeln nutzen zu können, muss die Hilfebedürftigkeit belegt werden. Etwa die Hälfte der Tafel-Kund:innen kommen aus Haushalten mit erwachsenen SGB-II-Leistungsberechtigten, etwa ein Viertel sind Senior:innen in Rente oder im Grundsicherungsbezug, ungefähr 20 Prozent aus Haushalten, die Leistungen nach dem Asylbewerberleistungsgesetz erhalten. Der Großteil der Menschen, die Angebote der Tafeln in Anspruch nehmen, sind demnach auf existenzsichernde Leistungen der Grundsicherung (in einer ihrer verschiedenen Ausprägungen) angewiesen. Etwa 44 Prozent sind im erwerbsfähigen Alter, 30 Prozent sind Kinder und Jugendliche.

3. Welche Quadratmeterzahl gilt im »Bürgergeld« für einen Vier-Personen-Haushalt als angemessener Wohnraum?
Richtig ist Antwort b) 90 Quadratmeter

Es gilt folgende Richtlinie: 45 bis 50 Quadratmeter stehen einem Ein-Personen-Haushalt zur Verfügung. Leben mehr Personen im Haushalt, so werden pro Person 15 Quadratmeter addiert. Zwei Personen steht also eine Wohnung von ca. 60 Quadratmetern zu. Einer Familie mit zwei Kindern stehen 90 Quadratmeter zu. Die Kinder müssen allerdings dem Babyalter entwachsen sein. Kostet eine größere Wohnung genauso viel an Miete, kann das Jobcenter keine Einwände erheben. Vorausgesetzt, auch die Heizkosten entsprechen denen der angemessenen Wohnung.

4. Werden die Wohnkosten vom Amt übernommen?
Richtig ist Antwort b) Ja, aber nur angemessene Wohnkosten.

Wohnen in Armut ist, wenn man vom Minimum noch draufzahlen muss. Das Wohnen wird immer teurer. Übernommen werden aber nur »angemessene« Kosten. 2015 waren zum Beispiel in Berlin nicht einmal fünf Prozent der Wohnungsangebote für das Amt »angemessen«. Die Kriterien der Angemessenheit sind kommunal unterschiedlich und richten sich nachweislich nicht nach dem realen Wohnungsangebot. 2018 wurden bei fast jedem fünften Hartz-IV-Beziehenden die Unterkunftskosten nicht vollständig übernommen. Im Schnitt wurden 985 Euro im Jahr nicht übernommen. Viele können so zum Umzug aus ihrer vertrauten Umgebung gezwungen werden.

5. Bekommen »Bürgergeld«-Familien auch Kindergeld?
Richtig ist Antwort b) Es wird mit dem »Bürgergeld« verrechnet.

Alle Kinder sind gleich, aber manche sind gleicher.

Kindergeld für alle, aber nicht für die Ärmsten. Es ist die einzige »bedingungslose« Leistung vom Staat, egal, wie viel Geld jemand verdient. Im »Bürgergeld« wird es aber vollständig mit dem Regelsatz verrechnet und so haben die Familien gar nichts davon. Das betrifft fast zwei Millionen Kinder und Jugendliche in »Bürgergeld«-Haushalten.

6. Können Erwachsenen die Leistungen gekürzt (sanktioniert) werden, wenn Kinder im Haushalt leben?
Richtig ist Antwort a) Ja, auch Eltern werden sanktioniert.

Mitgehangen, mitgefangen: Ende 2018 lebten rund 80 000 Kinder und Jugendliche in Haushalten, in denen mindestens eine erwachsene Person sanktioniert wurde. Bis zum Urteil des Bundesverfassungsgerichts im November 2019 konnten Haushalte mit Kindern sogar vollsanktioniert, also die Leistungen komplett gestrichen werden. Zurzeit können immer noch bis zu 30 Prozent gekürzt werden.

7. Wie viel Vermögen darf man angespart haben, wenn man »Bürgergeld« bekommt?
Richtig ist Antwort a) 15000 Euro pro Person

Das ist das sogenannte Schonvermögen.

In der Karenzzeit beträgt das Schonvermögen 40 000 Euro für den Antragsteller und 15 000 Euro für jede weitere Person der Bedarfsgemeinschaft. Die Beträge werden zusammengerechnet und die Bedarfsgemeinschaft als Ganzes betrachtet. Nach Ablauf der Karenzzeit, also nach einem Jahr des Bezugs von »Bürgergeld«, beträgt das Schonvermögen für jedes Mitglied der Bedarfsgemeinschaft 15 000 Euro. Altersarmut ist vorprogrammiert.

Antwort c) war die Regelung aus Hartz IV. Da durfte das Schonvermögen 150 Euro pro Person und Lebensjahr betragen und maximal 7500 Euro.

8. Dürfen sich »Bürgergeld«-Beziehende frei in Deutschland bewegen?
Richtig ist Antwort c) Nein.

Keine Freizügigkeit für »Bürgergeld«-Beziehende.

»Bürgergeld«-Beziehende müssen sich Urlaub nehmen, wenn sie wegfahren wollen. Das gilt auch für Beerdigungen von Angehörigen oder Besuche beim Kind, das nicht in derselben Stadt wohnt. Etwa 14 Tage vorher muss man die sogenannte »Ortsabwesenheit« beantragen. Maximal 21 Tage – Wochenenden und Feiertage mit eingerechnet – stehen »Bürgergeld«-Beziehenden als »Urlaub« bzw. »Ortsabwesenheit« zu. Um nicht sanktioniert zu werden, müssen die Abwesenheiten vorher bewilligt werden. Wer versäumt, sich hinterher rechtzeitig zurückzumelden, riskiert Sanktionen bzw. den Leistungsanspruch.

ANMERKUNGEN

Alle Weblinks wurden zuletzt abgerufen am 22. Juni 2023.

1 Tafeln müssen Menschen abweisen, Deutsche Welle 20.10.2022 https://www.dw.com/de/tafeln-m%C3%BCssen-menschen-abweisen/a-63486524

2 Statistisches Bundesamt: Gut ein Fünftel der Bevölkerung Deutschlands von Armut oder sozialer Ausgrenzung bedroht. Pressemitteilung Nr. 190 vom 16. Mai 2023 https://www.destatis.de/DE/Presse/Pressemitteilungen/2023/05/PD23_190_63.html

3 Christoph Butterwegge: Arme und Arbeitslose im Zerrspiegel der Massenmedien. Narrative im Mediendiskurs über Hartz IV und Bürgergeld, in: Ethik und Gesellschaft, Nr. 2 (2022), 30.12.2022 https://open-journals.uni-tuebingen.de/ojs/index.php/eug/article/view/919

4 Bundestagsrede von Britta Haßelmann, 10.11.2022, Bündnis 90/Die Grünen https://www.gruene-bundestag.de/parlament/bundestagsreden/buergergeld-3

5 »Größte Sozialreform seit 20 Jahren«, Bundestag debattiert Bürgergeld, von Anita Fünffinger, ARD Berlin, 13.10.2022 17:08 Uhr https://www.tagesschau.de/inland/innenpolitik/buergergeld-bundestag-101.html

6 Geschafft: Weg für Bürgergeld ist frei, FDP Pressemitteilung 25.11.2022 https://www.fdp.de/weg-fuer-buergergeld-ist-frei

7 Hartz-IV-Reform: Ampel und Union einigen sich beim Bürgergeld, Von Boris Herrmann und Roland Preuß, Süddeutsche Zeitung, 22. November 2022, https://www.sueddeutsche.de/politik/buergergeld-einigung-ampel-union-1.5700647

8 Votum über Sozialreform Bundestag stimmt Bürgergeld-Kompromiss zu, Tagesschau 25.11.2022 11:11 Uhr https://www.tagesschau.de/inland/innenpolitik/buergergeld-bundestag-105.html

9 Markus M. Grabka, Jürgen Schupp: Etwa 1,1 Millionen Menschen in Deutschland besuchen Tafeln – vor allem Alleinerziehende und Getrenntlebende überdurchschnittlich häufig, DIW Wochenbericht 39 / 2022, S. 499–505 https://www.diw.de/de/diw_01.c.854868.de/publikationen/wochenberichte/2022_39_1/etwa_1_1_millionen_menschen_in_deutschland_besuchen_tafeln_____erziehende_und_getrenntlebende_ueberdurchschnittlich_haeufig.html

10 Hartz IV Erhöhung: So setzt sich der Regelsatz 2020 zusammen, von Marie Bouajila, HartzIV.org. Dezember 2019 https://www.hartziv.org/news/20191205-hartz-iv-erhoehung-so-setzt-sich-der-regelsatz-2020-zusammen/

11 Lobbycontrol: Das sind die zehn Konzerne mit den höchsten Lobbyausgaben, Auswertung des Lobbyregisters nach einem Jahr. https://www.lobbycontrol.de/lobbyregister/ein-jahr-lobbyregister-105729/.

Pia Eberhardt: Finanzlobby: Im Auftrag des Geldes. Wie die Finanzlobby in Deutschland die Politik beeinflusst, Dezember 2022, Finanzwende Recherche

12 Anne Seith (ase): Harsche Kritik. dm-Chef hält Hartz IV für Menschenquälerei, Spiegel 19.04.2006 https://www.spiegel.de/wirtschaft/harsche-kritik-dm-chef-haelt-hartz-iv-fuer-menschenquaelerei-a-411921.html

13 Torsten Lietzmann und Claudia Wenzig (2021): Erwerbstätigkeit und Grundsicherungsbezug. Wer sind die Aufstocker:innen und wie gelingt der Ausstieg?, Gütersloh: Bertelsmann Stiftung, Dezember 2021 https://www.bertelsmann-stiftung.de/de/publikationen/publikation/did/erwerbstaetigkeit-und-grundsicherungsbezug.

14 Stefan Sell: »Aufstocker« im Hartz IV-System. Darunter sind überdurchschnittlich viele Alleinerziehende (mit ihren Kindern), Aktuelle Sozialpolitik 16. Dezember 2021 https://aktuelle-sozialpolitik.de/2021/12/16/aufstocker-im-hartz-iv-system/

15 Der Arbeitsmarkt in Deutschland – eine Bestandsaufnahme, von Christina Gathmann, Eduard Brüll, Lukas Riedel, Boris Ivanov, in Zeitschrift »Arbeitsmärkte in Deutschland und Europa« (2022) der Reihe »Deutschland & Europa«, (PDF-Download)

16 Qualität der Arbeit. Niedriglohnquote, Statistisches Bundesamt, Verdiensterhebung April 2022 https://www.destatis.de/DE/Themen/Arbeit/Arbeitsmarkt/Qualitaet-Arbeit/Dimension-2/niedriglohnquote.html

17 Verdienste nach Branchen und Berufen, Statistisches Bundesamt, https://www.destatis.de/DE/Themen/Arbeit/Verdienste/Verdienste-Branche-Berufe/_inhalt.html

18 Leistung muss sich lohnen!, Webseite Christlich-Soziale Union in Bayern e. V. https://www.csu.de/leistung-muss-sich-lohnen/

19 Monatliche Ausgaben privater Haushalte in Deutschland für Wohnungsmieten von 2009 bis 2021, Veröffentlicht von Statista Research Department, 02.01.2023 https://de.statista.com/statistik/daten/studie/868734/umfrage/monatliche-mietkosten-privater-haushalte-in-deutschland/

20 @sozi_simon Thread-Übersicht https://raindrop.io/sozi_simon/sozi-simon-thread-ue-bersicht-25522723.

Desinformationskampagne der CSU zum Bürgergeld. Ein Beitrag von SoziSimon, auf: Webseite von Tacheles e.V. Erwerbslosen- und Sozialhilfeverein Informationen rund um das Grundsicherungsrecht, SGB II und SGB XII, Sozialrecht, soziale Ausgrenzung und Gegenwehr, 2.11.2022 https://www.tachelessozialhilfe.de/aktuelles/archiv/desinformationskampagne-der-cdu-zum-buergergeld.html

21 Eine faktenbasierte Rechnung. Twitter-Thread von @sozi_simon, 26. Okt. 2022, 6:55 vorm. https://twitter.com/sozi_simon/status/1585132946243325952

22 Bürgergeld und Lohnabstand: Warum eine Erhöhung des Kindergeldes für untere Einkommensgruppen sowie eine Reform des Ehegattensplittings ratsam sind, Denis Haak und Prof. Dr. Dr. Ulrich Schmidt, IfW Kiel (überarbeitete Version) https://www.ifw-kiel.de/de/publikationen/policy-papers/2022/buergergeld-und-lohnabstandsgebot-17767/

23 Frank Specht: Sozialstaat-Reform: Wenn sich Arbeiten nicht mehr lohnt – Wie das Bürgergeld das Lohnabstandsgebot verletzt, Handelsblatt 5.11.2022 https://www.handelsblatt.com/politik/deutschland/sozialstaat-reform-wenn-sich-arbeiten-nicht-mehr-lohnt-wie-das-buergergeld-das-lohnabstandsgebot-verletzt/28783048.html

24 Alleinstehend/Alleinerziehend von IfW Kiel und Handelsblatt. Twitter-Thread von @sozi_simon, 4. Nov. 2022 8:13 vorm. https://twitter.com/sozi_simon/status/1588429333801992192

25 dpa: Faktencheck Bürgergeld vs. Gehalt: Arbeit lohnt sich weiterhin, Handelsblatt 5.11.2022 http://web.archive.org/web/20221105211210/https://www.handelsblatt.com/dpa/faktencheck-buergergeld-vs-gehalt-arbeit-lohnt-sich-weiterhin/28790818.html

26 Nora Seitz: Bürgergeld und Geringverdiener: »Was wir tun, lohnt sich kaum noch«, Protokoll: Martin Machowecz aktualisiert am 18. November 2022, 11:15 Uhr https://www.zeit.de/2022/47/buergergeld-geringverdiener-gerechtigkeit-einkommen

27 MDR-Fakt: Das Bürgergeld – Hilfspaket oder Hängematte, 21.11.2022 https://www.ardmediathek.de/video/fakt-ist/das-buergergeld-hilfspaket-oder-haengematte/mdr-fernsehen/Y3JpZDovL21kci5kZS9iZWl0cmFnL2Ntcy81ODU0MWZlZS00M2I1LTRlZTEtOTY1Mi0xY2NmMmRhZGM5YWU

28 Maischberger, ARD-Talkshow, Sendung vom 22.11.2022 https://www.daserste.de/information/talk/maischberger/sendung/maischberger-736.html

29 Bürgergeld: Wüst weist »Fake News«-Vorwürfe zurück, 18. November 2022, 21:16 Uhr, dpa Hessen (dpa-infocom, dpa:221118-99-575574/2) zitiert nach: ZeitOnline https://www.zeit.de/news/2022-11/18/buergergeld-wuest-weist-fake-news-vorwuerfe-zurueck

30 Kerstin Rottmann, Anna Kröning, (dpa/krott/krö): CDU-Chef Merz sieht Bürgergeld als „Schritt" zum bedingungslosen Grundeinkommen, Welt am Sonntag, 8.11.2022 https://www.welt.de/politik/deutschland/article242020139/Friedrich-Merz-Buergergeld-als-Schritt-zum-bedingungslosen-Grundeinkommen.html

31 ZDF-Politbarometer: Mehrheit für strengere Bürgergeld-Sanktionen, 25.11.2022 https://www.zdf.de/nachrichten/politik/politbarometer-buergergeld-einigung-zu-sanktionen-richtig-102.html.

Umfrage: Mehrheit der Deutschen findet Bürgergeld »eher schlecht«, Kölnische Rundschau, 11.11.2022 https://www.rundschau-online.de/politik/umfrage-mehrheit-der-deutschen-findet-buergergeld-eher-schlecht-370173

32 Lohnt sich Arbeit noch? Der Streit um das Bürgergeld, Presseclub. 20.11.2022. Verfügbar bis 20.11.2023. Das Erste https://www1.wdr.de/daserste/presseclub/sendungen/buergergeld-128.html

33 BMAS: Leistungen und Bedarfe im Bürgergeld, 1. Januar 2023 https://www.bmas.de/DE/Arbeit/Grundsicherung-Buergergeld/Leistungen-und-Bedarfe-im-Buergergeld/leistungen-und-bedarfe-im-buergergeld.html

34 Anja Maier: Hartz-IV-Zuschuss für Kinder. Würdelose Bittstellerei, taz 28.03.2012 https://taz.de/Archiv-Suche/!5097411&s=W%C3%BCrdelose%2BBittstellerei/

35 Jobcenter muss Kosten für Schulprojektwoche erstatten, in: Neue Zeitschrift für Verwaltungsrecht 09.03.2023 https://rsw.beck.de/zeitschriften/nvwz/startseite/2023/03/09/jobcenter-muss-kosten-f%C3%BCr-schulprojektwoche-erstatten

36 Sozialhilfe: Empfängerinnen und Empfänger von Leistungen für Bildung und Teilhabe nach dem 3. Kapitel SGB XII in Deutschland, Statistisches Bundesamt, Stand 14. Dezember 2021 https://www.destatis.de/DE/Themen/Gesellschaft-Umwelt/Soziales/Sozialhilfe/Tabellen/hlu-but-t02-2021-bq3-empf-bedarf-leistg.html

Bildungs- und Teilhabepaket: Viele Berechtigte wissen nichts von ihrem Anspruch Studienkreis, Pressemitteilung 10.05.2022 https://www.studienkreis.de/unternehmen/presse/pressemitteilungen/pressemitteilungen-2022/viele-berechtigte-wissen-nichts-von-ihrem-anspruch/

37 Markus M. Grabka, Carsten Schröder: Der Niedriglohnsektor in Deutschland ist größer als bislang angenommen, DIW Wochenbericht 14 / 2019, S. 249–257 https://www.diw.de/de/diw_01.c.618203.de/publikationen/wochenberichte/2019_14_3/der_niedriglohnsektor_in_deutschland_ist_groesser_als_bislang_angenommen.html

38 Oliver Michalsky (ddp/dpa/omi): Finanzminister Schäuble lehnt Anhebung von Hartz-IV-Sätzen ab, Welt 13.02.2010 https://www.welt.de/politik/deutschland/article6375704/Schaeuble-lehnt-Anhebung-von-Hartz-IV-Saetzen-ab.html

39 Ebd.

40 Ebd.

41 Guido Westerwelle: An die deutsche Mittelschicht denkt niemand, in: Die Welt, 11.02.2010 https://www.welt.de/debatte/article6347490/An-die-deutsche-Mittelschicht-denkt-niemand.html

42 Gehalt für Friseur, Koch, Kellner und Co. Die am miesesten bezahlten Berufe, Bild 25.11.2009 https://www.bild.de/ratgeber/job-karriere/gehalt-friseur-koch-kellner-raumpfleger-10573742.bild.html

43 Höhe des Bürgergelds bzw. des Hartz-IV-Regelsatzes in den Jahren von 2005 bis 2023, Veröffentlicht von Anna-Sofie Turulski, Statista 05.05.2023 https://

de.statista.com/statistik/daten/studie/241114/umfrage/entwicklung-des-hartz-iv-regelsatzes/

44 Andrea Nahles: Für eine große Sozialstaatsreform – und was nach Hartz IV kommen muss, 19.11.2018 Auf: Webseite der Sozialdemokratischen Partei Deutschlands (SPD) https://www.spd.de/aktuelles/detail/news/nahles-sozialstaat-reform/19/11/2018

45 BMAS: Fragen und Antworten – Methodik der Regelbedarfsermittlung, 16. Dezember 2022 https://www.bmas.de/DE/Soziales/Sozialhilfe/faq-sozialhilfe-regelbedarfsermittlung.html

46 Andreas Aust, Joachim Rock, Greta Schabram: Regelbedarfe 2021: Alternative Berechnungen zur Ermittlung der Regelbedarfe in der Grundsicherung, 17. September 2020 Herausgeber: Deutscher Paritätischer Wohlfahrtsverband – Gesamtverband e. V. Paritätische Forschungsstelle https://www.der-paritaetische.de/alle-meldungen/regelbedarfe-2021-alternative-berechnungen-zur-ermittlung-der-regelbedarfe-in-der-grundsicherung/

47 Höhe des Bürgergelds bzw. des Hartz-IV-Regelsatzes in den Jahren von 2005 bis 2023, Veröffentlicht von Anna-Sofie Turulski, Statista 05.05.2023 https://de.statista.com/statistik/daten/studie/241114/umfrage/entwicklung-des-hartz-iv-regelsatzes/

48 BIP schrumpfte 2009 um fünf Prozent: Deutsche Wirtschaft im Sinkflug, Tagesschau, Meldung 13.01.2010 https://www.tagesschau.de/wirtschaft/bruttoinlandsprodukt108.html

49 Konjunktur: Deutsche Wirtschaft 2011 mit Wachstum, Versicherungsbote, 11.1.2012, Quelle: Statistisches Bundesamt https://www.versicherungsbote.de/id/81126/Deutsche-Wirtschaft-2011-mit-Wachstum-/

50 Stellungnahme des Deutschen Paritätischen Wohlfahrtsverbandes – Gesamtverband e. V. zum Referentenentwurf eines Gesetzes zur Ermittlung von Regelbedarfen und zur Änderung des Zwölften Buches Sozialgesetzbuch sowie des Asylbewerberleistungsgesetzes vom 14.07.2020 https://www.bmas.de/SharedDocs/Downloads/DE/Gesetze/Stellungnahmen/regelbedarfsermittlungsgesetz-2020-deutscher-paritaetischer.pdf;jsessionid=A4E6A7C852D13A08AC4327C8B1F78F91.delivery2-master?__blob=publicationFile&v=1

51 Bundeszentrale für politische Bildung: Regelsatz ALG II (2022) Internetredaktion LpB BW | Stand der Aktualisierung: Januar 2023 https://www.lpb-bw.de/regelsatz-hartziv

52 Andreas Aust, Greta Schabram: Regelbedarfe 2023: Fortschreibung der Paritätischen Regelbedarfsforderung. Kurzexpertise. Paritätischer Wohlfahrtsverband – Gesamtverband Paritätische Forschungsstelle https://www.der-paritaetische.de/fileadmin/user_upload/Seiten/Presse/docs/Kurzexpertise_PariForschungsstelle_Regelbedarfsermittlung2023.pdf

53 Lebenslagen in Deutschland, Der fünfte Armuts- und Reichtumsbericht der Bundesregierung, Hrsg: Bundesministerium für Arbeit und Soziales Referat

Information, Monitoring, Bürgerservice, Bibliothek 53107 Bonn, April 2017 https://www.armuts-und-reichtumsbericht.de/DE/Bericht/Bisherige-Berichte/Der-fuenfte-Bericht/Der-Bericht/der-bericht.html

54 Neuer Armutsbericht: Ärmere Menschen gehen seltener wählen, Frankfurter Allgemeine Zeitung, 23.03.2017 (Quelle: ala./dpa) https://www.faz.net/aktuell/wirtschaft/arm-und-reich/neuer-armutsbericht-aermere-menschen-gehen-seltener-waehlen-14939017.html

55 ifo Konjunkturprognose Sommer 2022: Inflation, Lieferengpässe und Krieg bremsen wirtschaftliche Erholung in Deutschland, 15. Juni 2022 https://www.ifo.de/fakten/2022-06-15/ifo-konjunkturprognose-sommer-2022-inflation-lieferengpaesse-und-krieg-bremsen

56 Mein Jobcenter: Hartz IV hilft – jeden Tag – millionenfach, Kampagnen-Webseite Dezember 2017 http://happyhartz.de/

57 Sven Astheimer: Kampagne für den Sozialstaat: Happy mit Hartz?, FAZ 07.12.2017 https://www.faz.net/aktuell/wirtschaft/arm-und-reich/hartz-kampagne-happy-hartz-wirbt-fuer-den-sozialstaat-15326219.html

58 Daniel Bakir: Werbung für den Sozialstaat »Happy mit Hartz« – wer steckt hinter der schrägen Kampagne? STERN 06.12.2017 https://www.stern.de/amp/wirtschaft/news/happy-hartz---wer-steckt-hinter-der-schraegen-werbekampagne--7776808.html

59 Lars Wienand: Plakatkampagne: Verein gegen Sanktionen plante die »Happy Hartz IV« -Kampagne, Hamburger Abendblatt 06.12.2017 https://www.abendblatt.de/vermischtes/article212708503/Unbekannte-werben-als-Mein-Jobcenter-fuer-Happy-Hartz-IV.html

60 Samira El Ouassil: #IchBinArmutsbetroffen – Warum der Hashtag so wirkmächtig ist, Kolumne Spiegel, 19.5.2022 https://www.spiegel.de/kultur/ichbinarmutsbetroffene-warum-der-hashtag-so-wirkmaechtig-ist-a-e85d2510-d800-47dd-813d-cd3f158333c0

61 #IchBinArmutsbetroffen. Soziale Bewegung – Wir müssen darüber reden, wie wir in Zukunft miteinander leben, Webseite des Vereins https://ichbinarmutsbetroffen.start.page/

62 Jörg Wimalasena: #IchBinArmutsbetroffen – Der Aufstand der Armen, Die Welt 19.05.2022 https://www.welt.de/politik/deutschland/plus238845017/Hashtag-IchBinArmutsbetroffen-Der-virale-Aufstand-der-Armen.html

63 Maischberger, ARD-Talkshow, Sendung vom 22.11.2022 https://www.daserste.de/information/talk/maischberger/sendung/maischberger-736.html

64 Hannah Beitzer: »Asoziale« in deutschen Konzentrationslagern: Stigma der Ausgestoßenen, Süddeutsche Zeitung 28. April 2015 https://www.sueddeutsche.de/kultur/asoziale-in-deutschen-konzentrationslagern-stigma-der-ausgestossenen-1.2456333

65 Frederik Schindler: Als »Asoziale« inhaftiert: Die vergessenen Opfer des Nationalsozialismus, Die Welt, 13.02.2020 https://www.welt.de/politik/deutschland/article205834367/Als-Asoziale-inhaftiert-Die-vergessenen-Opfer-der-NS-Diktatur.html

66 Klaus Blume/dpa: Wolfgang Clement. »Üble Kampagne gegen Arbeitslose«, Stern 20.10.2005 https://www.stern.de/wirtschaft/job/wolfgang-clement--ueble-kampagne-gegen-arbeitslose--3290646.html

67 Grünen-Politikerin attackiert Clement-Broschüre. Spiegel, 17.10.2005 https://www.spiegel.de/politik/deutschland/kritik-gruenen-politikerin-attackiert-clement-broschuere-a-380259.html

68 25 Jahre »Hinz & Kunzt«: »Niemand kennt Hamburgs Straßen besser«, Chefredakteurin Birgit Müller im Gespräch mit Stefan Koldehoff, Deutschlandfunk 05.11.2018 https://www.deutschlandfunk.de/25-jahre-hinz-kunzt-niemand-kennt-hamburgs-strassen-besser-100.html

69 Simone Deckner: Obdachlose Senior:innen – (K)Ein Ort zum Altwerden, Hinz & Kunzt 28. Juni 2022 https://www.hinzundkunzt.de/obdachlos-alter-kein-ort-zum-altwerden/

70 Marc-André Rüssau: Störfaktoren mit Vergangenheit, taz 31.7.2004, https://taz.de/!719282/

71 Carsten Schröder, Charlotte Bartels, Konstantin Göbler, Markus M. Grabka, Johannes König: MillionärInnen unter dem Mikroskop: Datenlücke bei sehr hohen Vermögen geschlossen – Konzentration höher als bisher ausgewiesen, DIW-Wochenbericht 29/20, S. 511-521 https://www.diw.de/de/diw_01.c.793802.de/publikationen/wochenberichte/2020_29_1/millionaerinnen_unter_dem_mikroskop__datenluecke_bei_sehr_ho___geschlossen______konzentration_hoeher_als_bisher_ausgewiesen.html

72 Ebd.

73 Stefan Bach: Grunderbe und Vermögensteuern können die Vermögensungleichheit verringern, in DIW Wochenbericht 50/2021, S. 807–815: https://www.diw.de/de/diw_01.c.831678.de/publikationen/wochenberichte/2021_50_1/grunderbe_und_vermoegensteuern_koennen_die_vermoegensungleichheit_verringern.html

74 Lobbyisten im Bundeskanzleramt https://lobbypedia.de/wiki/Lobbyisten_im_Bundeskanzleramt

Jahresbericht 2021/2022, LobbyControl – Initiative für Transparenz und Demokratie e.V. https://www.lobbycontrol.de/ueber-uns/publikationen-material/jahresberichte

Diese Lobbyorganisationen haben ungehinderten Zugang zum Bundestag, abgeordnetenwatch, Newsletter 24.07.2022 https://www.abgeordnetenwatch.de/newsletter/diese-lobbyorganisationen-haben-ungehinderten-zugang-zum-bundestag

75 Sozialer Aufstieg: Fleiß und Bildung allein reichen nicht mehr, Heiner Kiesel zu Gast bei Hans Schwinger, Deutschlandfunk Kultur, Sendung Zeitfragen am 17.06.2019 https://www.deutschlandfunkkultur.de/sozialer-aufstieg-fleiss-und-bildung-allein-reichen-nicht-100.html

76 Alexander Hüsing: Wutrede im Landtag – Wer scheitert, erntet Spott: FDP-Chef Lindner flippt aus, Deutsche Startups, Dienstag, 3. Februar 2015 https://www.deutsche-startups.de/2015/02/03/fdp-chef-lindner-flippt-aus/

77 Josephine Andreoli: Nebeneinkünfte: Das verdienen die Abgeordneten aus dem Bundestag nebenher, abgeordnetenwatch.de 07.08.2020 https://www.abgeordnetenwatch.de/recherchen/nebentaetigkeiten/das-verdienen-die-abgeordneten-aus-dem-bundestag-nebenher

Sven Becker, Marcel Pauly: Nebeneinkünfte von Abgeordneten: Mehr als elf Millionen Euro mit unklarer Herkunft, Spiegel 07.08.2020 https://www.spiegel.de/politik/deutschland/nebentaetigkeiten-was-bundestagsabgeordnete-nebenher-verdienen-a-e4650f15-5ea8-49b9-b802-2e5570236c6d

78 Götz W. Werner, Adrienne Goehler: 1000 Euro für jeden: Freiheit. Gleichheit. Grundeinkommen, Econ 2010 https://www.ullstein.de/werke/1-000-euro-fuer-jeden/epub/9783430920056

79 Inge Hannemann: Die Hartz-IV-Diktatur: Eine Arbeitsvermittlerin klagt an, Mitwirkung von Beate Rygiert, Rowohlt 2015 https://www.rowohlt.de/buch/inge-hannemann-die-hartz-iv-diktatur-9783499630651

80 Ana Grujic, Lars Wienand: Studie zu »HartzPlus«: Verein schafft für 250 Menschen die Hartz-IV-Sanktionen ab, t-online, 06.12.2018 https://www.t-online.de/finanzen/geld-vorsorge/id_84883804/hartz-iv-verein-schafft-fuer-250-empfaenger-die-sanktionen-ab.html

81 Tobias Kaiser: Hartz Plus – Grundeinkommen wird in Deutschland getestet, Die Welt, 06.12.2018 https://www.welt.de/wirtschaft/article185085076/Grundeinkommen-Berliner-Verein-will-Hartz-IV-Empfaengern-bedingungslose-Grundsicherung-ermoeglichen.html

82 Andre Coelho: The first basic income experiment in Germany will start in 2019, BIEN News Dec 16, 2018 https://basicincome.org/news/2018/12/germany-the-first-basic-income-experiment-in-germany-will-start-in-2019/

Germany's Sanktionsfrei Project, feat. Helena Steinhaus, The Basic Income Podcast, Interview hosted by Jim Pugh and Owen Poindexter, Recorded on December 19, 2018 https://www.basicincomepodcast.com/podcast/germanys-sanktionsfrei-project-feat-helena-steinhaus/

Look at what the Germans are doing about the sanction regime. Could we do the same in the UK?, Disabled People against cuts (DPAC), https://dpac.uk.net/2019/02/look-at-what-the-germans-are-doing-about-the-sanction-regime-could-we-do-the-same-in-the-uk/

Luis Suárez: Desigualdad: La renta básica, más viva que nunca en Europa pese al ‹chasco' de Finlandia, El Boletín febrero 15, 2019 https://www.elboletin.com/la-renta-basica-mas-viva-que-nunca-en-europa-pese-al-chasco-de-finlandia/

Arthur Sullivan: HartzPlus and the question of a basic income, Deutsche Welle, February 27, 2019 https://www.dw.com/en/germanys-money-for-nothing-experiment-raises-basic-income-questions/a-47696884

Andre Coelho: Germany: The HartzPlus experiment is starting, and the basic income discussion is there to stay, BIEN News Mar 3, 2019 https://basicincome.org/news/2019/03/germany-the-hartzplus-experiment-is-starting-and-the-basic-income-discussion-is-there-to-stay/

Claudia Di Pasquale: Economia: Dal 29 marzo il reddito di cittadinanza è legge, RAI Italy works, puntata del 08/04/2019, ab Min 40:15 https://www.rai.it/programmi/report/inchieste/Italy-Works-462e41f2-e641-46c1-8d27-ba623bd775fa.html

83 Kommunale Jobcenter – Offizielle Informations-Webseite vom Deutschen Landkreistag zu den von 104 Landkreisen und kreisfreien Städten kommunal betriebenen Jobcentern https://kommunale-jobcenter.de/#
Bundesagentur für Arbeit – Offizielle Webseite https://www.arbeitsagentur.de/ueber-uns/das-leisten-wir

84 Tarifübersichten Bundesverband der Sicherheitswirtschaft (BDSW) Wirtschafts- und Arbeitgeberverband e. V., Webseite (Stand Januar 2023), https://www.bdsw.de/tarife/tarifuebersichten

85 Jobcenter Einladungen meist fehlerhaft, Thomas Lange, Rechtsanwalt für Hartz IV, 17438 Wolgast, Webseite, https://rechtsanwalt-thomaslange.de/2020/03/einladung/

86 Ein starker Sozialstaat macht uns alle reicher, Moment Magazin – Medium der Vielen, Momentum Institut Wien https://www.momentum-institut.at/news/ein-starker-sozialstaat-macht-uns-alle-reicher

Der Klima-Sozialfonds im Fit-for-55-Paket der europäischen Kommission – Definition und Quantifizierung vulnerabler Haushalte und notwendige Investitionsbedarfe, Umweltbundesamt Texte | 58/2022, Autor(en): Katja Schumacher, Johanna Cludius, Viktoria Noka, Swantje Fiedler, Christopher Leisinger, Kerstin Tews, Mai 2022 https://www.umweltbundesamt.de/publikationen/der-klima-sozialfonds-im-fit-for-55-paket-der

Sozial gerechter Abbau umweltschädlicher Subventionen. Privilegien für hohe Einkommen abbauen, niedrige Einkommen kompensieren Florian Preiseler, Matthias Runkel, Florian Zerzawy, in: AMOSINTERNATIONAL 17. Jg. (2023) Heft 1 https://foes.de/publikationen/2023_5_FOES_Amos_Sozial_gerechter_Abbau_umweltschaedlicher_Subventionen.pdf

Studie: Zehn klimaschädliche Subventionen sozial gerecht abbauen – ein Zeitplan, Autor:innen: Ann-Cathrin Beermann, Swantje Fiedler, Matthias Runkel, Isabel Schrems, Florian Zerzawy, Eine Studie des Forums Ökologisch-Soziale Marktwirtschaft im Auftrag von Greenpeace, Februar 2021 https://foes.de/publikationen/2021/2021-02-FOES_Subventionsabbau_Sozialranking.pdf

CO^{2}-Bepreisung im Verkehrs- und Gebäudebereich sozialverträglich gestalten (Kurzfassung) Herausforderungen, Strategien, Instrumente Umweltbundesamt, 9. Dezember 2022 https://www.umweltbundesamt.de/themen/co2-bepreisung-sollte-kann-soziale-ungleichheit (Die Langfassung der Studie findet sich hier: https://www.umweltbundesamt.de/publikationen/co2-bepreisung-im-verkehrs-gebaeudebereich

87 Sozialreform im Kabinett. Bürgergeld statt Hartz IV: Was sich ändert, in: ZDF heute 14.09.2022 (Quelle: dpa) https://www.zdf.de/nachrichten/politik/buergergeld-kabinett-sozialreform-100.html

88 Bericht aus Berlin »Man muss Gesetze kompliziert machen« Tweet von @ARD_BaB vom 06. Juni 2019, 17:15 https://twitter.com/ARD_BaB/status/1136652811045941249?ref_src=twsrc%5Etfw

89 Rechtsprüfung und Gesetzesredaktion: Inhalt, Form und Verständlichkeit rechtlicher Regelungen, Bundesministerium der Justiz, Webseite, Themen Bessere Rechtsetzung und Bürokratieabbau, Stand: 25. Januar 2023 https://www.bmj.de/DE/Themen/RechtssetzungBuerokratieabbau/Rechtspruefung/Rechtspruefung.html

90 Freiheitsfonds – Wir kaufen Gefangene frei, Webseite der Initiative https://www.freiheitsfonds.de/

Freiheitsfonds – Tweet vom 20. Feb. 2023, 10:21@freiheitsfonds https://twitter.com/freiheitsfonds/status/1627599319283994625

91 BVerfG, Urteil des Ersten Senats vom 05. November 2019 – 1 BvL 7/16 -, Rn. 1–225, http://www.bverfg.de/e/ls20191105_1bvl000716.html

Siehe auch Pressemitteilung Nr. 74/2019 vom 5. November 2019 https://www.bundesverfassungsgericht.de/SharedDocs/Pressemitteilungen/DE/2019/bvg19-074.html

92 Frank Bräutigam: Bundesverfassungsgericht Was das Hartz-IV-Urteil bedeutet, Tagesschau, 05.11.2019 14:53 Uhr https://www.tagesschau.de/inland/hartz-vier-urteil-105.html

93 Hartz-IV-Sätze sind verfassungswidrig, in Tagesschau 09.02.2010 https://www.tagesschau.de/inland/hartzvierurteil-ts-100.html

94 Wolfgang Janisch: Hartz IV: Wenn das letzte Geld genommen wird, Süddeutsche Zeitung 15. Januar 2019 https://www.sueddeutsche.de/wirtschaft/hartz-iv-bundesverfassungsgericht-sanktionen-1.4286272

95 Ulrike Knöfel: Für »pandemiebedingte Investitionen« im Museumsgarten: 7291,75 Euro Coronahilfe für Döpfners Privatmuseum, Spiegel 28.4.2023 https://www.spiegel.de/kultur/mathias-doepfner-erhielt-7291-75-euro-corona-hilfe-fuer-privatmuseum-a-b907c996-d1c8-44b6-8476-92f37c6ec7b9

96 Andrea Nahles: Abstieg verhindern, Aufstieg ermöglichen, Fremde Federn, FAZ 16.11.2018 https://www.faz.net/aktuell/politik/inland/andrea-nahles-die-neue-grundsicherung-muss-ein-buergergeld-sein-15894653.html

97 Hartz Plus: Die Auswirkungen von Hartz-IV-Sanktionen. Eine Studie im Auftrag von Sanktionsfrei e.V., Autorinnen: Verena Tobsch, Doris Holtmann, Tanja Schmidt & Claudia Brandt, Institut für empirische Sozial- und Wirtschaftsforschung (INES Berlin), Berlin September 2022 https://sanktionsfrei.de/studie

98 IAB-FORSCHUNGSBERICHT. Aktuelle Ergebnisse aus der Projektarbeit des Instituts für Arbeitsmarkt- und Berufsforschung 17 | 2022 Zentrale Befunde aus Studien zu Sanktionen im SGB II mit einem Fokus auf Sanktionswirkungen und Sanktionswahrscheinlichkeit. Veronika Knize, Markus Wolf, Joachim Wolff https://iab.de/publikationen/iab-publikationsreihen/iab-forschungsbericht/

99 Hartz-IV-Studie Sanktionen bei Hartz IV verfehlen ihr Ziel, Tagesschau Meldung 12.09.2022 14:26 Uhr https://www.tagesschau.de/inland/gesellschaft/hartz-iv-studie-ines-buergergeld-101.html

100 Matthias Kaufmann: Hartz-kritische Studie »Sanktionen verursachen eine Kultur des Misstrauens«, mit Material von dpa und AFX/AFP, Spiegel 12.09.2022 Uhr https://www.spiegel.de/wirtschaft/hartz-iv-sanktionen-laut-studie-wirkungslos-a-e8427fea-3375-45a7-83e9-a438d1f000f1?sara_ecid=soci_upd_KsBF0AFjflf0DZCxpPYDCQgO1dEMph

101 Moritz Serif: Hartz IV-Studie: Sanktionen verfehlen Wirkung und machen Menschen krank, Frankfurter Rundschau, 14.09.2022 https://www.fr.de/wirtschaft/hartz-iv-4-studie-sanktionen-verfehlen-wirkung-machen-krank-buergergeld-politik-zr-91783242.html

102 Ulrike Worlitz: Hier geht's uns gut. Die Wellness-Branche setzt in Deutschland pro Jahr über 100 Milliarden Euro um, Aktiv-Online 20.12.2016 https://www.aktiv-online.de/news/die-wellness-branche-setzt-in-deutschland-pro-jahr-ueber-100-milliarden-euro-um-1271

103 Andreas Hammer: Niedriglohnsektor Deutschland weiter überdurchschnittlich groß, Blog von A. Hammer 16. Februar 2021 https://w9eg9znx6.homepage.t-online.de/hammer-eu/wordpress/?p=1432

104 Bundeszentrale für politische Bildung: Regelsatz Bürgergeld (seit 1.1.2023), https://www.lpb-bw.de/regelsatz-buergergeld